U0517088

物料管理及ERP
应用原理与实施

WULIAO GUANLI JI ERP
YINGYONG YUANLI YU SHISHI

主 编 ○ 王江涛

西南财经大学出版社
Southwestern University of Finance & Economics Press

中国·成都

图书在版编目(CIP)数据

物料管理及 ERP 应用原理与实施/王江涛主编. —成都:西南财经大学出版社,2020.9

ISBN 978-7-5504-4523-9

Ⅰ.①物…　Ⅱ.①王…　Ⅲ.①企业管理—物资管理—计算机管理系统—高等学校—教材　Ⅳ.①F273.4

中国版本图书馆 CIP 数据核字(2020)第 170455 号

物料管理及 ERP 应用原理与实施

主编　王江涛

责任编辑:林伶

封面设计:何东琳设计工作室

责任印制:朱曼丽

出版发行	西南财经大学出版社(四川省成都市光华村街 55 号)
网　　址	http://www.bookcj.com
电子邮件	bookcj@ foxmail.com
邮政编码	610074
电　　话	028-87353785
照　　排	四川胜翔数码印务设计有限公司
印　　刷	郫县犀浦印刷厂
成品尺寸	185mm×260mm
印　　张	17.75
字　　数	390 千字
版　　次	2020 年 9 月第 1 版
印　　次	2020 年 9 月第 1 次印刷
印　　数	1—1500 册
书　　号	ISBN 978-7-5504-4523-9
定　　价	39.80 元

前　言

当今时代，我国已经成为世界第二大经济体和事实上的制造业大国；而制造业是国民经济的主体，是立国之本、兴国之器、强国之基。自 18 世纪开启工业文明以来，世界各国的兴衰发展反复证明：没有强大的制造业，就没有国家和民族的强盛。打造具有国际竞争力的制造业，是我国提升综合国力、保障国家安全、建设世界强国的必由之路。

肇始于 20 世纪 50 年代的中国制造业，特别是经过 40 多年改革开放的持续快速发展，建成了门类齐全、独立完整的工业体系，有力地推动了工业化和现代化进程，显著地增强了综合国力。然而，与世界先进水平相比，中国制造业在自主创新能力、资源利用效率、产业结构水平、信息化程度、质量效益等方面仍然差距明显，转型升级和跨越发展的任务紧迫而艰巨。

世界范围内，传统的制造业强国（如德国等），已经处于工业 3.0 后期，并积极向工业 4.0 迈进。新一轮科技革命和产业变革重塑着国际产业分工的格局，如果我们能够抓住这一重大历史机遇，实施制造强国战略，加强统筹规划和前瞻部署，一定可以把我国由"制造业大国"建设成为"制造业强国"，实现中华民族的伟大复兴。

物料管理的思想方法与企业资源计划（ERP）作为一整套先进的管理思想和信息化的重要工具，提供了企业信息化集成的最佳方案，它将企业的物流、资金流、信息流统一进行计划、控制、组织、协调。通过计算机辅助管理，对企业所拥有的人力、财力、物资、产能和时间进行充分的综合平衡和计划，以最大限度地挖掘企业现有资源，取得更大的经济效益。进入 21 世纪以来，随着电子商务与现代物流的兴起，企业资源计划进一步整合，形成了由简单网络贸易向企业内柔性制造、面向订单设计与制造相结合的局面，物料管理及 ERP 的应用效率进一步放大。

随着电子商务的发展，供应链管理、企业生产管理能够在不增加销售额的前提下向内挖潜、提升企业竞争实力——这使得物料管理和 ERP 应用不但没有被弱化，反而得以进一步加强。

本书将针对目前越来越受企业重视的物料管理和 ERP 应用，从原理与实践的角度，深入浅出地进行讲解；通过翔实的案例，建立起有效的学习路径，并逐渐深入领会理论思想，在每章思考题的帮助下形成全局观。

　　全书共分为三篇十章，第一篇物料管理工程从物料管理概述，到物料分类与编号、物料计划管理、物料存量管理对整个物料管理工程进行了系统的阐述；第二篇 ERP 应用原理从 ERP 思想入手，针对生产类型与 ERP 运行环境、ERP 计划管理、ERP 成本管理系统地深入研究；第三篇 ERP 实施工程着重在业务流程再造与企业建模方面进行详细说明，并针对 ERP 规划与实施从思想到方法、步骤进行归纳。

　　本书适用于物流管理、电子商务、市场营销、工商管理、贸易经济等管理类、经济类专业本科专业学生；也可模块化组合，作为企业培训教程。另外，本书针对跨越企业管理、项目管理、信息工程、软件工程、物料管理等领域的学子，也有极为实用的参考价值。

　　本书系重庆工商大学 2018 年课程改革建设项目（物料管理及 ERP 应用）、重庆工商大学教育教学改革研究项目"供给侧改革下电子商务人才实践创新能力培养模式研究与实践（2017210）"、重庆市研究生教育教学改革研究项目（yjg193102）、重庆市第六批研究生教育优质课程建设项目——技术经济学、重庆工商大学研究生教育优质课程建设项目——技术经济学（YZ17005）成果；也是重庆市"三特行动计划"物流管理特色专业项目、重庆工商大学卓越物流管理人才教育培养计划改革试点项目共同资助教学改革成果；以及重庆工商大学电子商务及供应链系统重庆市重点实验室与重庆工商大学经济管理实验教学中心（国家级示范教学中心）的实验教学改革成果。本书还得到重庆工商大学本科教学改革项目（物料管理及 ERP 应用，1892012；基于 AnyLogic 的物流与供应链业务流程实训改革研究，2018204；SCM 模式下物流与商务实训虚拟仿真实验，xnfz1709）资助。在此，编者一并表示衷心感谢！

　　本书由王江涛主编，周继祥和方新参与了本书部分章节的编写。

　　本书中所举例的企业名及人名均为化名，如有同名，纯属巧合。

　　由于编者水平有限，书中不妥之处，恳请读者批评指正。

主编　王江涛

2020 年 6 月

E-mail：webdx@126.com

目 录

第三篇　ERP 实施工程

第一篇　物料管理工程

1 物料管理概述

第二次石油危机，对众多企业经营者已然造成了一种新的困境与挑战。物料管理是生产管理中的一个至关重要的环节，物料管理的水平直接影响到企业的客户服务水平，以及在市场上的竞争力。面对日趋白热化的全球性竞争，物料管理更是日益凸显其举足轻重的地位和作用；通过有效的物料管理，可以实现降低成本、减少浪费、提升工效的管理目标。

1.1 物料管理相关概念

1.1.1 物料

物料是我国生产领域中的一个专业术语。生产企业习惯将最终产品之外的、在生产领域流转的一切材料（不论其是生产资料还是生活资料）、燃料、零部件、半成品、外协件以及生产过程中必然产生的边角余料、废料以及各种废物统称为"物料"。

对于多数企业来说，物料有广义和狭义之分。狭义的物料就是指用以维持产品制造所需要的原料、辅料、用料、零件、配件。而广义的物料指与产品生产有关的所有的物品，包括原料、材料、配件、零件、间接材料、半成品（半制品）、工具、用品、设备、废品、包装材料、商品、产成品（制成品）等。

1.1.2 物料管理

物料管理（materials management）是企业管理中不可或缺的内容，是企业产销配合的主要支柱。物料管理是将管理功能导入企业产销活动过程中，希望以经济有效的方法，及时取得供应组织内部所需之各种活动。

物料管理是指对各种生产资料的购销、储运、使用等，所进行的计划、组织和控制工作。随着全球经济一体化进程的深入，企业间的合作更加紧密，物料管理的范畴也从以前的企业内发展到供应链融合阶段。因而，也有观点认为：物料管理是指将规划、组织、用人、领导及控制五项管理功能，渗入企业生产与销售的过程中，以经济合理的方法获取所需物料的方法。

物料管理起源于第二次世界大战中航空工业出现的难题。生产飞机需要大量单个部件，很多部件都非常复杂，而且必须符合严格的质量标准，这些部件又从地域分布广泛的成千上万家供应商那里采购，很多部件对最终产品的整体功能至关重要。

物料管理就是从整个公司的角度来解决物料问题，包括协调不同供应商，使不同物料之间的配合性和性能表现符合设计要求；提供不同供应商之间以及供应商与公司各部门之间交流的平台；控制物料流动率。计算机技术被引入企业后，更进一步为实行物料管理创造了有利条件，物料管理的作用发挥到了极致。

以一个公司的发展为例：

一个小公司的发展可分为三个阶段：完全整合、职能独立、相关职能的再整合。一个公司初创时，几乎所有的工作都是由总经理（通常是公司的所有者）或是组成领导小组的公司主要成员来完成的。

随着公司的发展和壮大，公司业务量和工作人员逐渐增多，相应的职能逐步独立形成职能部门，例如，采购、仓储、运输、生产计划、库存控制和质量控制等职能都形成了独立的部门，并致力于专门的管理工作，公司业务上的分工也日益专业化。

各职能部门独立后，各部门之间的沟通机会越来越少，于是部门之间合作的问题经常出现，矛盾一点点加深。最终我们又可以清楚地看到，如果能减少因沟通和合作而产生的问题，把有密切联系的职能部门重新加以整合，公司就可以极大程度地受益。

于是，与物料管理有密切联系的各职能部门被重新整合到一起，这种整合就是物料管理理论的基础。

1.1.3　供应链

供应链最早来源于彼得·德鲁克提出的"经济链"，后经由迈克尔·波特发展成为"价值链"，最终演变为"供应链"。

"供应链"的定义为："围绕核心企业，通过对信息流、物流、资金流的控制，从采购原材料开始，制成中间产品以及最终产品，最后由销售网络把产品送到消费者手中。它是将供应商、制造商、分销商、零售商，直到最终用户连成一个整体的功能网链模式。"所以，一条完整的供应链应包括供应商（原材料供应商或零配件供应商）、制造商（加工厂或装配厂）、分销商（代理商或批发商）、零售商（卖场、百货商店、超市、专卖店、便利店和杂货店）以及消费者。

可以看出，供应链是一个范围更广的企业机构模式。它不仅是连接供应商和用户的物料链、信息链、资金链，更为重要地，也是一条增值链。因为物料在供应链上进行加工、包装、运输等而增加了价值，从而给这条链上的相关企业带来了收益。这一点很关键。如果没有创造额外的价值，即增值，相关企业没有得到应有的回报，那么维系这条供应链的基础也就不存在了。

物流有三个阶段：原材料从实体系统流向制造部门，然后制造部门进行加工，最后成品通过实体的配送系统运送到终端客户。通常，供应链由供需关系链接起来的许多企业构成。例如，某供应商的客户购买产品，对其进行加工增加价值，然后再转卖给另一个客户。同样地，一个客户可能有好几个供应商，反过来又供应好几个客户。只要有供应商、客户关系链，它们就都属于同一个供应链的成员。

在供应链构成的物流网络中，同一企业可能构成这个网络的不同组成节点，但更多的情况下是由不同的企业构成这个网络中的不同节点。比如，在某个供应链中，同一企业可能既处在制造商、仓库节点，又在配送中心节点等占有位置。在分工愈细、专业要求愈高的供应链中，不同节点基本上由不同的企业组成。在供应链的各成员单位间流动的原材料、在制品和产成品等构成了供应链上的货物流。

狭义的供应链是指将采购的原材料和收到的零部件，通过生产和销售等环节传递到企业用户的过程。广义的供应链是指围绕核心企业，通过特定产业价值链系统中的不同企业的制造、组装、分销、零售等活动，将原材料转化成产品到最终用户的过程，始于原材料供应商，止于最终用户，是由原材料供应商、制造商、仓储设施、产品、与作业有关的物流信息，以及与订货、发货、货款支付相关的商流信息组成的有机系统。

供应链具备以下一些重要特征：

（1）供应链包括提供产品或服务给终端客户的所有活动和流程。

（2）供应链可以将任何数量的企业联系在一起。

（3）一个客户可能是另一个客户的供应商，因此在总供应链中可能有多种供应商、客户关系。

（4）根据产品和市场的不同，从供应商到客户可能会有直接的配送系统，避开一些中间媒介，如批发商、仓库和零售商。

（5）产品或服务通常从供应商流向客户，设计和需求信息通常由客户流向供应商。

1.1.4 供应链管理

供应链管理（supply chain management，SCM）是指在生产及流通过程中，为将货物或服务提供给最终消费者，连接上游与下游企业价值创造而形成的组织网络，是对商品、信息和资金在由供应商、制造商、分销商和顾客组成的网络中的流动的管理。供应链管理的应用是在企业资源计划（enterprise resource planning，ERP）基础上发展起来的与客户及供应商的互动系统，实现产品供应的合理、高效和高弹性。

供应链管理就是协调企业内外资源来共同满足消费者需求，当我们把供应链上各环节的企业看作一个虚拟企业同盟，而把任一企业看作这个虚拟企业同盟中的一个部门时，同盟的内部管理就是供应链管理。只不过同盟的组成是动态的，根据市场需要随时在发生变化。

在过去，企业管理者都将注意力放在公司的内部事务上。供应商、客户以及配送商只被他们当成外部的商业实体而已。采购专家、销售专家、物流专家被安排来与这些外部实体打交道，并经常通过法律合约来进行正式的定期磋商，而这些合约往往是短期协议。甚至供应商被当作企业的竞争对手，他们的工作就是如何使公司利益最大化。组织学家经常将组织与外部实体打交道的功能称为"边界扳手"。对组织中的大多数人来说，在他们的组织和其他的世界之间有一个明确的、严格定义的边界。

对供应链观点的第一次重大变革可以追溯到恰及时生产（just in time，JIT）概念的发展阶段。此概念在 20 世纪 70 年代由丰田汽车公司和其他日本企业首次提出。供应商伙伴关系是成功的恰及时生产的主要特征。随着这一概念的发展，供应商被当作合作伙伴，而不是竞争对手。从这个意义上来说，供应商和客户有着互相联系的命运，一方的成功紧连着另一方的成功。企业的重点放在伙伴之间的信任，很多正式的边界行为被改变或取消。随着伙伴关系概念的发展，在彼此的关系中发生了很多变化，包括：

（1）共同分析以降低成本。

双方一起检查用于传递信息和配送零件的流程，其想法是双方都可以从中分享降低成本的收益。

（2）共同设计产品。

过去客户通常将完整的设计方案交给供应商，供应商必须按照设计方案来组织生产。由于成了伙伴关系，双方共同协作，通常供应商将更多地了解如何制造某一特定产品，而客户将更多地了解设计方案的具体实施。

（3）信息流通的速度提升。

恰及时生产要求极大地减少流程中的库存并根据实际需求快速配送，信息流通的速度变得非常重要。正式的、基于纸张的信息传送系统开始让位于电子数据交换和非正式的交流方式。

1.1.5　供应链管理的目标与原则

目前，接受供应链概念的企业把从原材料生产到最终客户购买的所有活动视为一个互相联系的活动链。为了取得客户服务和成本的最佳绩效，供应链应该作为伙伴关系的延伸来管理。这将涉及许多环节，特别是物流、信息流和资金流，甚至包括回收物流。

供应链管理的主要方法属于概念性方法，从原材料到最终客户的所有生产活动都被认为是一个互相联系的链。最正确、最有效管理链上所有活动的方法之一是，将链中每个独立的组织视为自己组织的延伸。

有效的供应链管理可以帮助实现以下四项目标：

- 缩短现金周转时间；
- 降低企业面临的风险；
- 实现盈利增长；
- 提供可预测收入。

供应链管理的七项原则：

- 根据客户所需的服务特性来划分客户群；
- 根据客户需求和企业可获利情况，设计企业的后勤网络；
- 倾听市场的需求信息，设计更贴近客户的产品；

- 时间延迟；
- 策略性地确定货源和采购，与供应商建立双赢的合作策略；
- 在整个供应链领域建立信息系统；
- 建立整个供应链的绩效考核准则。

要管理一个供应链，我们不仅必须了解供应商和客户在链上的网络，而且必须有效地计划物料和信息在每一节点上的流动，以最大限度地降低成本、提高效率、按时配送，以及提高灵活性。这不仅意味着在概念上对供应商和客户采取不同的方法，而且意味着建立一个高度集成的信息系统，以及一系列不同的绩效评估体系。总而言之，有效管理供应链的关键是快速、准确的信息流动和不断提升的组织灵活性。

1.2 物料管理的工作内容

物料管理的基本任务是：搞好供、产、销平衡，按质、按量、配套、及时、均衡地供应企业所需要的各种生产资料，并监督和促进在生产过程中合理地、节约地使用物料。

物料管理的主要工作内容有：物料采购供应计划的编制和执行；制定合理先进的物料消耗定额；确定正常的物料储备定额；积极组织货源，搞好物料订货、签订合同、采购、调剂、运输、调度等工作；搞好物料市场调查、预测，制定先进合理的物料储备定额，控制物料的合理库存量；提高仓库管理工作水平，做好物料的验收、保管、维护、发放和账务处理等工作；确定先进合理的物料消耗定额，综合利用，提高物料利用率；建立和健全各项规章制度等。

物料管理的内容贯穿于企业生产的始终，按照管理对象的不同，大致上可以分为三大板块：

- 一是计划管理；
- 二是过程管理；
- 三是消耗管理。

物料管理的具体工作又可以分为13项：

- 物料编号；
- 销售预测；
- 物料计划；
- 存量控制；
- 请购及采购管理；
- 验收管理；
- 供应商管理；
- 发料、退料及催料管理；
- 仓储管理；
- 物料搬运；
- 物料盘点及料账管理；

- 物料人员管理及绩效评价；
- 物料系统作业管理。

在这些工作中，有些内容属于计划管理版块，有些内容则分属于过程管理和消耗管理两大板块。

1.3 物料管理的目标与原则

通常意义上，物料管理部门应保证物料供应适时、适质、适量、适价、适地，这就是物料管理的 5R 原则（也称为"五适原则"），是对任何公司均适用且实用的原则，也易于被理解和接受，下面分别进行阐述。

1.3.1 物料管理的 5R 原则（五适原则）

1. 适时（right time）

适时原则要求供应商在规定的时间内准时交货，防止交货延迟和提前交货。丰田汽车的恰及时管理系统将适时原则发挥到极致。

供应商交货延迟会增加成本，主要表现在：

（1）由于物料延迟，车间工序发生空等或耽搁，打击员工士气，导致效率降低，浪费生产时间；

（2）为恢复正常生产计划，车间需要加班或在法定假期出勤，导致工时费用增加。

因此应尽早发现可能的交货延迟，从而防止其发生；同时也应该控制无理由的提前交货，提前交货同样会增加成本。主要原因为：

（1）交货提前造成库存加大，库存维持费用提高；

（2）占用大量流动资金，导致公司资金运用效率恶化。

2. 适质（right quality）

适质原则要求供应商送来的物料和仓库发到生产现场的物料，质量应是适当的，符合技术要求的。最适当的品质并非品质第一，过分追求品质会导致成本高企。因此，适质是指物料符合其品质规范的均匀品质，低于规范品质和过分高于规范品质均应视为不合规范而拒收。

保证物料适质的方法如下：

（1）公司应与供应商签订质量保证协议；

（2）设立来料检查职能，对物料的质量做确认和控制；

（3）必要时，派检验人员驻供应商工厂（一般针对长期合作的稳定的供应商，且该供应商的订单达到其产能的 30%以上）；同时不应将某个检验人员长期派往一个供应商处，以防其间关系发生变化；

（4）必要时，定期对供应商质量体系进行审查；

（5）定期对供应商进行评比，促进供应商之间形成良性有效的竞争机制；

（6）对低价位、中低质量水平的供应商制订质量扶持计划；

（7）必要时，邀请第三方权威机构做质量验证。

3. 适量（right quantity）

采购物料的数量应是适当的，即对买方来说是经济的订货数量，对卖方而言为经济的受订数量。在物料管理中所称的最适当的数量有下列两层含义：一是采购的经济批量，二是最适当的存量。唯有尽量采用经济批量，对应的物料成本才会尽可能降低。最适当的存量，是指在存量不短缺的情况下的最低存量。

确定适当的订货数量应考虑以下因素：

（1）价格随采订货数量变化的幅度，一般来说，订货数量越大，价格越低；

（2）订货次数和采购费用；

（3）库存维持费用和库存投资的利息。

4. 适价（right price）

适价是指最适当的价格，即采购物料的价格应该在保证适当的物料品质、交货期和其他交易条件的前提下最低。

采购价格的高低直接关系到最终产品或服务价格的高低，在确保满足其他条件的情况下力争最低的采购价格是采购人员最重要的工作。采购部门的职能包括标准化组件、发展供应商、发展替代用品、评估和分析供应商的行为。为了达到这一目标，采购部门应该在以下领域拥有决策权：

（1）选择和确定供应商。

（2）使用任何一种合适的定价方法。

（3）对物料提出替代品。采购部门通常能够提供目前在用物料的替代品，而且也有责任提请使用者和申请采购者关注这些替代品。当然，是否接受这些替代品要由使用者/设计人员最终做出决定。

（4）与潜在的供应商保持联系。采购部门必须和潜在的供应商保持联系。如果使用者直接与供应商联系，而采购部门又对此一无所知的话，将会产生"后门销售"，即潜在的供应商通过影响使用者对物料规格方面的要求成为唯一的供应商，或是申请采购者私下给供应商一些许诺，从而使采购部门不能以最低的价格签订理想的合同。如果供应商的技术人员需要和公司技术人员或生产人员直接交换意见，采购部门应该负责安排会谈并对谈判结果进行审核。

5. 适地（right place）

物料原产地的地点应适当，与使用地的距离越近越好。距离太远，运输成本大，无疑会影响价格，同时沟通协调、处理问题很不方便，容易造成交货延迟。

高科技行业对产品质量普遍要求很高，致使各企业对生产制造环节管理越来越精细，但对产品的物料管理环节却依旧保持比较粗放的管理风格，使物料在很大程度上占用了企业资金，无形中导致成本增长，利润下降。物料管理是企业内部物流各个环节的交叉点，衔接采购与生产、生产与销售等重要环节，是关乎企业成本与利润的生命线；不仅如此，物料管理还是物资流转的重要枢纽，甚至关系到一个企业的存亡。有一个极端的例子，据说某公司破产之际，库存物料的金额高达亿元，可就是这么多的物料，居然无法组装出一个完整的DVD成品，在惊叹之余，更激起人们对于制造企业物料呆滞及不合理管库问题的思考。有资料表明，企业的存货资金平均占到流动资产总额的 40%～50%，而高科技制造企业的库存比例更远高于此。"物料存在两套或多套编号""物料混乱堆积在仓库各个角落",成为许多制造企业仓库的真实写照。就曾有人套用广告语"心有多大,舞台就有多大"放在制造企业身上,演绎成"仓库有多大,库存就有多高",形象地表述了普遍存在于制造企业中的内部库存管理问题。

1.3.2 物料管理的五项目标

物料管理的五项目标是:
(1) 降低成本;
(2) 提高周转率;
(3) 缩短生产周期、交货期,以提升市场竞争优势;
(4) 提高物料人员效率,以此降低物料人员的薪资成本;
(5) 建立优良的供应商关系,以维持物料供应的持续性。

1.4 物料管理部门的职能

一般来说,物料管理部门的职能包括以下方面:
1. 物料的计划和控制
物料的计划和控制是指根据项目主合同交货时间表、车间生产计划和项目技术文件等确定物料需求计划,并根据实际情况和项目技术更改通知等随时调整物料需求数量,控制项目材料采购进度和采购数量。
2. 生产计划
根据项目主合同交货时间表和材料采购进度编制车间生产计划,并根据实际情况和项目计划随时调整,使车间生产计划与项目主合同交货时间表保持一致。
3. 采购
根据车间生产计划对生产所需要的物料进行准确的分析,并制订完整的采购计划;严格地控制供应商的交货期和交货数量。
4. 物料和采购的研究
收集、分类和分析必要的数据以寻找替代材料;对主要外购材料的价格趋势进行预测;对供应商成本和能力进行分析;开发新的、更为有效的数据处理方法,从而使物料系统更加高效地运转。
5. 来料质量控制
对供应商的交货及时进行来料检查,及时发现来料的质量问题以便于供应商有足够时间处理或补发产品,保证车间及时得到物料供应,保证发送到车间现场的物料全部是合格产品。
6. 物料收发
负责物料的接收、处理、验明,通知质量部门做来料质量检验,以及将物料向使用地点和仓储地点发送。
7. 仓储
对接收入库的物料以正确的方式进行保管、储存,对储存过程中可能变质或腐蚀的物料进行清理。

8. 库存控制

定期检查物料库存状况，加强物料进出库管理；随时掌握库存变化情况，发现任何异常情况（呆滞料、库存积压或零库存），及时向采购部门通报。当然，并不是所有公司的物料管理部门都包括上述所有职能。根据公司规模大小，公司业务性质差异以及公司不同发展阶段，物料管理部门的职能也不尽相同。

以上可知与物料有密切联系的各职能部门被重新整合到一起，这种整合就是物料管理理论的基础，所以，物料管理较仓库管理的范围更为广泛，其中也包括仓库管理。

1.5 物料管理的演进

1.5.1 企业压力的表现形式与应对思路

1. 企业压力的表现形式

对于现代意义的物料管理而言，企业面临的压力与危机的表现有：

- 汽油费上涨；
- 房价上涨（土地价格上涨+材料价格上涨+开发商利润）；
- 材料成本上涨、薪资上涨（某些垄断行业尤甚）；
- 利率上涨（还贷额逐年增高）；
- 资金匮乏，周转困难，资金链更加脆弱；
- 订单批量少，交货期短；
- 生产周期过长，难以适应市场需要；
- 原材料库存过高，占用大量资金。

2. 应对压力的思路

由于竞争的加剧，"开源"更为不易，势必在"节流"上下功夫，即降低成本，减少浪费，而这些都是物料管理的范畴。例如：

- 库存量的降低；
- 停工待料的排除；
- 物料计划的有效性；
- 采购的合理化；
- 验收的高效率；
- 仓储的合适性；
- 领料的切实性；
- 账物的一致性；
- 呆废料的预防及处理。

1.5.2　物料管理的发展阶段

1. 原始社会起源阶段

物料管理起源于原始社会早期，人类对于生产、生活物资如何堆放、存储、防虫、防鼠、防水等逐渐建立起一套基于经验集成的管理方法。严格地说，这仅仅是物料管理的经验集成，是物料管理思想的萌芽。

2. 奴隶社会、封建社会的农耕文明阶段

在奴隶社会、封建社会的农耕文明阶段，由于社会化分工的发展、城邦市镇的建设，物料管理工作日益复杂。例如在埃及金字塔和中国秦始皇陵的修建过程中，人们就通过优化物料管理机制和改进搬运方法来提升工效。

★小知识：

明代故宫（紫禁城）建造过程中涉及的物料管理

紫禁城的建设在当时是一项全国性的艰巨任务，紫禁城占地面积72万平方米，现存建筑面积近16万平方米，周长3.5千米。整个紫禁城被一道南北长961米、东西宽753米，周长是3 428米的城墙包围。这是当时朝廷集合全国的人力、物力、财力，历时14年兴建的一起庞大工程。明永乐四年（公元1406年），皇帝朱棣下诏以南京故宫为蓝本，在他青年时代生活居住的藩地北京兴建皇宫和城垣。朝廷负责这项工程的官员立即在全国范围内招募能工巧匠，备砖烧瓦，采木开石，仅备料就用了11年时间。

1. 备料

紫禁城的建筑多属于中国传统的木结构建筑，在木材的使用数量和质量方面要求极其严格。珍贵的楠木多生长在崇山峻岭中，采伐树木是一件危险的工作，百姓冒险进山采木，很多人为此丢了性命，留下了"入山一千，出山五百"的谚语来形容采木所付出的生命代价。伐好的木材扎成木筏，在遇有山洪时冲入江河，沿长江而下，往往需要三四年才能到达北京。

修建宫殿的石料开采同样很困难。现在保和殿后那块最大的丹陛石，开采于北京西南的房山。史书记载了运送它时的情景：数万名劳工在道路两旁每隔一里左右掘一口井，到了寒冬腊月气温足够低时，就从井里汲水泼成冰道，用了28天的时间，才送到了宫里。

2. 建墙

砖瓦是需求量极大的建筑材料，据估计，紫禁城整体用砖数达8 000万块，重约193万吨。

故宫宫殿的地面用砖是苏州烧制专供皇家建筑使用的方砖——"金砖"，这种砖光滑细腻，还略带金黄色，敲起来铿锵有声，但是烧制起来非常麻烦，根据史料记载，这种砖烧制需要20多道工序，只有按照正确的顺序才可以完成。

修建城墙用的青砖则是产自山东临清的停泥砖和澄浆砖，质地细腻而坚固，每一块砖从筛选到最后烧制出来大概需要130天的时间。每块青砖长48厘米，宽24厘米，高12厘米，重达24千克，整个城墙共用1 200多万块青砖。明代在建城墙的时候，每块砖上都必须刻上"是谁做的""哪里做的"，连监工的名字都必须刻上，以防日后出问题好追责，因此，工匠们在烧制每一块砖的时候都加倍小心。

这些坚固的城砖烧好后，采用"磨砖对缝"的方法，即让每块砖之间都"严丝合缝"。具体操作主要有两大步：一是由人工用磨刀将城砖的几个面都磨平整。这个工作既费时又费力，整个故宫城墙的城砖大约有1000万块，若将它们都连在一起，其长度有4400多千米。二是在城砖磨平后，不急于把它们砌起来，而是先将它们横竖码好，达到相对的严丝合缝状态，然后再用煮好的白灰浆、糯米汁、鸡蛋清等物进行混合，浇铸在城砖砖缝之间，使整个城墙成为一个固若金汤的整体。

建成后的紫禁城的城墙高7.9米，底面宽8.62米，顶面宽6.66米，可供五六匹马并驰，既坚固又美观。

3. 军需管理与工业革命早期阶段

随着人类文明的演进、国与国之间战争的产生，军需后勤管理日益得到重视，遂有"兵马未至，粮草先行"的说法。进入工业革命时期，物料管理日趋完善。18世纪70年代开始，由英国向欧洲其他国家及北美洲传播的工业革命和工厂管理制度逐渐形成，物料管理直接影响着工厂的绩效和盈亏，物料管理也日益得到重视。

4. 科学管理阶段

工业革命发展到一定时期，泰勒提出了"科学管理"的理念，以提升加工制造的效率、降低成本，减少不良品。

5. 决策模型与管理科学阶段

1915年哈里斯发展了存货管理的数学模型，开启了决策模型的先河。20世纪30年代，贝尔实验室的道奇、罗米格以及谢华德发展了抽样方法与管制图。1936年狄培特提出统计抽样理论。第二次世界大战后，预测、存货、项目管理、线性规划、运输问题、计划评核术、模拟、决策树等决策模型纷纷出现。

6. 物料需求计划（MRP）阶段

20世纪70年代最大的突破便是物料需求计划（material requirements planning，MRP）应用于生产管理上。计算机配合物料需求计划，可快速将生产计划与存货、采购加以整合，以配合最终产品的生产。IBM公司的约瑟夫和奥利弗在美国生产与存货管理学会上大力推广物料需求计划，从而引发了MRP革命。

20世纪60年代至20世纪70年代的信息系统应用以物料需求计划（MRP）与制造资源计划为主轴，且以生产与物料规划为核心，将销售与财务作业结合在一起。

7. 制造资源计划（MRPⅡ）与恰及时（JIT）系统阶段

制造资源计划（manufacturing resources planning，MRPⅡ）是指制造厂商对生产资源的规划及安排方法。MRPⅡ的主要目的是以生产资源的规划为核心，整合营销、财务及其他机能（诸如研发、采购与人力资源）。

20 世纪 80 年代至 90 年代的管理信息系统应用以 MRP Ⅱ 为主，再辅以恰及时系统与全面质量管理（total quality management，TQM），以应对市场需求的变化。

恰及时是指在生产作业流程中，装配任何产品时，其装配的必要零件可以在每次恰好使用之际，以准确的数量到达生产线作业站旁边。换句话说，后工序所必要的物料，在需用时以准确的数量由前工序送达，而前工序则只制造后工序所需的数量。

生产系统要做到恰及时，物料必须满足下列条件：

- 零库存；
- 零停工待料；
- 零不良品；
- 彻底排除浪费；
- 目视管理；
- 看板管理；
- 遵循生产节拍；
- 小批量与交互化生产；
- 快速换模；
- 设备保养与迅速维修（部件替换）；
- 灵活工艺；
- U 型生产线与多能工；
- 不断发掘问题与持续改善

……

8. 企业资源规划（ERP）阶段

20 世纪 90 年代以来信息系统的应用以企业资源规划（enterpise resource planning，ERP）为主，涵盖研发、销售、生产、配销、服务与财务等所有过程，并加以整合，施以有效与弹性的运用，以达到快速应变及提升竞争力的目的。企业资源规划是指组织中资源的规划及安排，具有现场管理、品质管理、维护保养、实体分配、营销、运筹管理、供应商管理等额外效能。

9. 供应链管理阶段

进入 21 世纪，企业内部的资源整合已不足以应付全球竞争的需要。企业除强化其 ERP 系统外，还须整合供应链管理系统、网络与工作流程技术，将内部、外部资源有效地结合在一起，形成虚拟竞争实体，从而能适应电子商务及全球竞争。

1.6 物料管理的重要性

1.6.1 生产经营五要素

物料为生产经营的五大要素（5M）之一，它们分别是：

（1）物料（Material）；

（2）人力（Man power）；

（3）金钱（Money）；

（4）机器（Machine）；

（5）管理（Management）。

1.6.2　企业五大管理

物料管理为企业五大管理之一，它们分别是：

（1）销售管理：拓展业务，争取市场。

（2）生产管理：设计、制造产品。

（3）财务管理：管理调度资金使企业正常运营。

（4）人事管理：培训人才，引进人才。

（5）物料管理：筹供物料、支援产销活动。

1.6.3　物料管理是降低成本最有效的方法

在公司利润率为 10% 的情况下，物料报废率若降低 1%，其威力就相当于销售额增加 10%，物料报废率降低 1% 极为容易，但销售额增加 10% 就要花费相当大的力气。

物料成本降低需要注意以下 10 条准则：

（1）产品设计决定成本构成的水准；

（2）材料、零件的标准化可导致成本的降低；

（3）交货期的延迟将导致成本增高；

（4）合理的物料单价可使成本降低；

（5）应把握合理的库存量；

（6）对 ABC 分析法应予以重视；

（7）加强进料品质控制；

（8）搬运捆包费用占制造成本的比重甚大；

（9）对复杂的管理手续应予以简化；

（10）多进行价值分析。

1.6.4　物料管理与资金循环

企业的运转是将资金通过采购行为换取物料，物料经加工制造成为成品，成品出售后获取利润并取得资金，资金再通过采购行为又换回物料……如此不断循环，企业得以运转，周转越快则投资回报率越大（如图 1.1、图 1.2 所示）。

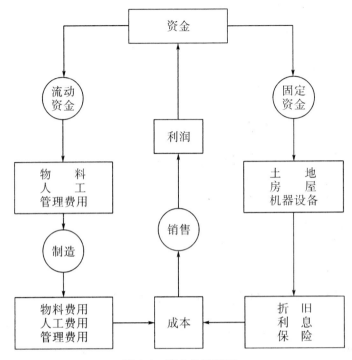

图 1.1 资金使用循环

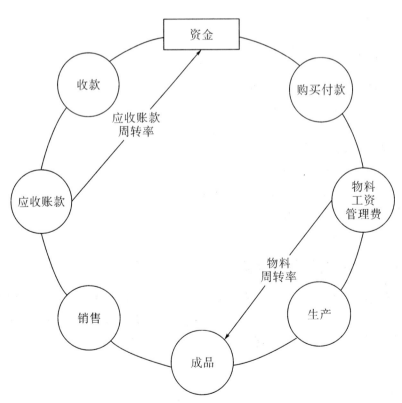

图 1.2 资金周转与物料周转

1.7 物料管理的要点

1.7.1 物料管理的精髓

1. 不断料、不待料，不让生产线停工等待所需的物料。

2. 不呆料、不滞料，将需要使用和可以使用的物料采购进来，不要让不需要使用、不可以使用的物料进入货仓或存放货仓不动。

3. 不囤料、不积料，物料购入适时，贮存适量，以减少资金的积压。

1.7.2 物料管理不善的后果

1. 停工待料

（1）浪费生产时间；

（2）打击员工士气；

（3）降低客户的信任。

2. 物料积压

（1）浪费货仓存储空间；

（2）物料容易变质，损坏；

（3）增加管理难度，提高管理成本。

3. 影响生产

（1）影响生产计划，打乱全局；

（2）经常换线，降低生产效率和品质；

（3）物料占用生产场地，难以整理整顿。

1.7.3 物料管理部门必备职能

一个管理良好的物料管理部门应具备：

（1）对生产所需要的物料进行准确的分析，并有完整的计划。

（2）采购的物料有良好的品质，对物料品质和数量进行控制。

（3）对物料的进出、存量控制准确，能保证不断料和不积压物料。

（4）对储存的物料有良好的管理，保证数量准确、品质不发生变异。

（5）对出入库物料的处理准确、及时并有完善的控制措施。

（6）对呆、滞、废料和不良物料的处理有完善的预防和管理措施。

1.8 物料管理的组织与评价

1.8.1 全面综合性的物料管理

1. 传统物料管理的任务特点

对于传统物料管理，企业普遍认识不足，任其处于一种消极与被动的工作局面中。

（1）为制造部门及其他有关部门供应原料、材料与用品。

物料管理部门是制造部门的物料供应部门，以服务与辅助为职能，其工作仅限于配合生产，保证供货正常。

（2）物料管理部门只能固守岗位，做物料进库、出库的消极性服务工作。

由于物料管理涉及整个企业的所有部门，尤其与生产、销售、财务、设计有密切关系，因此如果彼此不能配合，仅依赖物料管理部门则无法顺利推动全盘业务。因此，需要提倡综合性的全盘物料管理，以积极发挥物料管理的功能。

2. 现代物料管理的工作范畴

现代物料管理工作涉及多个部门和更广阔的工作范畴，如：

（1）商品销售预测、商品存量控制；

（2）商品仓库管理；

（3）物料计划；

（4）物料请购；

（5）物料的订购；

（6）物料的品质检验；

（7）物料的数量验收；

（8）购料付款；

（9）物料的仓储管理；

（10）物料的收发管理；

（11）物料的跟催；

（12）物料的领用；

（13）物料的加工；

（14）呆废料的发生、预防与管理；

（15）呆废料的处理或变卖；

（16）在制品的管理；

（17）在制品的检验；

（18）制成品（产成品）的检验；

（19）成品的出厂检验；

（20）成品仓库的管理；

（21）成品的销售；

（22）盘点。

3. 全面综合性物料管理的作用

现代物料管理更加提倡全面综合性的物料管理，其作用在于：

（1）通过存量控制加强原料、在制品、制成品的管理，以使总资产周转率得以提高；

（2）通过加强对材料计划、采购验收、储存、发（领）料、呆废料预防与处理方面的管理，直接降低成本，间接提高销货率，从而提高利润率。

因此，全面综合性的物料管理与企业经营目的（提高投资回报率和利润率，

提高总资产周转率）是联系在一起的（如图 1.3 所示）。

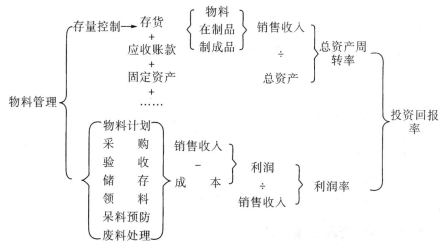

图 1.3　物料管理与投资回报的关系

1.8.2　物料管理的组织

大公司通常需要设置"资材室（物资处）"进行统领。有的直接由总管理处管理，有的以"物料科"的形式并列于生产管理、制造等部门。通常其下还要设置原料、成品、仓储、质检、计划等组。

由于企业规模、类型不同，组织机构的设置也千差万别，各个组完成的工作也不尽相同。

1. 发料组

（1）依发料单备妥现场所需物料；

（2）适时发料给现场，支援现场生产；

（3）现场退料的监督、核对。

2. 存量控制组

（1）启动物料 ABC 管理；

（2）对 ABC 类物料存量水准的进行管理与控制。

3. 物料计划组

（1）制订不同的物料 ABC 计划；

（2）启动请购工作；

（3）物料进厂的跟催。

4. 料账组

（1）领料、退料的记账；

（2）盘点物料，保证账实相符。

5. 仓储组

（1）物料的妥善储存；

（2）对 C 项物料适时提出请购；

（3）物料的安全管理。

6. 收料组

（1）协助厂商进料验收；

（2）提高收料技巧，缩短收料时间。

7. 成品组

（1）成品仓库的管理；

（2）成品的安全管理。

8. 呆废料组

（1）呆废料的储存；

（2）呆废料的处理；

（3）分析呆废料产生的原因，减少呆废料。

1.8.3 物料管理的绩效评价

1. 物料利息率

$$物料利息率 = 物料利息 \div 销售成本$$

2. 废料率

$$废料率 = 废料原价值 \div 使用物料的总值$$

3. 周转率与周转期间的计划

$$材料周转率 = 一年间材料使用金额 \div [(期初存料金额 + 期末存料金额) \div 2]$$

$$材料周转天数 = 360 \div 材料周转率$$

$$存料率 = 平均存料金额 \div 本期用料金额$$

$$在制品周转率 = 一年间生产总值 \div [(期初库存 + 期末库存) \div 2]$$

$$在制品周转天数 = 360 \div 在制品周转率$$

$$总存货周转率 = 销货成本 \div 平均存货金额$$

$$存货总额周转天数 = 360 \div 总存货周转率$$

本章思考题

1. 什么是物料？它是如何分类的？

2. 为什么要进行物料管理？

3. 什么叫供应链？广义和狭义供应链的区别是什么？

4. 供应链有哪些特征？

5. 供应链管理的概念及意义？

6. 供应链管理的目标与原则是什么？

7. 物料管理的工作内容有哪些？

8. 物料管理的5R原则有哪些？

9. 物料管理的五项目标是什么？

10. 物料管理部门的职能有哪些?

11. 物料管理的演进经过了哪些阶段?

12. 物料管理的重要性在于哪些方面?

13. 物料管理的要点有哪些?

14. 现代物料管理相对于传统物料管理有哪些进步?

15. 如何进行物料管理的绩效评价?

2 物料分类与编号

物料分类与物料编号是物料管理工作的基础，只有建立起良好的分类标准与科学合理的编号体系，才能进行有效的物料管理。

2.1 物料的分类

物料分类是指将组织机构内所有物料系统地进行分门别类的活动。任何组织所使用的物料种类都相当多，倘若不设法做好物料分类工作，则物料管理的功能难以发挥，物料管理效能势必会大打折扣。如此一来，企业整体的经营与发展势必会受到影响。主要原因如下：

（1）物料分类是物料管理的基础工作。

基础工作不健全，则物料管理功能难以发挥。有了健全的物料分类，才能实现物料管理合理化及信息化。通常来说，汽车厂、化工厂、发电厂等的物料项目均数以万计，做好物料分类工作，即为做好管理工作的基础。

（2）物类分类是物料编号的基础工作，两者是一体的，应配合一致。

无论是行政事业单位的行政管理，还是企业内部的财务管理，都已普遍采用了计算机信息化管理。其中的人员及事物的分类仍以编号为基础，若分类与编号不一致，则必然发生管理上的混乱。同理，任何企业若物料分类及编号混乱，则物料编号功能尽失，物料管理功能难以发挥作用。

物料分类的基础工作包括下列两项：

（1）物料规格的标准化。

物料规格倘若能标准化，就不会产生不必要的物料规格，进而简化了物料分类。

（2）产品规格标准化。

产品规格标准化受产品发展策略与市场产品策略的影响，无论是采取标准批量生产还是定制生产，只要实现产品规格标准化，就能避免物料种类过于庞杂。

2.1.1 物料分类的领域

2.1.1.1 根据制造过程分类

依据美国生产与库存管理协会（American production and inventory control society，APICS）的定义，物料是指在制造产品或提供服务时需要直接或间接投入的物品。因此，物料的定义相当广泛，除企业产销过程中需要直接投入的物品外，还涉及间接投入的物品。

直接投入的物品，可称为直接物料；间接投入的物品，称为间接物料。直接物料是指在产销过程中，直接构成产品或服务的一部分的物料。间接物料是指在产销过程中，非直接构成产品或服务的一部分的物料。

如图 2.1 所示，分别对电子业、汽车业、化工业、制药业和餐饮业所投入的直接材料与间接材料进行分析，可以做如下归类：

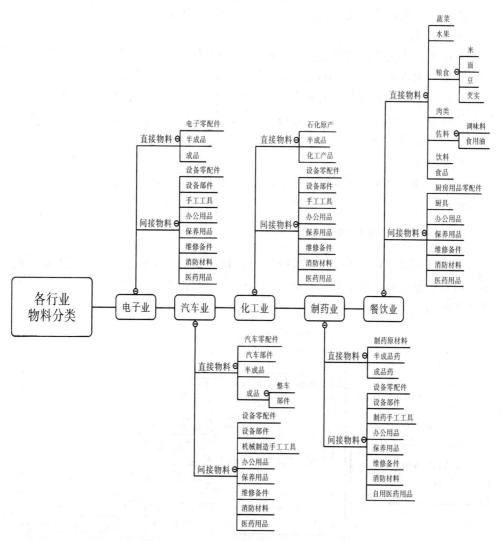

图 2.1　各行业物料分类

1. 直接材料

直接材料是指在产销过程中直接构成产品或服务的一部分的物料，包括原料、零件、部件（组件）、半成品、成品。

2. 间接材料

间接物料是指在产销过程中，非直接构成产品或服务的一部分的物料，包括机器设备零件、手工工具、办公用品、保养用品、维修备件、消防材料、医药用品等。

3. 包装材料

包装材料属于直接物料还是间接物科？在回答这个问题之前，应该先了解一下包装材料是否构成产品或服务的一部分。

通常根据用途的不同，我们认为包装物品可以分为两类：一类是生产过程中的周转物料（如各类转运框、装具等），另一类则是可销售商品的外包装（如装酒的酒瓶与纸盒、装电视的纸箱）。前者可以理解为服务的一部分，后者可以理解为构成产成品的一部分。

对这类包装材料有两种说法：一种认为该包装材料为间接物料（如生产过程中周转物料的包装），不构成产品或服务的一部分。另一种则认为该包装材料为直接物料（如可销售商品的外包装）。他们认为包装材料伴随着产品或服务一起销售给顾客，只有通过这些包装材料，产品或服务才能够正常销售并使产品或服务得以增值，因而将包装材料视为产品或服务的一部分。

4. 呆废料、不良品、下脚料

呆废料和不良品、下脚料需要根据"是否可回收"或"是否可以再生产"判定其残值。

2.1.1.2 根据管理领域分类

由于管理领域的不同，对于物料，特别是材料的划分标准又有所不同。例如，可以根据功能、成本管理、形态、调度方法、准备方法进行不同的分类（如图2.2所示）。

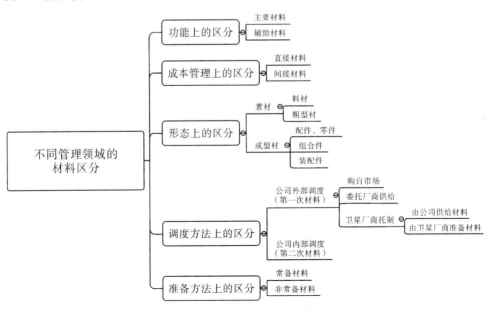

图 2.2　不同管理领域的材料区分

2.1.2　物料分类的程序及原则

2.1.2.1　物料分类的程序

1. 成立物料分类项目小组

物料分类项目小组应由企业高管充当发起人，即物料部门主管担当执行负责人，各相关部门（设计、采购、制造、营销、会计、信息、研发等部门）的主管担任委员。

2. 拟订物料分类计划工作事项

按时间进度、资源投入、人员分配等安排物料分类计划。因为物料分类工作是一项烦琐的工作，必须妥善规划，并投入相当的人力、时间及经费。

3. 收集及分析相关的资料

为了解目前及过去所有用料以及未来可能用料的规格及用途，必须收集、分析用料规格及用途的相关资料。

4. 拟订物料分类系统

根据企业现状及未来的需要，拟订可行的物料分类系统，并经过经济效益及可行性分析后，选定最适当的物料分类系统。

5. 拟订物料编号系统

物料分类必须配合物料编号。物料的分类与编号两者相辅相成，才能发挥功能。因此，拟订物料分类系统的同时可开展物料编号系统的拟订工作。

6. 进行物料分类工作

根据拟订的物料分类系统与物料编号系统，进行物料编号工作。

7. 核准试行

物料分类及物料编号完成后，呈请组织最高管理机构核准。核准后将物料分类及编号印刷成册，分发各部门试行。

8. 检讨修正

收集试行期间物料分类及编号系统存在的问题，加以检讨修正，使物料分类及编号系统更趋完善。

9. 正式推行

物料分类及编号系统更趋完善后，正式在组织内推行。

10. 更新

随着时间的推移，物料分类与编号系统需及时更新。

2.1.2.2　物料分类的原则

物料分类的原则是指物料分类所遵循的指导方针，通常企业宜依以下六项原则进行物料分类：

1. 完整性

完整性是指企业任何物料皆有类可归，物料的分类涵盖了企业所使用的全部物料。

2. 唯一性

唯一性是指企业所使用的任何物料只能归为其中某一类，而不能归入其他类，即企业所使用的所有物料都有其特定的种类可归，彼此间相互排斥。

3. 一致性

一致性是指物料分类的标准必须前后保持一致，循着固定的原则或逻辑进行物料分类的工作，中途不可任意变更或违反固定的原则或逻辑。

4. 阶层性

阶层性是指物料分类系统包含大分类、中分类、小分类三个阶层，阶层分明、井然有序。

5. 实用性

实用性是指物料分类系统必须完全配合企业产销活动的实际需要，过于复杂的物料分类，容易脱离现实而不切实际。

6. 伸缩性

伸缩性是指物料分类必须配合企业中长期发展的需要。换句话说，企业中长期发展所产生的新物料皆能涵盖于该物料分类中，而不必变更该物料分类系统。

2.1.3 物料分类的方法

通常企业的物料项目繁杂，少者成百上千，多者数以万计。为了实现有效的物料管理，应该在进行物料编号前对物料进行分类。企业所采用的物料分类系统通常将物料以大、中、小三个层级进行分类，以达到整体物料分类层次井然有序的目的。

★ **小原则：**

依据物料复杂度不同的分类

物料项目少的时候，只要将物料简单分为几类即可，物料项目多了，就显得很不方便。如果物料相当复杂，就要将大分类再加以细分，这种分类的展开也称为"多段（多级）分类"。

如图2.3所示，未分类的物料被分成"金属类物料"和"非金属类物料"两个大类：其中"金属类物料"又分为"钢""铝""铜"三个中类，"非金属类物料"又分为"木料""泥料""石料"三个中类。各中类又分为明细的小类，如"钢"分为"角钢""螺纹钢""不锈钢"三个小类，"石料"分为"大理石""花岗石""方解石"三个小类等。

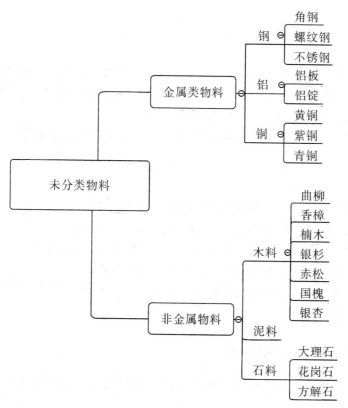

图2.3　物料分类的阶层

2.1.3.1　大分类

物料大分类亦称为物料第一层级分类。它是三层级物料分类的第一层。物料的第一层级分类必须将企业所有使用的物料皆涵盖在内，以显示物料分类的周延性。如果企业内仍然有些物料无法涵盖于第一阶层分类的项目内，则需要修正物料分类。

2.1.3.2　中分类

物料中分类亦称为物料第二层级分类。它是三层物料分类的第二层级。物料的第二层级分类必须将企业内隶属于该第一层级分类（大分类）所使用的物料全部包含在内，如此一来物料中分类也能显示其周延性。如果第二层级物料分类不能显示周延性，则需要重新进行物料分类或修正物料中分类。

2.1.3.3　小分类

物料小分类亦称为物料第三层级分类。它是三层物料分类的第三层级。物料的第三层级分类必须将企业内隶属于该第二层级分类（中分类）所使用的物料全部囊括在内，以显示该物料分类的周延性；如果不能全部涵盖，则需要重新进行物料分类或修正小分类。

2.2　物料的编号

物料编号是以简短的文字、符号或数字、号码来代替物料、品名、规格或及其他有关事项的一种管理工具；其目的在于以简化的代号来代表并说明物料品目，扬弃冗长的陈述，进而提高管理效率。

物料编号是依物料分类的内容进行的，物料分类先行而物料编号随之，两者往往形影不离。

★**进阶思考：**

什么样的范围适合使用编号？

我们可以设想一下如下范围内名称与编号的使用情况：

1. 在家庭范围内，大家使用姓名的同时有无必要使用编号？

2. 在学校范围内，除了姓名外，大家使用编号吗？

3. 再扩大一点，如果全国范围内身份证不使用身份证号码，而仅使用实名，会有什么情况发生？

2.2.1　物料编号的功能

物料编号的功能与物料分类的功能其实是相同的。物料编号具有下列六项功能：

1. 增加物料信息的正确性

物料的采购、请购、验收、储存、领发、料账、盘点、记录等物料管理作业均可以通过物料编号进行，以使物料管理作业更加准确；不至于发生一物多号或者一物数名的错乱情况。

2. 提高物料管理工作的效率

有序排列的物料，以物料编号代替文字记述，可以简化物料管理工作，提升物料管理工作效率。

3. 减少物料存量，减少资金占用

物料编号有利于物料存量的控制及减少呆废料的产生，可以减少物料存量，从而得以减少存量物料的资金占用。

4. 防止物料舞弊事件的发生

物料一经编号，对其记录正确而迅速，可防止物料舞弊事件的发生。

5. 方便计算机处理

物料编号是物料管理的基础，物料编号有利于物料管理合理化、规范化，并方便计算机进行处理。

6. 便于供应链信息传递和物料领用

完整的物料编号系统有助于企业供应链系统的建立，使供应商、采购部门、车间、仓库、配送系统、中间商、零售商之间信息传递更加迅速正确；物料领用统一叫法、避免歧义，从而更加快捷方便。

2.2.2 物料编号的原则

物料编号的原则是指物料编号所遵循的指导方针，如果不遵循物料编号的原则进行编号，则物料编号在应用过程中极易出现问题，导致管理上出现失误，使企业付出更高的成本。通常，企业依照下列10项原则进行物料编号：

1. 简单性

物料编号的目的在于将物料化繁为简，以便于处理物料活动。倘若物料编号过于繁杂，则违背了编号的目的。因此物料编号应使用英文字母、符号或数字来编制，并力求简单明了，以节省阅读、填写、抄录的时间，并减少可能出错的机会。

2. 分类展开性

物料复杂时，在物料编号大分类后还要对其再加以细分。倘若采用阿拉伯数字进行物料编号，则每段（级）最多只能细分成0~9共10个项目。倘若采用英文字母进行物料编号，则有26个细分项目。然而，细分项目太多，处理不易；细分项目太少，则分类展开太慢。

分类细目通常以5~9个较为适当。倘若采取阿拉伯数字进行物料编号，而物料有18个项目时，则可如图2.4所示，可以根据需要按照3种分类方式进行展开。

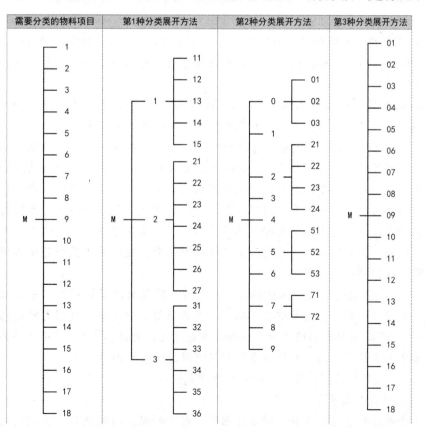

图 2.4 三种分类展开的方法

3. 完整性

完整性是指企业所使用的任何一种物料都有唯一的物料编号对应，倘若有任何一种该企业所使用的物料无物料编号或有两种及两种以上的物料编号，则此物料编号违背了完整性。

新物料的产生特别容易破坏物料编号的完整性。因此每当新物料产生时，即应赋予新的物料编号，并在企业内规定：在没有赋予新的物料编号时，采购部门不得从事采购；或者是，没有物料编号的新物料被采购进来，会计部门发现物料订购单缺乏物料编号时，应立即请采购部门补填物料编号，否则不予付款。

4. 唯一性

唯一性是指一个物料编号只能代表唯一的一项物料；或者说，一项物料只能找到一个唯一的物料编号。即同一项物料不能有两个或两个以上的物料编号，一个物料编号无法代表数项物料。

★进阶思考：

这些情形下该如何进行编号？

1. 同规格不同色：某款网上销售的商品，规格完全相同，但颜色不同；那么应该为不同颜色的商品分别编号还是编为同一编号？

2. 同规格不同批次：某种药品规格完全相同，但生产时间有先后，属于不同批次，编号应该相同还是不同？

3. 同规格可替换部件：某款电动自行车可以配置规格指标完全相同的 A、B、C 三款电池，那么分别配置了这三款电池的电动自行车应该分别编号还是编为同一编号？

4. 同规格不同品相等级：某款商品因外观和品相，区分为特级、一级、二级，那么这几种不同品相等级的商品应该分别编号还是编为同一编号？

答 1：严格来说应该区分颜色分别编号，不过有些网售商品在介绍商品详情时特别说明了"颜色随机发货"，如果消费者选购此商品，则视同为消费者接受了商家的这个销售条款，且不同颜色使用相同单价，那么就不用区分颜色进行编号，可以编为同一编号；有些网售商品没有指定颜色，但可以给网络客服留言指定商品颜色，且不同颜色使用相同单价，那么也不用区分颜色进行编号，可以编为同一编号；如果某款商品明确给出了颜色的选项，且不论不同颜色是否价格相同，均应使用不同的编号。

答 2：药品的管理非常注重批次，有时某些药品出现了问题可以根据批次进行追溯和召回。因此，同规格不同批次的药品应该是相同编号（因为就是同一种产品），但同时应该有明确的批号（体现相应的生产时间信息）。于是该药品既有物料编号又有批号，同一物料编号的药品可以通过批号加以区分。

答 3：这种情形比较复杂，分两个方面来说：

（1）产成品编号。

无论是在销售还是存储、转运过程中，对于外观、功能指标完全相同的产成品（已经装配完成的电动自行车），仅仅因为内部选用的电池款式不同，通常是不做区分的。对于消费者而言，其实也是视同消费者接受"电池款式随机"的销售条款。所以，产成品阶段的同款电动自行车虽然可能内部的电池不同款，但电动自行车本身的编号是同一编号（假设定义电动车的物料编号为EB120）。

（2）半成品编号

倒推到生产阶段，可替换部件涉及企业资源计划中"虚拟品"的概念，即电动自行车的产品结构——物料清单（BOM）中对于"电池"一项并不会固定具体的款式，而是采用通用的款式，比如可以命名为"通用款电池"，并为它定义一个专属的物料编号（假设定义为BT），所以生产阶段的产成品仍然使用该款电动车的同一编号EB120，而部件可替换电池的物料编号为BT。

不过，因为涉及供应商管理，生产企业内部应该对不同款的A、B、C三款电池给予不同的物料编号。企业只有在装配时，才会根据当时的库存和生产状况、供应商库存管理策略（比如希望某款电池尽快用光）临时指定具体使用哪一款电池来装配。所以，企业内部的A、B、C三款电池会有不同的物料编号（假设分别定义为BT-A、BT-B、BT-C）。

答4：不同等级因为涉及不同品质和不同售价，从对消费者负责的角度来看，不同的品相等级应该有不同的编号。例如组装产品中，同一部件有甲、乙、丙三种级别，那么分别组装成产品后的成品价格也是不一样的，比如可能分别命名为"旗舰版""精英版""基础版"并分别拥有不同的企业内产品编号。所以，相同物料不同品相等级应该分别编号。

5. 一惯性

物料编号既要统一又要有一贯性。如某项物料是以年限为分类标准，就应一直沿用下去，在中途不能变更为用产地或性质来分类。倘若必须要这么做，则需要分层级进行。

6. 伸缩性

物料编号要考虑到未来新产品发展以及产品规格变动，而使物料扩展或变动的情形，应预留编号，否则未来有新物料进入时，就会出现新物料无号可编的情形。

★进阶思考：

1位编号有多大的伸缩性？

某类物料目前只有5种，如果只为该类物料预留1位编号的话，可以留下多大的伸缩余地？

首先，0~9的阿拉伯数字有10个。

其次，如果数字不够加英文字母，可以有26个英文字母。

那么，留下的伸缩余地＝10+26-5＝31个。

也就是说，最多可以再为该物料分配31个编号，如不能满足需要，此时就应先考虑是否留2位或3位等更多的位数。

7. 组织性

物料依据编号系统，并然有序地组织与排列，以便随时可从物料编号查知某项物料的账卡或资料。物料编号的组织性可以保证物料管理作业的顺畅，并省去不少不必要的麻烦。

8. 适应机械性（电脑化）

适应机械性（电脑化）是提升物料管理效率的利器，而物料编号正是物料管理电脑化最重要的基础工作。因此物料编号必须符合电脑化的原则，机械性应用于科学管理，也可以理解为适应于电脑信息处理。比如，不要使用一些非常特殊的符号来编号（如"\""/""'""'""^""&""《》""*""+""-""="%""?""!""空格"等）；通常宜采用汉字、阿拉伯数字、英文字母来编号。

9. 充足性

物料编号所采用的英文字母、符号或数字，必须有足够的数量，以满足将来物料扩展时的实际需要，避免遇特殊物料时无号可编的情况，否则物料系统会遭受破坏。如果因为物料编号受破坏而变更编号规则，则会费时误事。

★小知识：

IPv4 与 IPv6 的地址空间容量

为了标识互联网上设备的唯一性，目前国际上普遍采用了"互联网协议第 4 版（IPv4）"来唯一确定设备。IPv4（internet protocol version 4）由 4 个地址节组成，其格式为"×.×.×.×"，如 192.168.125.123 就是一个 IPV4 协议格式的 IP 地址。

IPv4 使用 32 位长的地址，地址空间超过 40 亿（$2^{32} = 4,294,967,296$）。由于地址类别的划分不尽合理，只有不到 5% 的地址得到利用，可用来分配的地址所剩无几。另外，越来越多的电子设备也会连接到互联网上，包括 PDA、汽车、手机、各种家用电器、虚拟现实产品等。

1994 年 7 月互联网工程任务组（internet engineering task force，IETF）制定了 IPv6（internet protocol version 6）协议标准，采用 128 位 IP 地址的，由 8 个地址节来组成，每节包含 16 个地址位，以 4 个十六进制数书写，节与节之间用冒号分隔，如 ×:×:×:×:×:×:×:×。在 IPv6 的设计过程中除一劳永逸地解决了地址短缺问题以外，还考虑了在 IPv4 中解决不好的其他问题，如端到端 IP 连接、服务质量（QoS）、安全性、多播、移动性、即插即用等。

IPv6 的地址容量（2^{128}）可以实现地球上每平方米上千个设备上网，为保证未来设备上网留足了地址空间。

10. 易记性

在不影响上述九种原则的前提下，物料编号应选择易于记忆的文字符号或数字，或富于暗示及联想性。但这一原则属于次要原则。若上述九种原则俱全而独缺乏此项原则，仍不失为优良的物料编号。

★小知识：

2.2.3　物料编号的方法

企业采用的物料编号方法，通常有阿拉伯数字法、英文字母法、暗示法、混合法几大类。

2.2.3.1　阿拉伯数字法

阿拉伯数字法是应用最多的一种物料编号工具，即以一个或数个阿拉伯数字代表一项物料。

阿拉伯数字法十分简单，容易理解，非常适用于物料管理电脑化。只是在推行物料编号时，需另外准备物料项目与数字的对照表，以便于记忆与对照。故工作人员必须经过一段时间的训练与适应才能运用自如。

以阿拉伯数字为物料编号，较常见的有四种方法：

1. 连续数字编号法（continuous numerical symbolization）

（1）方法。

连续数字编号法是先将所有物料依某种方式做大致的排列，然后自 1 号起依顺序编排流水号。

（2）优缺点。

这种物料编号方法可以做到一料一号，但顺序编除显示编号时间的先后外，往往与所代表项目的属性并无关联。因为新购物料无法插入原有排列顺序的物料编号内。

例如：编号 2501 为 1/2.33″CCD，之后其他物料顺序编号到 6987，以后来再购的 1/2.5″CCD 则无法编号为 2502，因为该号已经被其他物料占用，只好编号为 6988。这两种物料本应排在一起，现在却相距很远，在管理上显得极为不便！

2. 阶级式数字编号法（hierarchical numerical symbolization）

（1）方法。

阶级式数字编号法先将物料主要属性分为大类并编写其号码，再将各大类的次要属性分为较次级的类别并编写其号码，如此继续进行下去。

如表 2.1 所示，物料可以编为 48（4×4×3）个编号。

表 2.1　48 个三级物料编号的构成

材质（大类）	形态（中类）	价位（小类）
1＝金属	1＝片	1＝高价物料
2＝塑料	2＝条	2＝中价物料
3＝皮革	3＝容器	3＝低价物料
4＝玻璃	4＝粉粒	

（2）优缺点。

优点是显示出了编号的规律性，缺点是物料品种较多时容易产生较长的编号。

3. 区段数字编号法（block numerical symbolization）

区段数字编号法介于连续数字编号法与阶级式数字编号法之间，使用位数较阶级式数字编号法更少，而仍能达到物料编号的目的。

例如有 64 项物料，各类物料统计数据为：A 类 12 项，B 类 10 项，C 类 17 项，D 类 15 项，E 类 10 项。

如果采用阶级式编号则必须是 3 位数（1 位类别+2 位项目数），改为区段数字编号仅需 2 位数即可，如表 2.2 所示。

表 2.2　区段数字编号法示例

类别	分配编号	剩余备用号码
A	01～20	8
B	21～37	7
C	38～61	7
D	62～83	7
E	84～99	6

4. 国际十进位分类法（universal decimal classification）

（1）方法。

这种方法是将所有物料分为十大类，分别以 0～9 的阿拉伯数字代表，再将每大类物料分为十个中类，以 0～9 的数字为代表，如此循环，以金字塔的形态展开。

如：

1

1.1

1.2

1.2.1

1.2.1.1

1.2.1.3

……

（注：有的分类中每段编号不止1位数，如13.231.226。）

（2）优缺点。

优点是编号可以无限扩展下去，任何新物料的产生均可以插入原有物料编号系统中而不会发生混淆；缺点是编号冗长又无暗示作用，在系统录入等方面存在很大的不足，实用性较低。

2.2.3.2　英文字母法

英文字母法是以英文字母作为物料编号工具的物料编号方法。如A代表金属，B代表木材。以AA代表金属铁、AB代表金属铜、AAA代表金属铁矿石……不过，单纯应用英文字母法编号的情形较少见。

注意：由于英文字母中I、O、Q易与阿拉伯数字1、0、9混淆，多废弃不用，其余23个字母均可利用。英文字母法编号通常使用大写字母，如果使用小写字母来编号，还要注意印刷体的小写英文字母l与阿拉伯数字1非常相似，容易发生混淆。

2.2.3.3　暗示法

暗示法指物料编号所代表物料的意义，容易自编号本身联想出来，暗示编号可分为如下两种：

1. 文字暗示法

文字暗示法有英文字母缩写或中文简称等编号方式，如：

VC=Variable Capaciter（可变电容器）；

IC=Integrated Circuit（集成电路）；

SW=Switch（开关）；

渝=重庆；

重商=重庆商学院（重庆工商大学的前身）。

2. 数字暗示法

数字暗示法直接以物料所含的数字作为物料编号的号码，物料所含的数字依照固定规则转换成物料编号的号码，阅读者可以从物料编号的暗示中得悉该物料为何物（如表2.3所示）。

表2.3　某菜刀（431813-58-203-115-480）的数字暗示法编号

段名	材质	硬度	长度	宽度	重量
样式	×××××	××	×××	×××	×××
举例	431 813	58	203	115	480
含义	431 813 钢材	莫氏58	203mm	115mm	480 克

2.2.3.4 混合法

混合法是指联合使用英文字母与阿拉伯数字来为物料编号的方法，而且多以英文字母代表物料的类别名称，再加上阿拉伯数字进行编号。在拥有复杂物料的企业中，混合法较为实用。

例如：

M=金属物料；

MB=螺栓、螺丝；

0=六角；

1=铁；

0=螺栓带帽；

MB010=六角铁制螺栓带帽；

MB010-6=Φ6 六角铁制螺栓带帽；

……

相对于前面几种方法，混合法容易满足物料编号的多种原则，兼具阿拉伯数字法、英文字母法的优点，非常适用于企业物料编号。

本章思考题

1. 物料分类的领域有哪些？
2. 物料分类的程序及原则是什么？
3. 物料分类的方法有哪些？
4. 物料编号的功能有哪些？
5. 物料编号适用于哪些范围？
6. 物料编号的原则是什么？各项原则有什么需要注意的？
7. 物料编号的方法有哪些？

3 物料计划管理

物料计划管理是整个物料管理工作中的重要一环。通过有效的物料计划，可以减少浪费、降低库存，减少停工待料的可能性。

3.1 物料计划的含义及功能

物料计划是指为配合企业生产或服务的顺利进行，事先对物料需求加以分析，以满足物料的需求。如果物料计划做得不好，不是仓库物料库存太多积压大量资金，就是生产线常发生断料停工的情况。因此物料计划在物料管理活动中是十分重要的一环。

有效的物料计划包括以下方面：

（1）可确定某一时期物料需用量，使产销活动得以推动。

（2）可以使采购部门得以早日准备采购活动，并觅得适当的采购时机，保证采购的提前期，以最有利的条件按时、保质、循量地将物料入库。

（3）可以使财务部门计算所需资金，提前做好资金预算和资金准备，以利于资金的调度。

（4）可借以控制物料的库存，减少呆料，减少资金积压。

（5）可以防止出现生产线停工待料的情况，使生产线持续不断进行生产。

3.2 物料计划处理程序

物料计划起源于企业的愿景，而企业的愿景则归属于企业的战略计划。战略计划属于长期计划，对于近几年（一般三五年内）的计划则属于企业的经营计划。

物料计划从具体到某一年的销售计划开始，由销售预测得出，销售计划金额通常可以细化到万元（及以上），时间细化到一年，数量细化到销售的大类品种。

根据销售计划，可以进一步细化到生产计划，此时数量依然可以细化到大类品种，但交货期细化到月或周。

根据生产计划进一步推导出主生产计划，此时数量细化到明细的规格品种，交货期则细化到周。

生产计划和主生产计划同属于产成品计划，根据主生产计划推导出用料分析，再根据用料分析进一步推导出存量计划、需用计划，并最终生成请购计划并委托采购人员进行相关的采购工作。用料分析、存量计划、需用计划和请购计划同属于零部件计划。

要做好物料计划，并非单靠物料计划人员，而必须在销售计划、生产计划、库存管理、采购管理等各产销环节上紧密配合。物料计划共有七项步骤：销售计划、生产计划、主生产计划、用料分析、存量计划、需用计划、请购计划（如图3.1所示）。

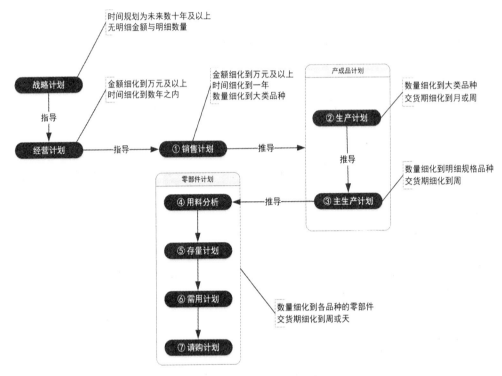

图 3.1　物料计划处理程序

3.3　销售预测方法

销售预测用于制订销售计划，其准确性关乎企业的经营业绩甚至生存状况。因此，销售预测对于近代企业经营尤为重要。若方法得当，销售预测准确，则企业在经营中能够极大地降低成本、提高利润。

3.3.1　判断法

判断法是指在缺乏适当的历史性数据、引进新产品或科技、外部环境有重大变革的情况下，企业依赖营业人员或管理人员的经验判断，以获得销售预测值的方法。对通过数量方法所求得的预测值，判断法可以提出适当的修正。较为成功的判断法有下列几种：

1. 销售人员意见法

销售人员意见法（也称"由下往上"预测法），是指根据对市场需求最敏锐的销售人员所提出的意见来进行销售预测。销售人员意见法根据企业销售人员、代理商与经销商的意见编制销售预测，将企业的各种产品的销售预测进行汇总而得到销售预测值。由于企业的销售人员、代理商与经销商最接近顾客，故由下往上的预测很接近市场的真实情况。

当然，受销售人员个性的影响，存在过于悲观或乐观的看法、季节性商品的销售波动大等情况，预测值不可避免地存在偏差。因此企业除了要求销售人员认识到合理的预测方法与预测的重要性外，决策者还要根据预测值、历次数据进行核对和修订。

销售人员预测法的预测结果除了很接近市场的真实情况外，由于预测方法简单，又不需具备熟练的预测技术，因此被许多中小型企业采用。

2. 主管人员意见法

主管人员意见法（也称"由上往下"预测法），是指依据较有企业整体经营理念的主管（销售总监、厂长等）所提出的意见来进行销售预测的方法。

不同企业拥有不同层级的销售主管，有些只有一位，有些则有几层。主管人员是指企业的最高经理层。

将高级主管人员与销售人员的意见综合起来，对销售预测更有帮助。因为高级主管拥有多年的产品销售与经营、生产的经验，但对于一线最新情况的了解却不如基层销售人员，因此将二者的意见加以归并和综合，可以进一步修正销售预测，包括国际国内的产品发展动向、相关新技术开发方向、跨界竞争者可能出现的领域、本公司开发策略及开发动向、本公司运营策略及运营方针等。

主管人员预测法首先由总经理根据国内外经济动向与整个产业市场的规模加以预测，然后估计企业的产品在整个市场中的占有率，再根据所得到的资料，拟订公司产品的销售预测。

在正式公布销售预测之前，先要与销售、生产与财务部门主管广泛交换意见，每一位主管应尽可能提供正确的资料并支持总经理的立场。意见交换之后，由总经理对整个企业的销售预测加以细分，进而预测各个生产部门或各种特殊产品的销售量。

由上往下的预测是由总经理拟订各生产部门的销售预测，作为各生产部门下年度的销售目标。故由上往下的预测若能与企业内所推行的目标管理相互配合，则可取得相得益彰的效果。此外，由上往下的预测方法简便，整个预测所费时间不多，费用也不高，故许多中小型企业乐于采用。

3. 专家意见法

专家意见法是指聘请相关领域的产业、学界、研究单位的专家，集体讨论编制销售预测。当销售环境或经济环境发生变革或出现科技变迁时，可以运用专家意见法来进行销售预测。

4. 市场调查法

市场调查法是指根据对市场信息搜集调查得到的数据，进行销售预测的方法。市场调查通常包括下列五项步骤：设计问卷→选择市场调查方式→抽访调查对象→统计分析结果→得出调查结论。

5. 德尔菲法

德尔菲法，也称专家调查法，1946 年由美国兰德公司创始实行，其本质是一种反馈匿名函询法。大致流程是在对所要预测的问题征得专家的意见之后，进行整理、归纳、统计，再匿名反馈给各专家，再次征求意见，再集中，再反馈，直至得到一致的意见。

其过程可简单表示为：匿名征求专家意见→归纳、统计→匿名反馈→归纳、统计……若干轮后停止。

通过德尔菲法可以得到产品需求的长期预测结果，但这种方法耗时较长、成本较高，对人员的要求也较高。

3.3.2 天真预测法

天真预测法是指以前期的实际值或成长率作为下期的预测值或预计成长率的预测方法。

天真预测法的计算公式有下列两种：

（1）明年的预计销售＝今年的实际销售；

（2）明年的预计销售＝今年的实际销售×（今年实际销售÷去年实际销售）。

天真预测法是最为简单的预测方法，只要根据今年与去年的销售实绩就可得到明年的销售预测值。这种预测方法简便高效，费用又低廉。如果企业未来的市场运营情况变化不大，这种预测方法十分有效；如果未来市场运营情况变化较大，这种预测方法就需要利用其他预测方法来校验。

3.3.3 时间数列分析法

时间数列分析法是指根据时间推移所呈现的历史性数据，进行销售预测的方法。倘若能找出销售随时间变化而变化的规则，则依照这种规则，就可推算出未来的销售情况。影响时间数列预测值的因素甚多，大体上可归纳为下列四种：

1. 长期趋势

长期趋势是指随着时间的推移，时间数列呈现递增或递减的长期倾向。例如：人口数量、收入等通常呈现递增的长期趋势；而原始森林覆盖面积、野生动物的种类数量、人口出生率等通常呈现递减的长期趋势。

2. 季节变动

季节变动是指时间数列随着季节的推移而呈现以一年为周期的规律性变动。季节变动发生的最重要原因是四季气候不同，如夏季的西瓜产量和销量均较高。

3. 循环变动

循环变动又称"阶段性变动"，是指时间数列呈现以一年以上（或三四年，或五六年）较长时间为周期的反复变动。例如：某年某种产品价格较高，如果人们受价格吸引而加大产量，之后的某个时间又会因为市场销售的同类产品太多而不得不降价，呈现出一种循环变动的状况。

4. 偶然变动

偶然变动是指时间数列呈现不规则的变动，其发生的原因主要是天灾、人祸等突发事件。这种无法事先预料到的偶然变动不能用长期趋势、季节变动或循环变动来加以解释，故无法进行预测。

3.3.4　关联性预测法

关联性预测法是指首先确认相关变数，然后预测相关变数的值。换句话说，根据相关变数历史资料的因果关系，建立回归方程式，以多个独立变数的数列来预测相关变数的数值。

3.4　数量需求预测

数量的需求预测主要是指企业根据自身的历史数据预测未来的趋势，大致有如下几种方法：

3.4.1　移动平均法

3.4.1.1　计算步骤

1. 计算最近一个固定时段（内有若干周期）的平均值；
2. 往下移动一个周期，再求平均值；
3. 以此类推，计算出动态的平均值。

3.4.1.2　计算实例

已知上一年每月需求量如下：

1 月 92	2 月 83	3 月 65	4 月 74
5 月 75	6 月 84	7 月 84	8 月 81
9 月 75	10 月 63	11 月 91	12 月 84

求本年度 1 月、2 月的需求量：

本年 1 月：(63+91+84)/3 ≈ 79（依赖于上年的 10～12 月数据）；

本年 2 月：(91+84+79)/3 ≈ 85（依赖于上年的 11 月、12 月和本年度 1 月数据）。

3.4.1.3　移动平均法的缺陷

1. 上升趋势中

如：1 月 1 000　2 月 2 000　3 月 3 000　4 月 4 000　5 月 5 000

如果使用 5 个时期移动平均，则 6 月为：（1 000+2 000+3 000+4 000+5 000）÷5＝3 000。

很显然，预测值大大小于实际需求；在趋势变化明显时，移动平均法预测结果总是滞后于趋势，包含时间趋势越多，数值差距越大。

2. 波动较大时

如实际值为：1 月 2 000　2 月 5 000　3 月 3 000　4 月 1 000　5 月 4 000

如果使用 2 个时期移动平均，则

3 月预测值：（2 000+5 000）÷2＝3 500；

4 月预测值：（5 000+3 000）÷2＝4 000；

5 月预测值：（3 000+1 000）÷2＝2 000；

6 月预测值：（1 000+4 000）÷2＝2 500。

很显然，预测值与实际值偏差较大，也失去了预测的意义。

3.4.1.4　移动平均法的适用条件

移动平均法适用于需求稳定的产品，没有太大的趋势变动或季节性。另外，该方法也可以用来减少随机变化，因为通常高需求之后往往跟随的是低需求。

缺点：需要保留每一个预测产品的好几个时期的历史数据。

3.4.2　指数平滑法

3.4.2.1　公式

$$新预测＝\alpha×最近需求＋（1-\alpha）×以前需求$$

α 为润滑指数（smoothing constant），介于 0 至 1 之间，取值根据需求约定，并且可以根据现实情况进行修订。

3.4.2.2　举例

5 月份的原预测为 220，实际需求为 190。如果 α 是 0.15，预测 6 月份需求；如果 6 月份实际需求为 218，预测 7 月份需求。

6 月需求：0.15×190+（1-0.15）×220＝215.5；

7 月需求：0.15×218+0.85×215.5＝215.9。

3.4.2.3　指数平滑法适用范围

指数平滑法提供了一个经常性更新产品预测的常用方法。对于需求稳定的产品短期预测效果不错（如图 3.2 所示），如果需求较低或表现出间断性的时候，效果不太令人满意。

指数平滑法可以检测市场趋势，如果趋势存在，可以使用更复杂的公式，如二次指数平滑。

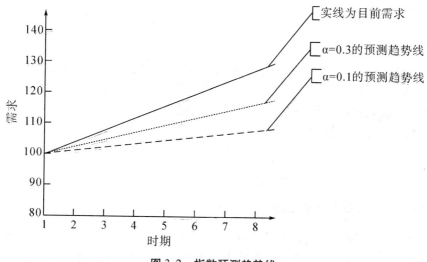

图 3.2　指数预测趋势线

3.4.3　季节性指数法

许多产品都有季节性或阶段性的需求特征，如节庆用品、电视机、手机等。

3.4.3.1　概念

衡量某一产品季节变化的指标称为季节性指数（seasonal index），这个指数是对一季中某一产品的需求相对于该产品平均需求波动幅度大小的预估（如图 3.3 所示）。

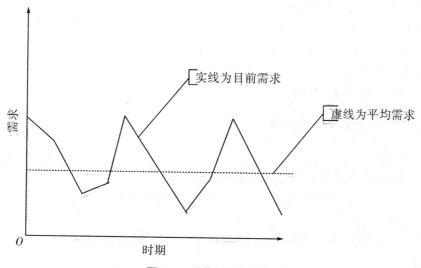

图 3.3　季节性销售历史

3.4.3.2 原理及公式

1. 原理举例

如果游泳衣的平均需求是每月 100 件，但在 7 月游泳衣的平均需求为 175 件，9 月为 35 件。则

7 月的需求指数为 175/100 = 1.75；

9 月的需求指数为 35/100 = 0.35。

2. 公式

$$季节性指数 = 时期平均需求/每时期平均需求$$

3.4.3.3 计算季节性指数

产品 A 属于季节性需求产品，过去 3 年的需求如表 3.1 所示。产品需求未出现明显的增长趋势，但有明显的季节性。平均每季需求是 100 件，求季节性指数。

表 3.1 季节性产品 A 的三年需求统计

年份	第 1 季度	第 2 季度	第 3 季度	第 4 季度	合计
1	122	108	81	90	401
2	130	100	73	96	399
3	132	98	71	99	400
平均	128	102	75	95	400

计算如下：

第 1 季季节性指数 = 128/100 = 1.28；

第 2 季季节性指数 = 102/100 = 1.02；

第 3 季季节性指数 = 75/100 = 0.75；

第 4 季季节性指数 = 95/100 = 0.95；

季节性指数合计 = 4.00。

3.4.3.4 计算季节性预测

1. 公式

计算季节性指数的公式也可以用来预测季节性需求。

$$季节性需求 = 季节性指数 \times 每时期平均需求$$

2. 举例

产品 A 的下一年年需求预测为 420 单位，求每季销售预测。

解：

平均每季需求预测 = 420/4 = 105；

第 1 季预测 = 1.28 × 105 = 134.4；

第 2 季预测 = 1.02 × 105 = 107.1；

第 3 季预测 = 0.75 × 105 = 78.75；

第 4 季预测 = 0.95×105 = 99.75。

3.4.3.5　非季节性需求预测

工厂的生产计划是根据销售部门的销售计划拟订的，然而两者的立足点却不相同。销售计划必须反映销售的季节性与波动性，生产计划的制订必须考虑生产节奏，即制造工作的稳定性。因此就产销的配合而言，应探讨如何维持制造的稳定与生产负荷的平衡，以配合销售计划的季节性与波动性。换句话说，在拟订生产计划时应消除销售计划的季节变动所带来的不稳定因素。

平均需求，也称非季节性需求。历史数据属于实际季节性需求，必须通过非季节性需求预测来消除季节性的波动，然后才可进行平均需求预测（如图 3.4 所示）。

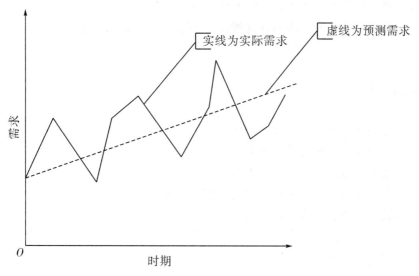

图 3.4　季节性需求与非季节性需求预测

1. 公式

$$非季节性需求 = 实际季节性需求/季节性指数$$

2. 举例

（1）某网球拍销售公司预测 1 月份的需求是 5 200，6 月份需求是 24 000。如果 1 月份的季节性指数是 0.5，6 月份的季节性指数是 2.5，求 1 月和 6 月的非季节性需求。

解：

1 月非季节性需求 = 5 200/0.5 = 10 400；

6 月非季节性需求 = 24 000/2.5 = 9 600。

以非季节性需求为基础进行预测，1 月需求大于 6 月。

（2）某公司使用指数平滑法预测其产品的需求。在 4 月份，非季节性预测需求是 1 000，实际的季节性需求是 1 250。4 月份的季节性指数是 1.2，5 月份的季节性指数是 0.7。如果 α 等于 0.1，计算：

4 月份的非季节性实际需求。

5 月份的非季节性预测需求。

5 月份的季节性预测需求。

解：

4 月份非季节性实际需求 = 1 250/1.2 = 1 042；

5 月份非季节性预测需求 = 0.1×1 042+0.9×1 000 = 1 004；

5 月份的季节性预测需求 = 0.7×1 004 = 703。

3. 季节性需求预测原则

必须使用非季节性数据来进行季节性需求预测。预测是以平均需求为基础，季节性需求的预测是通过使用合适的季节性指数由平均需求计算而来。

（1）只使用非季节性数据进行预测；

（2）是预测非季节性需求，而不是季节性需求；

（3）应用季节性指数作为预测基础，进行季节性需求预测。

本章思考题

1. 有效的物料计划包括哪些功能？

2. 物料计划的处理程序是什么？

3. 销售预测方法有哪些？各有什么优缺点？

4. 指数平滑法和移动平均法适用于哪些场景？

5. 为什么要进行非季节性需求预测？

4 物料存量管理

物料的存量管理对企业而言具有相当重要的意义，是衔接计划、采购、生产、销售的重要环节。另外，存货成本在制造业当中占比相当高，通常存货成本占产成品总金额一半以上。企业必须保证足够的存货以满足生产、销售的需要，但同时又要让存货数量尽可能小以减少存货资金的占用。所以存货不能过剩也不能短缺，这是保证整个企业顺畅运行的关键点。

4.1 物料存量概述

4.1.1 存货

4.1.1.1 存货的含义

存货是指企业在日常活动中持有以备出售的产成品或商品、处在生产过程中的在产品、在生产过程或提供劳务过程中耗用的材料或物料等，包括各类材料、在产品、半成品、产成品或库存商品以及包装物、低值易耗品、委托加工物资等。

一般情况下，企业的存货包括下列三种类型的有形资产：

1. 用于销售而存储的存货（产成品或用于销售的部件）

这类存货是指企业在正常的过程中处于待销状态的各种物品，如工业企业的库存产成品及商品流通企业的库存商品。

2. 处于生产过程中的存货（零部件和半成品及其中间状态）

这类存货是指为了最终出售，目前处于生产加工过程中的各种物品，如工业企业的在产品、自制半成品以及委托加工物资等。

3. 为了生产供销售的商品或提供服务以备消耗的存货

这类存货是指企业为生产产品或提供劳务而储备的各种原材料、燃料、包装物、低值易耗品等，如手套、燃气、机油、转运箱、量具、砂轮、模具等。

4.1.1.2 存货的特点

1. 存货是有形资产

存货以气态、固态（固体、晶体、粉末等）、液体等实质化的形态呈现，这一点有别于无形资产。

2. 存货具有较强的流动性

在企业中，存货经常处于不断销售、耗用、购买或重置的过程中，具有较快的变现能力和明显的流动性。

3. 存货具有时效性和发生潜在损失的可能性

在正常的经营活动下，存货能够规律地转换为货币资产或其他资产，但长期不能耗用的存货就有可能变为积压物资或降价销售，从而造成企业的损失。

4.1.1.3　库存管理、存量管理及其意义

传统上对库存管理的理解通常是指对物料的收入、发出、结存的业务管理，但这种理解是不全面的。不能以狭义的仓库保管物料的观点来理解库存管理，必须从企业资源计划系统的角度来理解库存管理。库存管理与 ERP 系统中的其他管理模块紧密联系在一起。以支持生产、维护、操作和客户服务为目的而存储的各种物料，包括原材料和在制品、维修件和生产消耗、成品和备件等。库存管理工作应该包括物料的存储、收发、使用及计划与控制等各个方面。

1. 库存管理

库存是为物料的储存而建立的，是对产成品或原材料以及其他相关资源进行管理，使其库存储备保持在经济合理的水平上，它是企业资产存放的重要基地，库存量过大会增加仓库面积及其相应的库存保管费用，提高成本，造成企业资源浪费。

库存管理中涉及大量的物料收入、检验、发料、计算库存、核算库存成本等工作，存在大量的业务原始数据，如原材料入库单、原材料出库单、验收单等，并且还要通过大量的计算，才能及时掌握库存信息，如库存数量、库存成本等，从而为库存管理提供决策依据。

2. 存量管理

库存量过小会影响销售利润与企业信誉，造成服务水平下降。因此，设置一个合理的存量水平，对企业来说非常重要。库存资产一般占用企业总资产的 5%～40%。合理的库存存量可以吸收销售量的起伏，便于调整生产，提高机器设备的利用率，防止由于物流不稳定所引起的人员与设备的停工。因此，库存存量管理在企业生产经营管理中起着重要的作用，因而库存管理也就成为企业物料管理的核心了。

存量管理是指以最佳方法控制原料、产品、零件、工具及用品的种类与数量，一方面配合企业内各种生产的需要，另一方面使产品保持最低的物料成本。

3. 存量管理的意义

（1）确保生产所需的存量，以配合企业内各种生产进度，提供令顾客满意的服务。

（2）设立存量管理的基准，以最经济的订购方法与存量管理方法，对企业内部所有的生产提供最佳供应。有效的存量管理一方面可以指导采购人员何时订购，以及确定最优的经济订购量；另一方面可以维持适当的存量，保证企业生产顺利进行。

4.1.2 存货的作用

为提供生产所需的物料以及满足顾客对产品交货期与交货量的要求，任何企业均不得不积存一些存货。

1. 通过在淡季多备存货以应对旺季的供应需求

很多企业经历过旺季商品脱销、淡季订货稀少。在这种情况下，厂商宜采取稳定产量的政策，通过尽可能精准的预测，以削减季节变动带来的波动。即在淡季时多生产、备下存货，以满足旺季时顾客的需要。

如表 4.1 所示，本期存货＝上期存货＋本期产量－本期销量。由于季节性因素，销量在 40 至 150 之间大幅波动。销售是不可控的外部因素，通过存货的调节作用，让淡季销量低于产量，旺季产量低于销量，使每月产量在 80~100 小幅波动，保证了生产的稳定性。

表 4.1　季节性商品 A 的存货计算

年份	季节	月份	销量	产量	存货
2018 年	旺季	1	100	100	0
	旺季	2	90	90	0
	平季	3	70	80	10
	平季	4	60	80	30
	淡季	5	50	80	60
	淡季	6	40	80	100
	淡季	7	40	80	140
	淡季	8	50	80	170
	平季	9	70	80	180
	平季	10	80	80	180
	旺季	11	150	80	110
	旺季	12	140	80	50
2019 年	旺季	1	110	80	20
	旺季	2	100	90	10
	旺季	3	90	80	0
	平季	4	80	80	0
	平季	5	60	80	20
	淡季	6	50	80	50
	淡季	7	40	80	90
	淡季	8	50	80	120
	平季	9	80	80	120
	旺季	10	90	80	110
	旺季	11	120	80	70
	旺季	12	150	80	0

2. 维持产量, 稳定员工就业

由表 4.1 可知, 由于消除了季节变动, 厂商应在淡季增加存货以应付顾客在旺季的需求。因此淡季与旺季产量的差异很小, 厂商不必在淡季时裁减员工而在旺季时重新招人。

3. 应对不确定因素

由于可能存在某些不确定因素, 物料一时无法采购进来而使生产暂时停顿。在这种情况下, 厂商应做安全准备, 事先预备一些零部件的安全存量。

企业在经营过程中, 往往要面对许多不确定因素, 比如需求的不确定、供应商交货期的不确定、产品质量的不确定, 现实中, 这些不确定因素是难以把握的。市场产生了需求而企业无法及时满足, 可能会导致损失。因此, 企业为了不失去更多的客户, 一个可行的办法是预备一定量的库存以应对不确定因素。

4. 维持产品销售的稳定

预测不能达到百分之百的准确, 实际值与预测值之间必然会产生误差, 对最终销售产品必须保持一定数量的库存, 其目的是应付市场的销售变化。在这种方式下, 企业事先并不知道市场真正的需要量, 只是按对市场需求的预测进行生产, 必然产生一定数量的库存。

为减小预测所产生的误差, 应保证一定的产成品存量, 随着供应链管理的形成, 这种库存也在减少或消失。

5. 享受批量购买的折扣

物料供应商为招徕生意, 往往实施 "大批量折扣" 的优惠政策。因此, 厂商可设法适当地减少采购次数而增加采购批量。

6. 因投机而增加存货

如果意识到某种物料的价格在不久的将来会上升, 则厂商应设法多购买一些, 以免将来花更高的代价去购买同样数量的物料。

7. 满足客户随时取货的欲望

客户很少有等待产品的耐性, 大部分的客户都希望一出钱就可买到产品, 不愿多等一天。因此厂商不得不准备一些部件与成品等存货, 以满足客户随时取货的要求。

8. 采购提前期 (前置时间) 的需要

从填写采购单到物料检验入库所跨的时间称为采购提前期 (前置时间)。物料在低于前置时间所消耗的数量前就应开始订购。

企业按销售订单或销售预测安排生产计划, 并制订采购计划, 下达采购订单。采购物品需要一定的提前期, 这个提前期是根据统计数据或者是在供应商生产稳定的前提下制订的, 但存在一定的风险, 有可能会因供应商延迟交货影响企业的正常生产, 造成生产的不稳定。为了降低这种风险, 企业就会增加原材料的库存量。

9. 平衡企业资金流

库存的材料、在制品及成品占用了很大部分的企业流通资金, 因而, 库存量的控制实际上也是在进行流通资金的平衡。例如, 加大订货批量会降低企业的订货费用，保持一定量的在制品库存与材料会节省生产准备次数，提高工作效率，但这两方面都需要寻找到最佳控制点。

若订购批量小，订购次数频繁，则订购成本高而存货持有成本低；订购批量大，订购次数少，订购成本降低，存货持有成本增加。经济订购量为订购成本与存货持有成本的和最低的订购量。为达到经济订购量的要求，企业需要持有一定量的存货。

10. 平衡企业物流

企业在采购材料、生产及销售物品的物流环节中，库存起着重要的平衡作用。采购的材料应根据库存能力（资金占用情况等），协调来料收货入库。生产部门的领料应考虑库存能力、生产线物流情况（场地、人力等）平衡物料发放，并协调在制品的库存管理。另外，对销售物品的库存也要视情况进行协调。

4.1.3 降低存货存量的方法

存货必然会发生，然而物料管理经理必须设法降低企业的存货存量水平。降低存货存量的方法如下：

1. 遴选优良供应商

优良供应商必须具有在适当的时间，提供数量适当、品质优良的物料的能力。若供应商能满足这些要求，则可实现存量最小化。

2. 缩短前置时间

采购及制造前置时间的缩短，能够降低企业的存货存量。

3. 强化销售预测能力

销售预测能力的强化可将销售误差降至最低程度，因而可减低存货存量。

4. 实施恰及时系统（JIT）

恰及时系统也称为"准时制生产系统"，是指企业在生产作业过程中，在需要装配任何产品时，其装配的必要零件，在每次需要装配时，恰好以刚好需要的数量送到生产线。恰及时系统，理论上可将存货存量降低至趋近于零库存。

5. 采用经济批量订货

采用经济批量订货，可达到最低总存货成本。换句话说，存货存量可达到最小化。

6. 确保存量记录的正确性

存量记录不正确，则必须通过提高安全存量来应对；反之，如果能确保存量数据的正确性，则可降低安全存量。

7. 降低物料品质不良率

物料品质不良率高，则必须通过提高安全存量来应对。如果能够加强对供应商的辅导、强化物料进厂检验、提升物料保管存放能力，则可降低物料品质不良率，从而降低安全存量。

4.1.4 存量管理的目的

存量管理不适当，可能会出现存量过剩或存量短缺两种现象。

1. 存量过剩会造成下列损失

（1）存货周转慢而积压很多资金。

大量库存的存在，不仅提高了企业的各项成本，而且增加了企业的经营风险。特别是当前市场竞争日趋激烈、市场需求瞬息万变，企业产品升级换代的速度也在不断加快，由此造成了商品价格与需求量的时效性不断增强。库存量越大的商品面临贬值、淘汰的风险就越大。

例如电子产品市场中的手机、平板电脑、笔记本电脑、电视机、空调、电冰箱、数码相机等，市场价格下滑十分迅速，大量的库存积压必然导致损失，所以许多厂家都采取小批量、多品种、多批次的生产方式以适应市场竞争，因此对零库存的需求也更加迫切。

（2）货品变旧折损或陈腐而变成废料、废品。

风险的另一种表现形式是商品折旧的存在，大幅度地降低库存可以将企业的相关折旧损失有效地转移出去，这也是企业降低成本的有效途径。库存材料的成本增加直接增加了产品成本，而相关库存设备、库存管理人员的增加也加大了企业的管理成本。大量库存掩盖了企业众多管理问题，如计划不周、采购不力、生产不均衡、产品质量不稳定及市场销售不力等。

（3）技术进步、产品过时或设计变更造成呆料、呆货。

随着科学技术的进步，产品的生产成本越来越低，而成品的技术含量却越来越高，过去的产品也越来越不能满足市场需求。如果库存过高，会导致产品销售不出去，形成呆料、呆货，同样会占用资金，并且会增加管理成本。

例如，曾经非常流行的计算机储存产品电脑软磁盘，随着技术进步而被淘汰；曾经风光一时的传呼机已经被历史尘封；主流优盘的容量从 8GB、16GB、32GB、64GB 到 128GB、256GB 不断攀升；USB 电脑接口也不断演变，USB1.0、USB1.1、USB2.0、USB3.0、USB3.1Type-A、USB3.1Type-C、USB3.2、雷电 3；液晶面板不断升级却挡不住激光投影技术发展的脚步，主流屏幕显示器分辨率也不断变化，320×240、640×480、1 280×720、1 920×1 080、2 560×1 440、3 840×2 160、7 680×4 320 等；相应的主流电脑显示器尺寸也不断攀升，9 寸（1 寸＝2.54cm）、12 寸、14 寸、15 寸、17 寸、19 寸宽屏、22 寸宽屏、24 寸宽屏、27 寸宽屏等。如果没有对技术进步清醒的认知，对行业动态发展的把握，极易保存过高的过时物料而形成呆料。

2. 存量短缺会造成下列损失

（1）生产线停工、待料及仓储缺货的损失；

（2）缺货、迟延交货而造成销货损失（例如销售赔付、运输成本增加）；

（3）缺货、迟延交货而造成顾客流失。

3. 存量管理的主要目的

（1）使存货成本（订购成本+存货持有成本）最小化；

（2）使顾客满意度（存货质量保证、存量数量的恰当、存货地点正确、存货供应的适当）最大化。

从表面上看来，存量管理的两项主要目的似乎是互相排斥的——因为彼消此长，此消彼长。换句话说，一味追求存货成本最小化通常会降低顾客服务品质，一味追求顾客满意度最大化也往往会使存货成本攀升。

通常我们认为：高水平的顾客服务往往伴随着高成本，跟随低成本而来的往往是低水平的顾客服务。不过我们仍然需要找到一个尽可能合理的点，以实现顾客满意度最大化和存货存量最小化之间的最佳平衡。

4.2 物料存量管理策略

物料存量管理对企业的经营、市场的发展、企业的正常运作起了非常重要的作用。物料存量管理的好坏，直接影响整个 ERP 的运行。库存管理以企业物料管理为核心，它的任务就是在保证一定物流服务水平的条件下，尽量提高库存管理水平，减少多余库存存量，降低物流成本。

为了实现上述目标，库存管理对库存存量的控制需要建立在合理的库存控制策略上。常用的物料存量管理策略有订购点法、基于物料需求计划（material requirement planning，MRP）思想的独立需求库存控制和相关需求库存控制。存量管理策略同时还提供衡量库存管理的评价指标，以供库存管理人员了解库存状况，支持库存管理决策。

好的物料存量管理方法和管理策略，可以减少企业的成本，支持企业均衡生产，使其充分利用市场，给企业带来实在的经济效益。

4.2.1 库存分类和安全库存基本原理

4.2.1.1 库存分类

库存管理是企业物料管理的核心，是指企业为了生产、销售等经营管理需要而对计划存储、流通的有关物品进行相应的管理。因此，在了解库存管理前，需要先了解库存的分类。

1. 按库存物料的存在状态划分

（1）原材料库存；

（2）成品库存；

（3）部件库存；

（4）备件库存；

（5）在制品库存。

2. 按库存物料的用途划分

（1）经常性库存。

经常性库存是指在正常的经营环境下，企业为满足日常需要而建立的库存。这种库存随着每日消耗不断减少，当库存降低到某一水平时，就要通过订货来补充库存，这种库存补充是按一定规则反复进行的。

（2）安全库存。

（3）季节性库存。

季节性库存是指为了满足特定季节中出现的特定需求而建立的库存，或指对季节性出产的原材料（如粮食、蔬菜、水果等）在出产的季节大量收购所建立的库存。

（4）战略性库存。

战略性库存是指当预测原材料要大幅度涨价时，如果库存成本低于上涨后的价格，则进行大批量储备产生的库存。战略性库存决策问题属于宏观的管理决策问题，纯粹用传统的、微观的、基于算法求解的方法不能解决战略库存决策问题。

（5）在途库存。

在途库存又称中转库存，指尚未到达目的地，正处于运输状态或等待运输状态而储备在运输工具中的库存。在途库存的大小取决于需求和生产的配送周期。

从企业物流管理的角度来看，在途库存增加了供应链管理的复杂性：

第一，虽然在途库存不能使用，但它代表了真正的资产；

第二，在途库存存在极大的不确定因素，因为企业不知道运输工具的准确到达时间。

4.2.1.2 安全库存的基本原理

1. 安全库存的缘由

因存在库存存量需求变化、订货间隔期变化以及交货延误期长短等情况，为了保证生产，企业需要建立安全库存。预期存货需求量变化越大，企业应保持的安全库存量就越大；同样，在其他因素相同的条件下，订货间隔期、订货提前期的不确定性越大，或预计订货间隔期越长，则存货的中断风险也就越高，安全库存量也应越高。

供应链的信息隔阂影响了信息的有效流通，信息的成批处理使得公司内"加速原理"生效，需求信息经常被扭曲或延迟，从而引起采购人员和生产计划制订者的典型反应——"前置时间或安全库存综合征"。该效应不断加强，直到库存增加过量，相应的库存成本随之上升。

过剩的生产力不断蔓延至整条供应链，扭曲的需求数据开始引起第二种效应——"存货削减综合征"，厂商不得不选择永久降低产品的销售价格，侵蚀企业的盈利。前一种效应引起存货过量，公司为了寻求出路又导致了后一种结果，不进行流程改变，这两种效应将持续存在并互相推动。

在市场成长期，两种效应的结合所带来的后果常被增长的需求所掩盖，厂商可以生存甚至发展而不顾及震荡周期的存在。在一段时间内，全力处理存货；另一段时间内却又不顾成本地加速生产。当市场进入平稳发展或下降期后，厂商开始一步步走向衰亡。可以说，在目前企业与企业之间存在隔阂甚至企业内部各部门之间也存在隔阂的情况下，信息传递滞后、反应缓慢、成批处理和不确定性是造成上述两种效应的深层原因，应对的根本措施在于减少组织隔阂、加强信息疏导并能做到迅速反应。

★ 延伸阅读:

啤酒游戏

1. 起源

啤酒游戏是 20 世纪 60 年代,由麻省理工学院(MIT)的 Sloan 管理学院所发展出来的一种类似"大富翁"的策略游戏。Sloan 管理学院的学生们,各种年龄、国籍、行业背景都有,有些人甚至早就经手过这类的产供销系统业务。然而,每次玩这个游戏,相同的危机还是一再发生,得到的悲惨结果也几乎一样:下游零售商、中游批发商、上游制造商,起初都严重缺货,后来却严重积货,然而,消费者的需求变动,却也只有第二周那一次而已!如果成千上万、不同背景的人参加游戏,却都产生类似的结果,其中原因必定超乎个人因素之上。这些原因必定藏在游戏本身的结构里面。

2. 游戏规则

在这个游戏里,共有制造商、批发商、零售商三种角色。

3. 参与角色

(1)啤酒制造商;

(2)啤酒批发商;

(3)啤酒零售商。

4. 角色关系

这三种角色之间,通过订单、送货来沟通。也就是说,下游向上游下订单,上游则向下游供货。

5. 游戏方法

游戏是这样进行的:由一群人,分别扮演制造商、批发商和零售商三种角色,彼此只能通过订单、送货程序来沟通。各个角色拥有独立决策权,可决定该向上游下多少订单、向下游售出多少货物。至于终端消费者,则由游戏自动来扮演。而且,只有零售商才能直接面对消费者。

6. 行为

(1)销售、库存、进货;

(2)订货时间约为 4 周;

(3)每次订货 4 箱啤酒。

7. 零售商

假设你扮演的是零售商这个角色。你是个安分守己的零售商,店里销售许多货品,啤酒是其中一项颇有利润的营业项目。平均来说,每周上游批发商的送货员都会过来送 1 次货,顺便接收 1 次订单。你在本周下的订单,通常要隔 4 周才会送来,因此前置时间(采购提前期)为 4 周。

"情人啤酒"是其中一个销量较稳定的品牌。虽然这个品牌的厂商似乎没做什么促销动作,但相当规律地,每周总会固定卖掉约 4 箱的情人啤酒,顾客多半是 20 来岁的年轻人。

为了确保随时都有足够的情人啤酒可卖,你尝试把库存量保持在 12 箱。所以,每周订货时,你已把"订 4 箱情人啤酒"视为反射动作。

为了方便起见，你把进货、订货、售出、原本库存量、结余库存量这五项数字，用图形来表示。接下来，就让我们来看看随着啤酒游戏的进行，零售商如何应对客户的购买行为、上游的进货行为。

（1）零售商（1~6周）

第1周：这周一如往常，卖出4箱、进货4箱、结余12箱。所以你也一如往常，向批发商订货4箱。

第2周：这一周比较奇怪，情人啤酒不知为何突然多卖了4箱，变成8箱。因此，店里库存就只剩下8箱。虽然你不知道为什么会突然多卖了4箱，也许只是有人举办了宴会，多买了一些啤酒吧！为了让库存量恢复到12箱，你这个礼拜向批发商多订了4箱，也就是订了8箱。

第3周：这一周跟上一周一样，还是卖出了8箱。批发商的送货员来了，送来的情人啤酒数量，正是4周前向他所订的4箱。情人啤酒的库存量只剩4箱了。如果下个礼拜销售量还是这样的话，下个礼拜结束时，就要零库存了！为了赶快补足库存，你本来打算只订8箱，但是，怕销售量会再上升，为了安全起见，你多订了一点，订了12箱。

第4周：还是跟上一周一样，卖了8箱情人啤酒。有一天，你抽空问了一下买情人啤酒的客人，才知道原来在第2周时，有个合唱团的新专辑的主打歌里，结尾是一句"我喝下最后一口情人啤酒，投向太阳"的歌词。可能因为这样，所以销售量就变多了。"奇怪，如果这是啤酒制造商或批发商的促销手段，为什么他们没先通知我一声呢？"这一周进货量为5箱，嗯，批发商也开始意识到订单增加了。你预期销售量可能还会上升，而且库存也只剩下1箱了，所以，这一次一口气订了16箱。

第5周：本周还是卖了8箱。在批发商的配合下，进货7箱——这表示上游批发商真的开始响应了。望着空空的货架，你决定跟上周一样，订16箱，以免落得"流行啤酒没货"的窘状，影响商誉。

第6周：开始欠货。真惨！本周只到了6箱情人啤酒。还是有8箱啤酒的顾客需求量，但库存已然耗尽。你只好跟两位预约的老顾客说，下次一有货，一定先通知他们。你望着空空的货架，想着要是还有货，不知道可以多赚多少笔呀！真可惜！好像在方圆百里内，只有你这一家才有情人啤酒卖。而且，照顾客预约的情况看来，抢手程度好像还会增加；以前可从来没有人会预约的。你本来想再多订一点，但一想到前几周多下的订单，可能就快送过来了，于是，你抑制住冲动，还是维持原状——订了16箱。希望本周欠2箱的惨状能赶快过去。

（2）零售商（7~9周）

第7周：这一周，还是只到货5箱。5箱情人啤酒，刚把其中两箱卖给上周预约的顾客，不到两天，剩下的3箱又卖完了。更惨的是，又有5位顾客留下他们的联系方式，希望你一有货就通知他们。结果，本周欠了5箱货。你另外订了16箱，并祷告说下周会真正开始大量到货。

第8周：还是只到货5箱。你火大了！"该不会是制造商的生产线还没赶上增加的需求量吧！真是的！反应这么慢！"本周，你订了24箱，以免欠货量越来越大，生意做下去了。

8. 批发商

（1）批发商（1~8周）

你是个安分守己的批发商，你代理了许多品牌的啤酒，情人啤酒也是其中之一。比较特别的是：你是本地的情人啤酒独家代理商。你本周向制造商下的订单，通常约4周后会送过来。因为情人啤酒销售量一向很稳定，每周卖给零售商的总数量都差不多是4卡车的量，所以，你固定每周向制造商订4卡车的情人啤酒，维持12卡车的库存。

第1周：本周风平浪静，所以，你还是向制造商订了4卡车啤酒。

第2周：有一两个零售商多订了一点情人啤酒，不过，总的来算，总订单数量还是一样。所以，你还是向制造商订了4卡车啤酒。

第3周：小波动。好像多一点的零售商多下一点订单了，所以，你多销出2卡车的情人啤酒，库存也减少了2卡车的量。为了恢复原先所维持的库存量，你向制造商多订了2卡车，也就是订了6卡车的情人啤酒。

第4~6周：这几周，情人啤酒的销售量似乎越来越好，零售商的订单也越来越多。上游制造商供货量还没增加，没办法同时满足所有零售商的需求，所以，你只能一边给零售商比平常多一点点的情人啤酒，一边向制造商多下一点订单。等到制造商送更多的货，才能把零售商的订单消化吧。

第6周某一天，你偶然听到一首流行歌曲有"情人啤酒"的字眼，恍然大悟！可能这种畅销趋势还会持续好一阵子……

第6周结束，库存量为零，总共积欠了8卡车的数量。真惨！赶紧向制造商下20卡车的订单！

第8周：越来越惨。零售商的订单持续增加，制造商却还没反应过来。对零售商积欠的数量也一直增加，到40卡车了。你开始着急了，打电话和制造商联络，居然发现他们两个礼拜前（也就是第6周）才增加生产量！"我的天！他们真是反应迟钝！我要怎么跟下游零售商交代呢？只好先比照上个礼拜的数量给他们了……"从零售商越来越多的订单看来，情人啤酒的销售成绩似乎真的一直在增长，一咬牙，你把向制造商下的订单提高到30卡车，但愿能赶快把积欠的订单消化掉。

（2）批发商（9~17周）

第9~13周：订单持续增加、存货持续赤字、进货缓慢增加，总之持续恶化！你开始害怕接听零售商打来的抱怨和催货电话了。显然，情人啤酒制造商也跟你一样被动。

第14~15周：进货终于大量增加了，积欠数字也终于开始减少了。这时，零售商送来的订单也减少了，你想，可能是这两周送给他们的货，让他们可以少订一点了吧！

第16周：你几乎已收到前几周所下订单的全部货物——55卡车的情人啤酒。望着成堆的啤酒箱，你想，这些东西很快就可以卖出去了，终于可以痛痛快快地大赚一笔。可是，零售商送过来的订单，怎么一个个都变成零了呢？怎么搞的？

前几周，他们不都一直嚷嚷着要多一点啤酒吗？怎么我一有足够的货，他们却都不要了？一股寒意涌上心头，你赶紧取消了向制造商发出的订单。

第 17 周：制造商送来 60 卡车的情人啤酒，但零售商仍然没再下订单。上周的 55 卡车量，加上这周的 60 卡车量，真糟糕！堆积如山了！可恶！那首情人啤酒歌不是还正流行吗？怎么这些零售商都不再要求进货了？……之后，零售商还是没再下订单。该死的制造商，却仍然一直送来 60 卡车的情人啤酒。可恶的制造商！为什么还一直送货进来？

9. 制造商

你刚被这家啤酒制造商雇为配销及营销主管。情人啤酒是其中一项产品，从制造到出货，约要花上 2 周的时间。它的品质不错，但营销不太出色，公司希望你能加强营销。

第 6 周：订单急剧上升。不知怎么的，到任才 6 周，情人啤酒的订单突然急速上升。运气真好！怎料到一首带有"情人啤酒"字眼的流行歌曲，刚好在你上任时就冒出来，更想不到的是，它还会让订单增长那么多！真是无心插柳柳成荫呀！呵呵……因为从制造到完成共需约 2 周的时间，所以你赶快增加生产线。

第 7~16 周：成为英雄。订单持续增加，但生产才刚扩大一点，库存量又有限，很快就耗光了。于是，你又增加生产线，希望能赶快消化订单。此时，你已成为公司里的英雄。厂长也开始给员工奖励，以鼓励他们加班，并考虑招募新的帮手。订单不断增加，你已开始盘算自己的年终奖金会增加多少。不过，产量仍然赶不及订购量。直到第 16 周，才真正达到未交的积欠数量。

第 17 周：生产量赶上了，但怎么批发商送来的订单变少了？

第 18 周：奇怪，他们怎么都不订了？有些订单还可以看出打个大叉的删除痕迹……

第 19 周：订单还是零，生产好像开始过剩了。你战战兢兢地向主管解释：也许是断续（discontinuity）现象吧，可能是消费者需求暴起暴落。不过几周过去了，情况依旧，面对堆积如山的过剩产品，你叹口气，准备递上辞呈……

10. 检讨

真的是"客户需求暴起暴落"吗？啤酒游戏源自 20 世纪 60 年代 MIT 的 Sloan 管理学院，成千上万的各式各样背景的学员、经理人都参与过实验，得到的悲惨结果也几乎一样：下游零售商、中游批发商、上游制造商，起初都严重缺货，后来却严重积货。这位配销营销主管推测原因是"客户需求暴起暴落"。他的推测是正确的吗？如果仔细看看客户的购买行为，可发现：只有在第 2 周购买量变成 8 箱，之后就一直维持 8 箱的购买量。自第 2 周起，购买量一直稳定不变，并没有所谓的"客户需求暴起暴落"现象。那么，问题出在哪里呢？该怪谁呢？

零售商起初怪罪批发商不快点增加供货，到了后来，却抱怨批发商送过多的货让他们的库存自第 16 周起开始暴增，所以不再订货。

批发商一方面怪罪下游零售商，一开始时拼命增加订单，到第 16 周却又取消订单。另一方面他也怪罪上游制造商，一开始一直缺货，第 17 周起却一直供太多的货。

制造商也怪批发商一会儿要太多货，到后来却不再要任何货。只好推测是"客户需求暴起暴落"导致。

从这三个产配销角色里，我们看到，每个人都在自己的岗位上，以自己的理性，尽力做好行动与判断决策。那么，到底该怪谁？

11. 影响行为

从这个啤酒游戏可知：结构会影响系统的总体行为。不同的人，置身于相似的结构当中，倾向于产生类似的结果。但是，参与系统的各个角色，常常只见树而不见林，只能针对眼中所见的局部信息，做局部的最佳决策。不幸的是，每个人的局部最佳决策，不见得会导致整个系统的全局最佳决策。在啤酒游戏里，不管是下游零售商、中游批发商、上游制造商，每个人都在自己的岗位上，根据自己所能接触的局部信息，做出最符合本身预期的最佳决策，但结局却不尽人意，这能怪罪任何一个人吗？

啤酒游戏中，零售商、批发商、制造商的相关数据变动如表4.2至表4.4所示。

表 4.2　啤酒游戏中零售商相关数据　　　　　单位：箱

周次	上期存量	计划进货	实际到货	顾客需求	实际售出	本期亏欠需求	累计亏欠需求	本期存量	向批发商订货
1	12	4	4	4	4	0	0	12	4
2	12	4	4	8	8	0	0	8	8
3	8	4	5	8	8	0	0	5	12
4	5	4	6	8	8	0	0	3	16
5	3	4	7	8	8	0	0	2	16
6	2	8	5	8	6	2	2	1	16
7	1	12	5	10	5	5	7	1	16
8	1	16	5	10	5	5	12	1	24
9	1	16	5	12	1	11	23	5	45
10	5	16	6	14	5	9	32	6	45
11	6	16	8	15	6	9	41	8	45
12	8	24	10	13	8	5	46	10	45
13	10	45	12	10	10	0	46	12	45
14	12	45	20	8	8	0	46	24	25
15	24	45	40	6	6	0	46	58	10
16	58	45	45	5	5	0	46	98	0
17	98	45	45	4	4	0	46	139	0
18	139	25	25	4	4	0	46	160	0
19	160	10	10	4	4	0	46	166	0

表 4.3　啤酒游戏中批发商相关数据　　　　　　　　　　单位：卡车

周次	上期存量	计划进货	实际到货	零售商需求	实际发货	本期亏欠需求	累计亏欠需求	本期存量	向制造商订货
1	12	4	4	4	4	0	0	12	4
2	12	4	4	4	4	0	0	12	4
3	12	4	4	5	5	0	0	11	6
4	11	4	4	8	6	2	2	9	7
5	9	4	4	12	7	5	7	6	7
6	6	4	4	18	5	13	20	5	7
7	5	6	5	20	5	15	35	5	16
8	5	7	5	22	5	8	43	5	24
9	5	7	5	45	5	11	54	5	30
10	5	7	6	45	6	39	93	5	40
11	5	16	8	45	8	37	130	5	40
12	5	24	10	45	10	35	165	5	50
13	5	30	12	45	12	33	198	5	60
14	5	40	20	25	20	5	203	5	50
15	5	40	40	10	40	−30	173	5	40
16	5	50	55	0	45	−45	128	15	0
17	15	60	60	0	45	−45	83	30	0
18	30	50	60	0	25	−25	58	65	0
19	65	40	60	0	10	−10	48	115	0

表 4.4　啤酒游戏中制造商相关数据　　　　　　　　　　单位：卡车

周次	上期存量	实际生产	批发商需求	实际发货	本期亏欠需求	累计亏欠需求	本期存量
1	12	4	4	4	0	0	12
2	12	4	4	4	0	0	12
3	12	4	6	4	2	2	12
4	12	4	7	4	3	5	12
5	12	4	7	4	3	8	12
6	12	4	7	4	3	11	12
7	12	20	16	5	11	22	11
8	11	30	24	5	8	30	10
9	10	40	30	5	11	41	25
10	25	50	40	6	34	75	49
11	49	90	40	8	32	107	81
12	81	130	50	10	40	147	121
13	121	210	60	12	48	195	199
14	199	220	50	20	30	225	309
15	309	300	40	40	0	225	479
16	479	247	0	55	−55	170	644
17	644	200	0	60	−60	110	884
18	884	160	0	60	−60	50	1 071
19	1 071	100	0	60	−60	−10	1 211

2. 安全库存的制定原则

（1）安全库存的制定步骤。

安全库存一般可通过统计分析法来确定，具体步骤为：

第一步，确定统计周期，并确定该周期内的预测量和实际需求量，计算预测误差和绝对误差；

第二步，根据绝对误差计算平均预测误差（MAD）；

第三步，确定客户服务水平及对应的安全因子；

第四步，计算安全库存量。

（2）计算公式。

简化公式：　　　　　　　　　　　$SS = MAD \times SF$

复杂公式：　　　　　　　　　$SS = MAD \times SF \times (RCT/F)^B$

式中：SS——安全库存；

　　　MAD——根据过去 12 个月销售的平均绝对误差求出的平均预测误差；

　　　SF——安全因子；

　　　RCT——该部分的补货周期；

　　　F——该部分的预测间隔期；

　　　B——β 指数（例如取值 0.7）。

安全库存量取决于需求、提前期和预测的变化程度。由于预测偏差引起缺货不可避免，需要在满足提前期库存的基础上再考虑不可预测的变化，也就是测量误差，以减少实际需求超过预测值与安全库存之和的可能性。平均预测误差是测量不确定程度的一种方法，并用于计算安全库存。

图 4.1 给出了利用 MAD 计算安全库存的示例。其中，"安全库存上限"指的是安全库存覆盖最高需求（最高服务水平）时的安全库存，"安全库存下限"则是安全库存覆盖最低需求（最低服务水平）时的安全库存。该示例中，安全库存可以取"安全库存上限"和"安全库存下限"中的任一值，具体多少取决于企业对服务水平的要求。

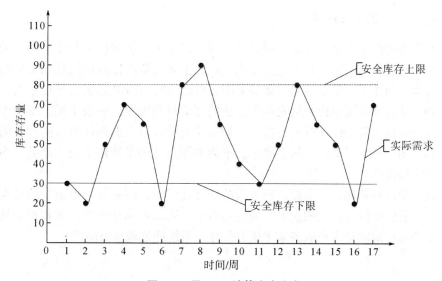

图 4.1　用 MAD 计算安全库存

安全库存的设定一般说来很复杂，在实际操作中，主要是根据企业以往的历史数据，并结合采购员的经验进行设置，而且还需要在实践中不断探索和完善，最终确定出合理的库存量。

安全库存的具体计算方法较多，将在后文相关章节中予以详细展开。

★小词典：

服务水平（安全因子）对应关系

常见的服务水平（安全因子）对应关系如表4.5所示。

表4.5　常见的服务水平（安全因子）对应关系

服务水平	安全因子1	安全因子2
50	0.00	0.00
75	0.67	0.84
80	0.84	1.05
85	1.04	1.35
90	1.28	1.60
94	1.56	1.85
95	1.65	2.06
96	1.75	2.19
97	1.88	2.34
98	2.05	2.56
99	2.33	2.91
99.86	3.00	3.22
99.99	4.00	4.00

不同的企业应根据自身的不同需求，而取值不同的安全因子。

4.2.1.3　安全提前期

安全提前期和安全库存的作用是类似的，都是为了缓冲供需的不平衡。为了确保某项订货在实际需求日期之前完成生产，企业通常在提前期的基础上再增加一段提前时间作为安全提前期。如果采用安全提前期，MRP系统会把订单的下达日期和完成日期设置得比采用安全库存法的相应日期更早。一般来说，安全库存主要针对数量不确定性比较大的物料，如备品备件，以及面向订单装配产品的公用件和可知选件。对供需时间不确定，不能如期抵达的采购件或完工产品，则应采用安全提前期。

同安全库存相比，安全提前期占用的资金比较少，但是如果提前期的日期设置不当，有时会因提前期的误差影响优先级的计算。在库存资金占用相近的情况下，安全库存对满足客户服务水平更有保证，系统的处理也更简单。

4.2.2 适当物料存量控制

4.2.2.1 适当物料存量控制的原则

适当物料存量是指对买卖双方最为经济的数量，对买方来说是经济的订货数量，对卖方来说是经济的受订数量。经济的订货数量视材料或零配件而不同。需要考虑的订货因素有：

1. 来自采购批量大小的价格变化

一般来说，数量越多，价格越低。因为供应商不需要换模、重新安排作业等，能一次性完成生产，运输也能一次性完成。

2. 库存量变化

企业要保有多少库存，除考虑经营方针之外，也视材料的不同而异。企业要考虑现有库存容量、未来库存容量变化、生产消耗变化、物料保存的期限等细节。

3. 订货次数

填制订货单，次数越多所需成本越高。尤其是低价的 C 类货品，如果零零碎碎订货，办手续所花的成本恐怕会高于物品本身的价格。

4. 采购费用

采购费用主要包括人事费、消耗品、通信费、差旅费、交通费等。

5. 用于议价的费用

用于议价的费用主要指与卖方讨价还价的费用。

6. 库存维持费用

为了保管库存物品所需的设备费用，搬运费用，老化、减耗、破损等损失。

7. 库存投资的利息

库存投资利息是指为购买库存品所付资金的利息。

8. 设置仓库的费用

设置仓库的费用包括建筑物的折旧、维护费、光热费用等。

9. 仓库部门的人事费用

仓库部门的人事费用是指负责物品收受、保管、领出等工作人员的薪资。

10. 折旧

折旧是指对设备或机器所提的费用。

企业应考虑以上因素，决定最经济的订货数量并加以修正。

因此，决定适当的数量不仅依赖 MRP 运算、经济批量法预算，还要考虑以上的相关因素。采购人员除了具备专业知识、经验之外，还需要掌握当前的生产状况、将来的计划或讯息等资料。

4.2.2.2 影响订货数量的因素

1. 资金是否充裕

企业如果资金宽裕，那么减少订货次数会因订货批量较大而更加便宜；如果资金紧张，要合理考虑确定合适的订量。另外，资金充裕的企业，如是要新购大量新设备，也需要控制订货数量。

2. 备用材料的有无

进货延迟时，若备有可供替换使用的材料则订货数量可以减少。

3. 材料取得的难易程度

由于季节性因素，仅某一季节才能上市的材料，也只能集中在一起订购。

4. 生产管理方式

采用恰及时生产管理的企业，其订货数量必须限于最小。

5. 订货到进货的时间

企业假如不考虑卖方制订生产计划所需的时间、生产所需时间、运输时间、验收时间就决定订货的数量，则易发生缺货损失。

6. 生产、捆包、出货的一般交易单位

企业订购数量假如少于一个交易单位，就会发生无法进货或延误进货等情况。比如购买电线，至少要一"卷"供货商才会发货，也许你只需半"卷"，也得买一"卷"。

7. 保管设备

企业如果缺乏足够的保管设备或保管场所，订货数量也应减少。

8. 市场状况与价格倾向

企业判断价格受市场影响会上涨时则要加大订货数量。

本章思考题

1. 存货的含义是什么？一般情况下，企业的存货包括哪几种类型的有形资产？
2. 存货的特点是什么？
3. 库存管理与存量管理的概念。
4. 存量管理的意义是什么？
5. 存货的作用是什么？
6. 降低存货存量的方法有哪些？
7. 存量管理的目的是什么？
8. 库存物料按存在状态如何分类？
9. 库存物料按用途如何分类？
10. 安全库存的缘由是什么？
11. 安全库存的制定步骤有哪些？
12. 安全提前期是什么？有什么用处？
13. 适当物料存量控制的原则是什么？
14. 影响订货数量的因素有哪些？

第二篇　ERP 应用原理

5 ERP 思想

    企业资源计划是指建立在信息技术基础之上，以系统化的管理思想为企业决策层及员工提供决策运行手段的管理平台。ERP 在 1990 年由 Gartner Group 咨询公司提出，其最初的定义是："一套将财务、分销、制造和其他业务功能合理集成的应用软件系统。"我国在 ERP 评测规范中对其做了如下定义："ERP 是一种先进的企业管理理念，它将企业各个方面的资源充分调配和平衡，为企业提供多重解决方案，使企业在激烈的市场竞争中取得竞争优势。ERP 以制造资源计划 MRP Ⅱ 为核心，基于计算机技术的发展，进一步吸收了现代管理思想。在 MRP Ⅱ 侧重企业内部人、财、物管理的基础上，扩展了管理范围，将客户需求和企业内部的制造活动以及供应商的制造资源整合在一起，形成一个完整的供应链，并对供应链上的所有环节所需资源进行统一计划和管理，其主要功能包括生产制造控制、分销管理、财务管理、恰及时生产、人力资源管理、项目管理、质量管理等。"

    因此，ERP 与物料管理本质上是密不可分的，都是基于供应链的管理思想。ERP 是在 MRP Ⅱ 的基础上扩展了管理范围，把客户需求和企业内部的制造活动以及供应商的制造资源整合在一起，体现了按用户需求制造的思想。

    可以从管理思想、软件产品、管理系统三个层次给 ERP 定义。

    （1）ERP 是由美国计算机技术咨询和评估集团 Garter Group Inc. 提出的一整套企业管理系统体系标准，其实质是在"制造资源计划（MRP Ⅱ）"的基础之上进一步发展而成的面向供应链的管理思想。

    （2）ERP 是综合应用了客户机-服务器体系、关系数据库结构、面向对象技术、图形用户界面（GUI）、第四代语言（4GL）、网络通信等信息产业成果，以 ERP 管理思想为灵魂的软件产品。

    （3）ERP 是将企业管理理念、业务流程、基础数据、人力物力、计算机硬件和软件整合于一体的企业资源管理系统。

5.1 ERP 概述

5.1.1 ERP 的起源与发展历程

ERP 由 20 世纪 40 年代的"订货点法"、20 世纪 60 年代的物料需求计划

MRP、闭环 MRP，以及 20 世纪 80 年代的制造资源计划 MRP Ⅱ 发展而来的，是由美国著名的咨询公司 Gartner GroupInc. 在 20 世纪 90 年代初总结 MRP Ⅱ 的发展趋势而提出的。

20 世纪 40 年代初期，西方经济学家通过对库存物料随时间推移而被使用和消耗的规律研究，提出了订货点的方法和理论，并将其运用于企业的库存计划管理中。

20 世纪 50 年代，美国 27 位生产与库存控制工作者集合于 Cleveland，建立了美国生产与库存管理协会，其宗旨是开发本行业的知识主体，传播生产与库存控制的原理与技术的信息。从此，其在生产与库存控制方面，开创了新的研究领域。

20 世纪 60 年中期，由 APICA 的 MRP 委员会主席、美国 IBM 公司管理专家约瑟夫·奥里奇（Joseph A. Orlicky）博士首先提出独立需求和相关需求的概念，并第一次用物料需求计划 MRP 原理，开发了一套以库存控制为核心的计算机管理软件系统。从那时起，MRP 便成为一项新的技术和方法。

APICA 为生产与库存控制领域建立了一本辞典和一系列文献，并且，在美国全国范围内展开了一次介绍 MRP 技术的"十字军"运动，建立了教育与研究基金会、学术联络委员会，以促进企业管理者与学术界的沟通。APICA 还开展了一项证书计划，如同会计师、工程师一样，人们可以通过 APICA 组织的考试而取得生产与库存控制领域的资格证书，仅 1973—1982 年，就进行过 70 000 人次的考试，其中 7 300 多人获得了证书，1 100 多人达到了会员水平。

20 世纪 70 年代，企业的管理者们已经清楚地认识到，真正需要的是有效的订单交货期，因而产生了对物料清单的管理与利用，形成了物料需求计划 MRP，一些计算机软件商开发了闭环 MRP 软件。

20 世纪 80 年代，企业的管理者们又认识到制造业要有一个集成的计划，以解决阻碍生产的各种问题。要以生产与库存控制集成方法来解决问题，而不是以库存来弥补或以缓冲时间方法去补偿，于是 MRP Ⅱ 产生了。

MRP Ⅱ 是应用于生产与库存控制方面的一种先进的管理思想和先进的管理方法。这一先进系统是由管理者设计的，这种系统在企业没有计算机的情况下是无法实现的。用这种思想和方法编制的软件，就是目前世界上广为流行的 MRP Ⅱ 软件。

MRP Ⅱ 是制造资源计划（manufacturing resource planning）的缩写。为了与物料需求计划的缩写 MRP 有所区别，取名为 MRP Ⅱ，又称为广义的 MRP，而将 MRP 称为狭义的 MRP。

20 世纪 90 年代以来，随着科学技术的进步及其不断向生产与库存控制方面的渗透，解决合理库存与生产控制问题所需要处理的大量信息和企业资源管理的复杂化，要求信息处理的效率更高。传统的人工管理方式难以适应以上系统，这时只能依靠计算机系统来实现。于时，市场上逐步涌现出几百家专门从事 MRP Ⅱ 开发与销售的公司，MRP Ⅱ 的应用也从离散工业向流程工业扩展，不仅能应用于汽车、电子等行业，也能用于化工、食品等行业。

随着信息的集成度要求越来越高，并逐渐扩大到支持企业的整个上下游供应链，支持多工厂、分布式的全面资源的利用和管理，因此产生了新一代的管理理论与计算机系统——企业资源计划（ERP）。

ERP 的概念由 Gartner Group 在 20 世纪 90 年代提出。ERP 是 MRP Ⅱ 的扩充和发展。ERP 产生于美国，产生于市场竞争的需求和实践经验的总结。ERP 的思想和方法已经在美国等工业发达国家得到了广泛的应用，并取得了显著的经济效益。

5.1.1.1　基于经济批量的库存控制订货点法（ROP）

早在 20 世纪 30 年代初期，企业控制物料的需求通常采用控制库存物品数量的方法，为需求的每种物料设置一个最大库存量（决定于库存容量、占用资金等约束条件）和安全库存量（保证生产所需的冗余库存量），以及供货周期（采购周期、加工周期等）。

最大库存量是受库存容量、库存占用资金的限制而设置的，意思是说物料的消耗不能小于安全库存量。由于物料的供应需要一定的时间（供应周期，如物料的采购周期、加工周期等），因此不能等到物料的库存量消耗到安全库存量时才补充物料存量。这个库存量作为物料订货期间的供应量，应该满足这样的条件：当物料的供应到货时，物料的消耗刚好到了安全库存量。

即订货点=单位时段的需求量×订货提前期+安全库存量

【参考 5.1】计算某独立需求物料的订货点

某独立需求物料的需求量为每周 30 件，提前期为 3 周，要求保持 2 周的安全库存量。

则该物料订货点为：

$30 \times 3 + 30 \times 2 = 150$（件）

在一定的历史时期，订货点法是库存管理方法的一大进步。订货点法的有效性取决于大规模生产环境下物料需求的连续稳定性，适用于成品或维修备件等相对独立的物料的库存管理。

在计算机出现之前，发出订单和进行催货是一个库存管理系统在当时所能做的一切。库存管理系统发出生产订单和采购订单，但是确定对物料的真实需求却是靠缺料表。缺料表里所列的是马上要用的物料，但有时却发现库存中没有物料，只好派人根据缺料表催货。

由于顾客需求不断变化，产品及相关原材料的需求在数量上和时间上往往是不稳定和间歇性的，使得该方法的应用效果大打折扣。特别是在离散制造行业（如汽车、机电设备等行业），由于产品结构复杂，涉及数以千计的零部件和原材料，生产和库存管理的问题更加复杂，由此促进了物料需求计划 MRP 的诞生。

订货点法应用的条件主要有：物料的消耗相对稳定，物料的供应比较稳定，物料的需求是独立的，物料的价格不是太高，物料的需求是连续的，提前期是固定已知的。

1. 物料的消耗相对稳定

如果物料的消耗是稳定的，那么当物料库存量低于订货点时，则必须发出订货，以重新填满库存；如果需求是间断、多变的，那么这样做不但没有必要，而且也不合理。因为很可能因此而造成库存积压。例如，某种产品一年中可以得到客户的两次订货，那么制造此种产品所需的原料则不必因库存量低于订货点而被立即填满。

2. 物料的需求是独立的

订货点法不考虑物料项目之间的关系，每项物料的订货点分别独立地加以确定。对于离散型和流程型制造业而言，有一个很重要的要求，那就是各项物料的数量必须配套，以便能通过零部件装配成摩托车等产品，或根据配方组成药品等。由于对各项物料分别独立地进行预测和订货，订货点法会在装配成组时发生各项物料数量不匹配的情况。这样，虽然单项物料的供货率提高了，但总的供货率却降低了。而且因为这种不匹配，有些物料显得多余而浪费库存，有些物料却可能出现不足。由于不可能每项物料的预测都很准确，所以订货点法积累起来的误差反映在总供货率上将是相当大的。

3. 物料的需求是连续的

订货点法假定需求是相对均匀的。而在制造业中，由于竞争的加剧、市场的需求变化莫测，对产品零部件的需求恰恰是不均匀、不稳定的。生产过程中的批量需求，引起对零部件和原材料的需求也是不连续的。需求不连续的现象提出了一个如何确定需求时间的问题。

订货点法根据以往的平均消耗来间接地算出需求时间，但是对于不连续的非独立需求来说，这种平均消耗率的概念是毫无意义的。事实上，采用订货点法，系统下达订货的时间常常偏早，在实际需求发生之前就有大批存货放在库里造成积压。另外，却又会由于需求不均衡和库存管理模型本身的缺陷造成库存短缺。

4. 提前期已知且固定

提前期已知且固定是订货点法最重要的假设，但在现实中，情况并非如此。对一项指定了6周提前期的物料，其实际的提前期是90天内的任何一天，将如此大的时间范围试图固定为一个提前期，显然是不合理的。

5. 物料的价格不是太高

由于技术的进步，各产品均可能出现不同价位的市场定位。价格可能低、也可能非常高。出于某些用户的需求，某些部件甚至要用非常昂贵的零部件来保证质量。最明显的例子就是家具行业，由于木料等原材料的价格差异很大，最终产品的价格差异非常大，比如用稀有的金丝楠木和小叶紫檀、海南黄花梨等名贵木料制作的家具，比用塑料或普通木材制作的家具贵上不知多少倍。如果采用订货点法，可能会因为物料积压造成巨大的资金压力。所以，订货点法对物料价格的约束使其仅能适用于非常窄的范围。

5.1.1.2 基本物料需求计划 MRP

订货点控制法受到众多条件的限制，而且不能反映物料的实际需求，往往为了满足生产需求而不断提高订货点的数量，从而造成库存积压，库存占用的资金大量增加，产品成本也就随之提高，企业缺乏竞争力。

真正重要的问题是"何时需要何种物料、要多少？"当这个问题解决以后，"何时订货"的问题也就迎刃而解了。订货点法通过订货点确定订货时间，再通过提前期来确定需求日期，其实是本末倒置的，从而引发了 MRP 的出现。

MRP 是在解决订货点法缺陷的基础上发展起来的。20 世纪 60 年代中期，IBM 公司的约瑟夫·奥里奇博士提出了把对物料的需求分为独立需求与相关需求的概念，并进一步提出物料需求计划方案。MRP 亦称为基本 MRP 或时段式 MRP，简称 MRP。MRP 是 material requirements planning 的缩写，译为物料需求计划。

其中，独立需求是指其需求量和需求时间由企业外部需求（如客户订单、市场预测、促销展示等）决定的那部分物料需求；而相关需求是指根据物料之间的结构组成关系，由独立需求的物料产生的需求，如半成品、零部件、原材料等。

在此基础上，人们形成了"在需要的时候提供需要的数量"的重要认识。MRP 思想提出物料的订货量是根据需求来确定的，即任何产品最终都由原材料构成。原材料经过一定的生产加工，发生物理和化学变化，然后经过组装和配制形成产品的组件（部件、中间件），再通过一定的加工（组装等）形成最终产品。产品的结构与产品的复杂程度有关，有的产品由成千上万个零部件组成，如飞机、航母、汽车、电视等；有的比较简单，如耳机、杯子、鼠标等。

1. MRP 系统的目标

MRP 系统的目标为：围绕所要生产的产品，应当在正确的时间、正确的地点、按照规定的数量得到真正需要的物料；通过按照各种物料真正需要的时间来确定订货与生产日期，以避免造成库存积压。

2. MRP 基本思想

MRP 基本思想为：将企业产品中的各种物料分为独立物料和相关物料，并按时间段确定不同时期的物料需求；基于产品结构的物料需求组织生产，根据产品完工日期和产品结构制订生产计划，从而解决库存物料订货与组织生产的问题。

MRP 的基本原理是指在已知主生产计划（根据客户订单结合市场预测制订出来的各产品的生产计划）的条件下，根据产品结构（BOM）、制造工艺流程、产品交货期以及库存状态等信息由计算机编制出各个时间段各种物料的生产及采购计划。

3. MRP 与订货点法的区别

MRP 针对订货点法的几项假设做了以下重要改进：

（1）通过产品结构把所有物料的需求联系起来。

MRP 考虑了不同物料的需求之间的相互匹配关系，从而使各种物料的库存在数量和时间上均趋于合理。

（2）把所有物料按需求性质区分为独立需求项和非独立需求项。

如果某项物料的需求量不依赖于企业内其他物料的需求量而独立存在，则称为独立需求项；如果某项物料的需求量可由企业内其他物料的需求量来确定，则称为非独立需求（相关需求）项目。如企业中的原材料、零件、组件等都是非独立需求项目，而最终产品则是独立需求项目，独立需求项目有时也包括维修件、可选件和工厂自用件。

独立需求项目的需求量和需求时间通常由预测和客户订单等外在的因素来决定；而非独立需求（相关需求）项目的需求量和需求时间则由 MRP 系统来决定。

（3）在物料的库存状态数据中引入了时间分段的概念。

所谓时间分段，就是给物料的库存状态数据加上时间坐标，也就是按具体的日期或计划时区记录和存储库存状态数据。这样，可以准确地回答和时间有关的各种问题。

在传统的库存管理中，库存状态的记录是没有时间坐标的。记录的内容通常包含库存量和已订货量。当这两个量之和由于库存消耗而小于最低库存点时，便是重新组织进货的时间。因此，在这种记录中，时间的概念是以间接的方式表示的。

直到 1950 年前后，这种落后的方法才有了一些改进，在库存状态记录中增加两个数据项：需求量和可供货量。其中，需求量是指当前已知的需求量，而可供货量是指可满足未来需求的量。这样，物料的库存状态记录由 4 个数据组成，它们之间的关系可用下式表达：

$$可供货量 = 库存量 + 已订货量 - 需求量$$

其中，需求量可能来自客户订单，也可能来自市场预测，还可能是作为非独立需求推算出来的。当可供货量是负数时，就意味着库存储备不足，需要再组织订货。这样一个经过改进的库存控制系统可以更好地回答"订什么货"和"订多少货"的问题，却不能回答"何时订货"的问题。从表面上看，当可供货量是负值时即是订货时间，似乎已经回答了这个问题，其实不然。已发出的订货何时到货？是一次到达？还是分批到达？什么时候才是这项订货需求的实际发生时间？该项需求是应该一次满足还是分期满足？什么时候库存会用完？什么时候应完成库存补充订货？什么时候应该发出订货？……对于这一系列的问题，传统的库存控制系统是回答不出来的，库存计划员只能凭经验做决定。

时间分段法使所有的库存状态数据都与具体的时间联系起来，于是上述关键问题可以迎刃而解。下面，通过例子来说明时间分段的概念。

在表 5.1 中可根据公式（可供货量 = 库存量 + 已订货量 - 需求量）计算得出可供货量。从表 5.1 中可看出，这里有一批已发出的订货，总计 25 件，将在第 5 周到货；在第 2 周、第 4 周和第 10 周分别出现 3 次需求，其数量分别为 20 件、35 件和 10 件，总数为 65 件。另外可以看出，库存总量（库存量 + 已订货量），在前 9 周是足够用的，但供应与需求在时间上不合拍，第 4 周可供货量出现负值，而已发出的订货在第 5 周才能到达。如已发出的订单能够提前 1 周到达，则可避免第 4 周的库存短缺。因此，库存计划员可以提前 4 周从库存状态数据得知并采取相应的措施。第 10 周的库存短缺应通过新的库存补充订货来解决，其需求日期为第 10 周。下达日期即可根据提前期推算出来。

物料管理及 ERP 应用原理与实施

表 5.1　基本 MRP 的时间分段法　　　　　　　　　单位：件

时间	第1周	第2周	第3周	第4周	第5周	第6周	第7周	第8周	第9周	第10周
库存量	30	30	10	10	−25	0	0	0	0	0
已订货量	0	0	0	0	25	0	0	0	0	0
需求量	0	20	0	35	0	0	0	0	0	10
可供货量	30	10	10	−25	0	0	0	0	0	−10

4. MRP 的数据处理

MRP 的数据处理是依据产品结构树（产品结构层次图）展开的。

图 5.1 给出了产品结构层次图，顶层的是最终产品，最下层的是采购件（原材料）或自制件，其余为中间件。这样就形成了一定的结构层次。在由直接构成的上下层关系中，把上层的物料（组件）称为父件，下层的构成件都称为该父件的子件。因此，处于中间层的所有物料（组件、部件），既是其上层的子件，又是其下层的父件（如图中的杯盖）。由于产品构成的层次性，产品在生产时的生产和组装就存在一定的顺序：本例中，304 食品级不锈钢钢锭为采购件，先用其分别冲压为一体化杯身和杯盖外壳；塑料圈、橡胶垫也是采购件，再将其与杯盖外壳组装成杯盖（中间件）；最后将杯盖（中间件）与一体化杯身合拢即为不锈钢杯（产成品）。当然，这并不是最终销售的商品，最终销售的商品还应该包括说明书、杯袋、包装盒等物。

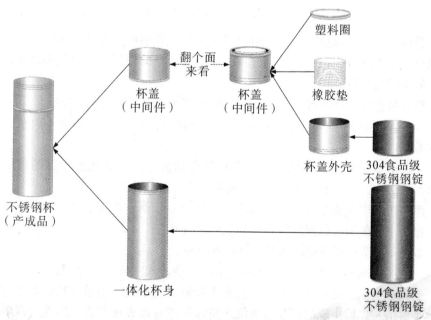

图 5.1　不锈钢杯的构成

生产的顺序应该是从最底层的子件开始，逐层生产出组件，以这样的顺序安排生产计划，最后才总装为产成品。

MRP 系统从主生产计划、独立需求预测以及厂外零部件订货的输入可以确定"我们将生产什么？"通过物料清单（bill of material，BOM）可以回答"用什么来生产?"把主生产计划等反映的需求沿各产品的 BOM 进行分解,从而得知"为了生产所需的产品,我们需要些什么?"然后和库存记录进行比较来确定物料需求,即回答"我们还需要再得到什么?"通过这样的处理过程,使得在 MRP 系统控制下的每项物料的库存记录都总能正确地反映真实的物料需求。其处理逻辑如图5.2 所示。

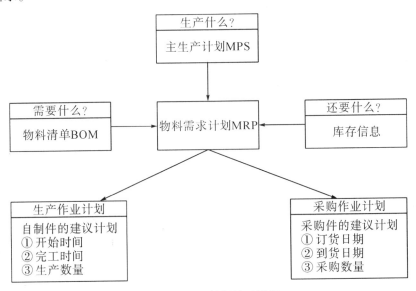

图 5.2 MRP 数据处理逻辑

具体的数据处理过程如下:MRP 系统对每项物料的库存状态(库存量、预计入库量、毛需求量)按时区做出分析,自动地确定计划订货的数量和时间,并提醒人们不断地进行调整。

库存量也称为库存可用量,是指某项物料在某个时区的库存数量。

预计入库量是指本时区之前各时区已下达的订货,预计可以在本时区之内入库的数量。

毛需求量是为满足市场预测或客户订单的需求或上述物料项目的订货需求(可以是多项订货需求)而产生的对该项物料的需求量。

净需求量则是从毛需求量中减去库存可用量和预计入库量之后的差。在计算上,净需求量的值可以通过库存量的变化而得到。

方法是首先按以下公式求各时区的库存量:

某时区库存量=上时区库存量+本时区预计入库量−本时区毛需求量

当库存量出现第一个负值时,就意味着第一次出现净需求,其值等于这个负值的绝对值。以后出现的库存量负值,则以其绝对值表示了直至所在时区的净需求量累计值。物料的净需求及其发生的时间指出了即将发生的物料短缺。因此,MRP 可以预见物料短缺。为了避免物料短缺,MRP 将在净需求发生的时区内指定计划订货量,然后考虑订货提前期,指出订货计划下达时间。

5.1.1.3 闭环 MRP

1. 时段式 MRP 的不足

★思考：

时段式 MRP 到底会存在什么管理缺陷？

缺陷之一：没有考虑原料供应是否跟得上，没有考虑生产管理水平。

缺陷之二：在于产能的无限制性，如果客户订量较大且交货期较短，容易因产能限制无法顺利交货。

时段式 MRP 只局限在物料需求方面，它能根据有关数据计算出相关物料需求的准确时间与数量，但它还不够完善，其主要缺陷是没有考虑到生产企业现有的生产能力和采购的有关条件约束。因此，计算出来的物料需求日期有可能因设备和工时的不足而没有能力生产，或者因原料的不足而无法生产。同时，它也缺乏根据计划实施情况的反馈信息对计划进行调整的功能。物料需求计划仅仅是生产管理的一部分，而且要通过车间作业管理和采购作业管理来实现，同时还必须受到生产能力的约束，因此，只有物料需求计划并不能满足产能约束的要求。

正是为了解决以上问题，MRP 系统在 20 世纪 70 年代发展为闭环 MRP 系统。闭环 MRP 系统除了物料需求计划外，还将生产能力需求计划、车间作业计划和采购作业计划也全部纳入 MRP，形成了一个封闭的系统，称为"闭环 MRP"。

2. 闭环 MRP 的两层含义

一是把生产能力计划、车间作业计划和采购作业计划纳入 MRP，形成一个封闭系统；二是在计划执行过程中，根据执行情况制订能力需求计划，并调整能力数据。能力需求计划须有来自车间、供应商和计划人员的反馈信息，并利用这些反馈信息进行计划调整平衡，从而使生产计划方面的各个子系统得到协调统一。其工作过程是一个"计划—实施—评价—反馈—计划"的过程。

3. 闭环 MRP 的理论思想

闭环 MRP 理论认为主生产计划与物料需求计划（MRP）应该是可行的，即考虑能力的约束，或者对能力提出需求计划，在满足能力需求的前提下，才能保证物料需求计划的执行和实现。

在这种思想要求下，企业必须对投入与产出进行控制，也就是对企业的能力进行校检、执行和控制。

4. 闭环 MRP 的逻辑流程

企业首先根据发展的需要与市场需求来制订企业生产规划（生产计划）；根据生产规划（生产计划）制订主生产计划，同时进行生产能力与负荷的分析（粗能力计划）。该过程主要是针对关键资源的能力与负荷的分析过程。只有通过对该过程的分析，才能达到主生产计划基本可靠的要求。

然后根据主生产计划、物料库存信息、产品结构清单等信息来制订物料需求计划；由物料需求计划、产品生产工艺路线和车间各加工工序能力数据生成对能力的需求计划，通过对各加工工序的能力平衡，调整物料需求计划。如果这个阶

5
ERP 思想

段无法平衡能力，还有可能修改主生产计划；采购与车间作业按照平衡能力后的物料需求计划执行，并进行能力的控制，即输入/输出控制，并根据作业执行结果反馈到计划层。闭环 MRP 流程如图 5.3 所示。

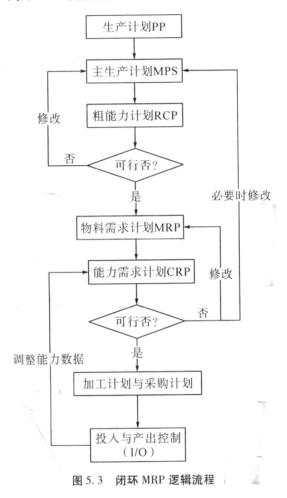

图 5.3　闭环 MRP 逻辑流程

5.1.1.4　制造资源计划 MRP Ⅱ

MRP 解决了企业物料供需信息集成，但是还没有说明企业的经营效益。MRPⅡ与 MRP 的主要区别就是它运用管理会计的概念，用货币形式说明了执行企业"物料计划"带来的效益，实现了物料信息同资金信息的集成。衡量企业经营效益首先要计算产品成本，产品成本的实际发生过程还要以 MRP 系统的产品结构为基础，从最底层采购件的材料费开始，逐层向上将每一件物料的材料费、人工费和制造费（间接成本）积累，得出每一层零部件直至最终产品的成本。再进一步结合市场营销，分析各类产品的获利性。MRPⅡ 把传统的账务处理与发生账务的事务结合起来，不仅说明财务的资金现状，而且追溯资金的来龙去脉。例如，将体现债务债权关系的应付账、应收账与采购业务和销售业务集成起来，同供应商或客户的业绩或信誉集成起来，同销售和生产计划集成起来等，按照物料位置、数量或价值变化，定义"交易处理"（transaction），使与生产相关的财务信息直接由生产活动生成。在定义交易处理相关的会计科目时，按设定的借贷关系，自动转账登录，保证了"资金流（财务账）"与"物流（实物账）"的同步和一致，改变了资金信息滞后于物料信息的状况，便于实时做出决策。MRP Ⅱ 在闭环 MRP 的基础上，包括了财务管理和模拟的能力，把生产、财务、销售、工程技术、采购等各个子系统结合成一个一体化的系统。

MRP Ⅱ 又称为制造资源计划，是 1977 年 9 月由美国著名生产管理专家奥列费·怀特（Oliver W. Wight）提出的。20 世纪 70 年代末和 80 年代初，物料需求计划 MRP 经过发展和扩充逐步形成了制造资源计划的生产管理方式。制造资源计划是指以物料需求计划 MRP 为核心的闭环生产计划与控制系统，它将 MRP 的信息共享程度扩大，使生产、销售、财务、采购、工程、采购等各个子系统紧密结合在一起，共享有关数据，组成了一个全面生产管理的集成优化模式，即制造资源计划。制造资源计划是在物料需求计划的基础上发展起来的，与后者相比，它具有更丰富的内容。因物料需求计划与制造资源计划的英文缩写相同，为了避免名词的混淆，将物料需求计划称作狭义 MRP，而将制造资源计划称作广义 MRP 或 MRP Ⅱ。MRP Ⅱ 是一个以生产计划为主线，对企业制造的各种资源进行统一计划和控制的有效系统，也是集成了企业物流、信息流、资金流并使之畅通的动态反馈系统。

1. MRP Ⅱ 与闭环 MRP 的区别

MRP Ⅱ 由闭环 MRP 系统发展而来，在技术上，它与闭环 MRP 并没有太大的区别，但它包括了财务管理和模拟的能力，这就有了本质上的区别。对于已经应用了闭环 MRP 系统的企业，建立 MRP Ⅱ 只是一个系统扩充的问题。而对初建计算机辅助管理系统的企业，则是一件工作量大、难度较高的工作。特别是对管理基础比较差的企业，难度更大；有了 MRP Ⅱ 才能迅速、准确、高效地对整个企业进行管理。这一点已为国内外的实践所证明。

2. MRP Ⅱ 的原理与逻辑

在闭环 MRP 的基础上，如果以 MRP 为中心建立一个生产活动的信息处理体系，则可以利用 MRP 的功能建立采购计划；生产部门将销售计划与生产计划紧密配合来制订出生产计划表，并不断地细化；设计部门不再孤立地设计产品，而是将改良设计与以上生产活动信息相联系；产品结构不再仅仅只有参考价值，而是成为控制生产计划的重要方面。如果将以上一切活动均与财务系统结合起来，把库存记录、工作中心和物料清单用于成本核算，由采购来建立应付账，销售产生客户合同和应收账，应收账与应付账又与总账有关，根据总账又产生各种报表……这就形成了总体的 MRP Ⅱ 系统，如图 5.4 所示，图 5.4 就是 MRP Ⅱ 的逻辑流程图。

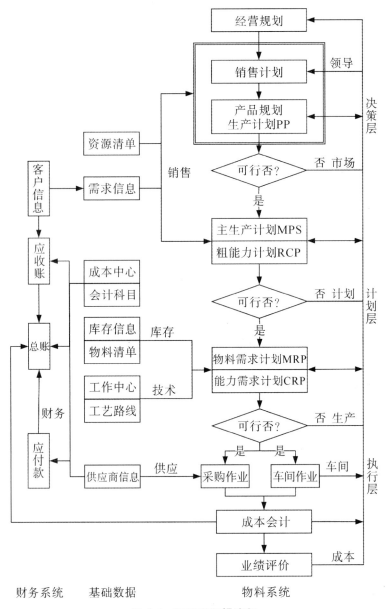

图 5.4　MRPⅡ 逻辑流程

　　在 MRPⅡ中，一切制造资源，包括人工、物料、设备、能源、市场、资金、技术、空间、时间等，都被考虑进来。MRPⅡ的基本思想是：基于企业经营目标制订生产计划，围绕物料转化组织制造资源，实现按需按时生产。MRPⅡ主要技术环节涉及：经营规划、销售与计划、产品规划、主生产计划、物料需求计划、能力需求计划、车间作业管理、物料管理（库存管理与采购管理）、产品成本管理、财务管理等。从一定意义上讲，MRPⅡ系统实现了物流、信息流与资金流在企业管理方面的集成。MRPⅡ系统能为企业生产经营提供一个完整而详尽的计划，可使企业内各部门的活动协调一致，形成一个整体，从而提高企业的整体效率和效益。MRPⅡ成为制造业公认的管理标准系统。

3. MRP Ⅱ 管理模式的特点

MRP Ⅱ 管理模式的特点可以从以下几个方面来说明，每一项特点都含有管理模式变革和人员素质或行为变革两方面，这些特点是相辅相成的。

（1）管理的系统性。

MRP Ⅱ 是一项系统工程，它把企业中的各子系统有机地结合起来，形成一个面向整个企业的一体化系统。各部门都从系统整体出发做好本职工作，每个员工都知道自己的工作质量同其他职能的关系。其中，生产和财务两个子系统的关系尤为密切，构建了新型的企业文化和团队精神。

（2）数据共享性。

MRP Ⅱ 是一种制造企业管理信息系统，其所有数据来源于企业的中央数据库。各子系统、各部门在统一的数据环境下工作。任何一种数据变动都能及时地反映给所有部门，做到数据共享。有效改善了过去那种信息不通、情况不明、盲目决策、相互矛盾的情况。

（3）模拟预见性。

MRP Ⅱ 具有模拟功能，能根据不同的决策方针模拟出未来会发生的各种结果。它可以解决"如果怎样，将会怎样"的问题，可以预见在相当长的计划期内可能发生的问题，因此，它也是企业高层领导的决策工具。通过事先采取措施消除隐患，而不是等问题已发生了再花几倍的精力去处理。这将使管理人员从忙碌的事务堆里解脱出来，致力于实质性的分析研究，提供多个可行方案供领导决策。

（4）计划的一贯性与可行性。

MRP Ⅱ 是一种计划主导型管理模式，计划层次从宏观到微观、从战略到技术、从粗到细逐层优化，但始终保证与企业经营战略目标一致。它把通常的三级计划管理统一起来，计划编制工作集中在厂级职能部门，车间班组只能执行计划、调度和反馈信息。计划下达前，需反复验证和平衡生产能力，并根据反馈信息及时调整，处理好供需矛盾，保证计划的一贯性、有效性和可执行性。

（5）动态应变性。

MRP Ⅱ 是一个闭环系统，要求跟踪、控制和反馈瞬息万变的实际情况。管理人员可随时根据企业内外环境与条件的变化迅速做出响应，及时调整决策，保证生产正常进行。MRP Ⅱ 可以及时掌握各种动态信息，保持较短的生产周期，因而有较强的应变能力。

（6）物流、资金流的统一。

MRP Ⅱ 包含了成本会计和财务功能，可以由生产活动直接产生财务数据，把实物形态的物料流动直接转换为价值形态的资金流动，保证生产和财务数据一致。财务部门及时得到资金信息用于控制成本，通过资金流动状况反映物料和经营情况，随时分析企业的经济效益，参与决策，指导、控制经营和生产活动。

4. MRP Ⅱ 的 5 个计划层次

（1）经营规划；

（2）生产规划；

（3）主生产计划；

（4）物料需求计划；

（5）生产/采购作业计划。

5. MRP Ⅱ 的优势特征

（1）MRP Ⅱ 管理模式的准确性取决于对市场需求和制造能力这两类不确定因素估计的准确性。

（2）MRP Ⅱ 通过引入能力需求计划和反馈调整功能增强了 MRP 计划的可靠性和适应性。

（3）MRP Ⅱ 将 MRP 对物料资源优化的思想，扩充到了人员、设备、资金、物资等广义资源，涉及企业的整个生产经营活动。

（4）MRP Ⅱ 是整个企业运作的核心体系，是一种以计划驱动"推"式的集中控制。

6. MRP Ⅱ 的历史应用情况

据 1985 年的不完全统计，美国有 160 多家计算机软硬件公司开发与提供了 300 余种 MRP Ⅱ 商品软件，已拥有数万家用户。

在美国，80% 以上的大型企业安装了 MRP Ⅱ 系统，50% 以上的中型企业安装了 MRP Ⅱ 系统，30% 的小型企业安装了 MRP Ⅱ 系统。

我国的计算机辅助企业管理起步于 20 世纪 80 年代。1981 年，沈阳鼓风机厂率先引进 IBM 公司的 COPICS 系统，开始了 MRP Ⅱ 系统的应用。国内曾有近 200 家企业引进了十余种国外的 MRP Ⅱ 软件产品。

5.1.1.5 恰及时生产

1. 恰及时生产的起源

恰及时生产是 20 世纪 70 年代由日本丰田汽车公司和其他日本企业首次创立的。

丰田公司的 JIT 生产方式从本质上来讲是一种生产管理技术。但就 JIT 生产方式的基本理念来说，"恰及时"是一种现代经营观念和先进的生产组织原则。它所追求的是生产经营全过程的彻底合理化。

JIT 是一种追求无库存、彻底排除浪费的生产与管理模式。为此，对某一零件的加工在数量与完成时间上的要求，是由下一道工序状况决定的。如果下道工序拥挤阻塞，上道工序就应减慢或停止，这些信息均靠看板来传递。

看板管理成功地制止了过量生产，实现了"在必要的时刻生产必要数量的必要产品（或零部件）"，从而彻底消除在制品过量的浪费。

2. 恰及时生产的思想特点

JIT，即在正确时间（right time）、正确地点（right place）干正确的事情（right thing）以期达到零库存、无缺陷、低成本的理想生产模式。

按丰田公司的理解：凡是超出生产所绝对必要的最少的设备、材料、零件和工作时间的部分都是浪费。从价值工程的观点来看，凡是超出增加产品价值所必需的绝对最少的物料、机器和人力资源的部分都是浪费。

JIT 强调消除生产中的一切浪费，其中包括过量生产、部件与操作者的移动和等待时间、劣质品的制造过程、物料储存等。

JIT 主张消除一切不增加最终目标价值的活动，视这些活动为垃圾并将它消除在萌芽状态。

JIT 不仅是为了减少库存，乃至消除库存，它的价值还在于发现瓶颈并及时消除。瓶颈有如暗礁，降低库存犹如降低水位，可以尽早发现并及时解决企业中生产与管理方面的问题与薄弱环节，提高企业在突发事件出现时的应变能力。

3. JIT 的目标

JIT 的基本概念是指在所需要的精确时间内，按所需要的质量和数量，生产所需要的产品。

它的理想目标是 6 个"零"和 1 个"一"，即：

- 零缺陷；
- 零储备；
- 零库存；
- 零搬运；
- 零故障停机；
- 零提前期；
- 批量为一。

5.1.1.6 约束理论（TOC）

约束理论（theory of constraint，TOC）是在以色列物理学家戈德拉特博士（MosheElizahu Goldratt）于 20 世纪 70 年代开创的最优生产技术（optimal production technology，OPT）基础上发展起来的管理理论。

TOC 是关于进行改进和如何最好地实现这些改进的一套管理和管理原则，可以帮助企业识别出在实现目标的过程中存在着哪些"约束"因素并一一消除，以更有效地实现企业目标。

约束理论植根于最优生产技术 OPT。OPT 认为：一个企业的计划与控制的目标就是寻求顾客需求与企业能力的最佳配合，一旦一个被控制的工序（瓶颈）建立了一个动态的平衡，其余的工序应与这一被控制的工序同步。

5.1.1.7 精益生产（LP）

1. 精益生产的起源与要求

20 世纪 80 年代末，美国麻省理工学院（MIT）承担了国际汽车计划项目（international motor vehicle programme，IMVP），着重研究日本汽车制造业与欧美大量生产方式的差别，最终通过大量的调查对比，总结了以日本丰田汽车生产系统为代表的生产管理与控制模式后提出了精益生产（lean production，LP）概念。

精益生产要求：对于人、时间、空间财力、物资等方面，凡是不能在生产中增值的就要去掉。

例如维修工、现场清洁工，当操作工人生产时，他们不工作，他们工作时操作工人无法工作，应而维修工与清洁工应撤销，要求操作工人成为多面手，能够完成一般性的维修工作。

2. 精益生产的特点

（1）强调以人为中心，以小组工作方式，发挥员工的主动性和创造性；

（2）采用 JIT，实现高效率、低库存的多品种混合生产；

（3）团队工作和并行开发，缩短开发周期；

（4）简化组织机构及一切烦琐过程；

（5）强调一体化的质量保证体系；

（6）与用户保持长期的密切联系；

（7）不断改进"修炼"，以期尽善尽美，追求最大客户满意度。

5.1.1.8 敏捷制造（AM）

1. 敏捷制造概述

敏捷制造（agile manufacturing，AM）是 1991 年美国国防部为解决国防制造能力，委托美国里海（Lehigh）大学亚柯卡（Iacocca）研究所，拟定一个同时体现工业界和国防部共同利益的中长期制造技术规划框架，在其研究报告《21 世纪制造企业战略》中提出的。

该模式是一种直接面向用户的，完全按订单生产的可重新设计、重新组织、连续更换的新的信息密集的制造系统。生产系统的敏捷性是通过技术、管理和人这三种资源集成为一个协调、相互关联的系统来实现的。

2. 敏捷制造的特点

（1）以虚拟公司成为经营实体的主要组织形式；

（2）模块化、兼容式、易组合；

（3）紧密合作为特征的供需链网络；

（4）并行工程和多功能项目组为主要的产品开发形式；

（5）柔性制造，易于系统重构。

5.1.1.9 企业流程重组（BPR）

1. BPR 的起源

1990 年，美国的米歇尔·哈默（Micheal Hammer）博士把重组（reengineering）思想引入管理领域，提出企业流程重组（business process reengineering，BPR）的概念，提出"从根本上重新思考并大胆地改造业务流程，以求在交货期、质量、成本、服务等纯净指标上取得戏剧性的改进"。

西方发达国家兴起的企业流程重组（BPR）是企业管理模式和运作机制的重大变革，被称为"现代管理的一场革命"。

据西方国家 1994 年统计，69% 的美国企业与 75% 的欧洲企业已经实施或正在实施 BPR。

BPR 以企业过程为改造对象，从客户需求出发，对企业过程进行根本性的再思考与再设计。

2. BPR 的实质

（1）以客户需求为中心，考虑企业经营目标，并对企业经营过程、组织管理模式等进行根本性的再思考；

（2）围绕经营战略，对企业过程进行根本性的反省和彻底的再设计；

（3）目的在于极大地提高企业绩效产；

（4）通过信息技术、人与组织管理技术来改变。

5.1.1.10 ERP 的成型

通过吸纳各类现代管理思想，在 MRP Ⅱ 作为核心功能的基础上，最终演变成了企业资源计划。

如图 5.5 所示，订货点法的思想纳入了 ERP 系统范畴的物料管理之中，通过独立需求、相关需求与物料清单（BOM），形成了"在需要的时间提供需要的数量"的思想，并开创出时段式 MRP。

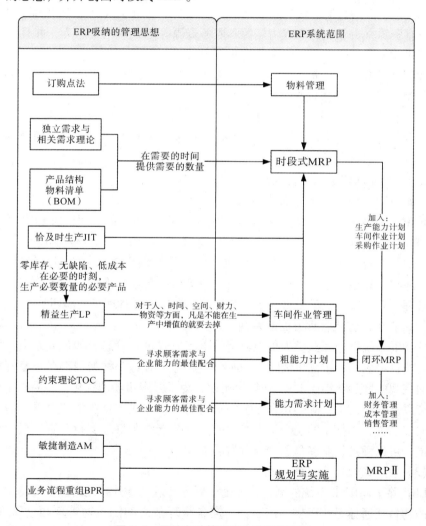

图 5.5 吸纳多种管理理论演变为 ERP

恰及时生产（JIT）、精益生产（LP）发展出车间作业管理，约束理论（TOC）发展出粗能力计划（RCP）和能力需求计划（CRP）并纳入闭环 MRP 中，通过纳入财务管理升级为 MRP Ⅱ，从而正式成为 ERP 的核心。

而敏捷制造（AM）、业务流程重组（BPR）则成为 ERP 的思想，指导 ERP 的规划与实施。

5.1.1.5 企业资源计划 ERP

进入 20 世纪 90 年代，随着市场竞争进一步加剧，企业的竞争空间和竞争范围变得更加广阔，20 世纪 80 年代主要面向企业内部资源的 MRP Ⅱ 理论也逐渐显示出其局限性，人们迫切需要一种可以帮助企业有效利用和管理整体资源的理论思想来替代 MRP Ⅱ，企业资源计划随之产生。

1. MRP Ⅱ 的局限

（1）企业竞争范围扩大，不仅仅要求对制造资源计划进行集成管理，还要求管理与竞争有关的物流、信息及资金。管理从制造部分扩大到全面质量管理、企业的所有资源（分销资源、人力资源和服务资源等）及市场信息等，并且要求能够处理工作流。MRP Ⅱ 已不能满足这些方面的需求。

（2）企业规模不断扩大。多集团、多工厂要求协同作战，统一部署，这些已超出了 MRP Ⅱ 的管理范围。

（3）信息全球化趋势的发展要求企业之间加强信息交流和信息共享。企业之间既是竞争对手，又是合作伙伴。信息管理要求扩大到对整个供应链的管理，这些更是 MRP Ⅱ 所不能解决的。

2. ERP 同 MRP Ⅱ 的主要区别

（1）在资源管理范围方面的差别。

MRP Ⅱ 主要侧重于对企业内部人、财、物等制造资源的管理，而 ERP 系统则在 MRP Ⅱ 的基础上扩展了管理范围。ERP 系统把客户需求和企业内部制造活动、供应商的制造资源都整合在一起，形成企业完整的供应链环节管理，包括订单、采购、库存、计划、生产制造、质量控制、运输、服务与维护、财务管理、人力资源管理、车间管理、项目管理、工艺管理、客户关系管理等全部环节。

（2）在生产方式管理方面的差别。

MRP Ⅱ 系统把企业归类为集中典型的生产方式进行管理，如重复制造、批量生产、按订单生产、按订单装配、按库存生产等，对每一种类型都有一套管理标准。而在 20 世纪 80 年代末和 90 年代初期，为了紧跟市场的变化，多品种、小批量生产以及看板式生产等则是企业主要采用的生产方式。企业生产由单一的生产方式向多品种、小批量的混合型生产发展。ERP 能够很好地支持和管理混合型制造环境，可以满足企业多角色化经营的需求。

（3）在管理功能方面的差别。

ERP 除了 MRP Ⅱ 系统的制造、分销、财务管理功能外，还增加了支持整个供应链的物料流通体系——供、产、销、需各个环节之间的运输管理和仓库管理，支持生产保障体系的质量管理、车间管理、设备维修和备品备件管理，支持对工作流（业务处理流程）的管理。

（4）在事务处理控制方面的差别。

MRP Ⅱ 是通过计划的及时滚动来控制整个生产过程的，它的实时性较差，一般只能实现事中控制。而 ERP 系统支持在线分析处理（online analysis processing，OLAP）、售后服务即质量反馈，强调企业的事前控制能力。它可以将设计、制造、销售、运输等通过集成来并行地进行各种相关作业，为企业提供了对质量、市场变化、客户要求、客户满意度、绩效等关键问题的实时分析能力。

此外，在 MRP Ⅱ 中，财务系统只是一个信息的归结者，它的功能是将供、产、销中的数量信息转变为价值信息，是物流的价值反映。而 ERP 系统则将财务计划和价值控制功能集成到了整个供应链上。

（5）在跨国（地区）经营事务处理方面的差别。

随着现代企业的不断发展，企业内部各个组织单元之间、企业与外部的业务单元之间的协调工作变得越来越多，越来越重要，ERP 系统可以应用于完整的组织结构中，可以支持跨国经营的多国家地区、多工厂、多语种、多币制的应用需求。

（6）在计算机信息处理技术方面的差别

随着互联网技术的发展和应用，企业与客户、企业与供应商、企业与用户之间，甚至是竞争对手之间都要求对市场信息快速响应，实现信息共享。越来越多的企业靠互联网来进行业务往来，这些都向企业的信息化提出了新的要求。ERP 系统实现了对整个供应链的信息进行集成管理，并采用客户机/服务（C/S）体系结构和分布式数据处理技术，支持 Intemet/Intranet/Extranet、电子商务及电子数据交换。此外，ERP 还能够实现在不同平台的互动操作。

5.1.2　ERP 概念及特点

5.1.2.1　ERP 的产生

随着现代管理思想和方法的提出和发展，如恰及时生产、优化生产技术（total quality control，TQC）、分销资源计划（distribution resource planning，DRP）、制造执行系统（manufacturing execute system，MES）、敏捷制造系统（agile manufacturing system，AMS）等现代管理思想和方法，ERP 在 MRP Ⅱ 的基础上，通过逐步吸收和融合其他先进思想来完善和发展自身的理论。当然，MRP Ⅱ 从来没有消失，也永远不会消失，它已经演化成 ERP 的核心。

1. ERP 的三大流

20 世纪 90 年代 MRP Ⅱ 发展到了一个新的阶段：企业资源计划。简要地说，企业的资源包括三大流：物流、资金流和信息流。ERP 也就是对这三种资源进行全面集成管理的管理信息系统。

2. ERP 的宗旨

概括地说，ERP 是建立在信息技术基础上，利用现代企业的先进管理思想，全面地集成了企业的所有资源信息，并为企业提供决策、计划、控制与经营业绩评估的全方位和系统化的管理平台。

企业资源计划是当今国际先进的企业管理模式，宗旨是：将企业的人力、资金、材料、设备、方法、信息和时间七项资源实现综合优化管理，使企业在激烈的市场竞争中全方位地发挥足够的能力从而取得最好的经济效益。

3. ERP 是什么

ERP 系统是一种管理理论和管理思想，而不仅仅是信息系统。它利用企业的所有资源，包括内部资源与外部市场资源，为企业制造产品或提供服务创造最优的解决方案，最终达到企业的经营目标。

作为企业管理思想，它是一种新型的管理模式；而作为一种管理工具，它同时又是一套先进的计算机管理系统。ERP 的出现，将有助于企业解决"信息孤岛"问题，为其提供统一、共享的信息环境。

4. ERP 的提出

国际著名的管理软件评估结构 Gartner Group Inc（顾能）在 20 世纪 90 年代初期率先提出并定义了 ERP 系统，指出 ERP 系统是一个根据订单对企业范围内的资源进行规划和财务核算的信息系统，并且强调 ERP 系统不同于传统的 MRP Ⅱ系统，其采用了先进的信息技术。

MRP Ⅱ的核心是物流，主线是计划。伴随着物流的过程，同时存在资金流和信息流。ERP 的主线也是计划，但 ERP 已将管理的重心转移到财务上，在企业整个经营过程中贯穿了财务成本控制的概念。

5.1.2.2 ERP 的构成

1. ERP 的模块构造

ERP 极大地扩展了业务管理的范围及深度，包括质量、设备、分销、运输、多工厂管理、数据采集接口等。ERP 的管理范围涉及企业的所有供需过程，是对供应链的全面管理。

ERP 将企业所有资源进行整合和集成管理，即是将企业的物流、资金流、信息流进行一体化管理的信息系统。区别于以往的 MRP 或 MRP Ⅱ模块，ERP 系统不仅可以应用在制造型企业方面，而且还可用在其他类型的企业中，如在服务型企业中进行资源的计划和管理。我们以制造型企业为例说明 ERP 系统的主要功能模块。

在一般情况下，ERP 系统都会包括三个方面的模块：生产控制、物流管理和财务管理。这三大系统模块各自具有一些子系统模块。作为 ERP 系统的一部分，这些系统模块应该是相互联系的统一整体，各系统模块之间的数据是完全共享和集成的。同时，ERP 系统也可以根据企业的不同需要对各个系统模块进行组合，以符合企业的实际情况，图 5.6 展示了某企业 ERP 系统模块的构造。

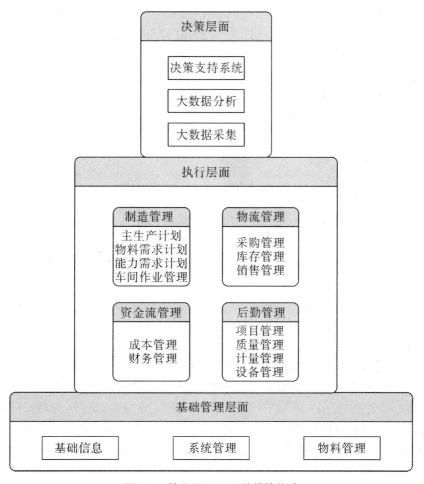

图 5.6 某公司 ERP 系统模块构造

ERP 一般包含的模块有：销售管理、采购管理、库存管理、制造标准、主生产计划、物料需求计划、能力需求计划、车间管理、JIT 管理、质量管理、账务管理、成本管理、应收账管理、应付账管理、现金管理、固定资产管理、工资管理、人力资源管理、分销资源管理、设备管理、工作流管理、系统管理等。

（1）基础数据。

ERP 系统的运行必须建立在大量的基础数据之上。没有这些基础数据，ERP 系统就不能正常运行。同时，从规范企业管理角度出发，也必须把这些数据进行统一管理，以保证基础数据的准确性和规范性。

基础数据可以分为公用基础数据和业务系统基础数据。公用基础数据是指多种业务系统都会用到的基础数据，需要进行统一管理，如物料、客户、供应商、会计科目等。业务系统基础数据是指和某个业务系统的关系比较密切，而且在该业务系统中使用得最多，在其他业务系统中较少使用的基础数据。如物料清单、资源清单等和生产制造管理系统关系比较密切，而其他业务系统中较少使用，所以一般 ERP 系统都会把这些基础数据放到生产制造管理系统中进行管理。

（2）销售管理。

销售管理是企业所有业务活动的源头，没有销售活动就没有企业的其他活动。在企业生产经营活动中，销售预测、销售订单是企业进行生产计划和生产作业活动的源头，企业的生产作业活动必须通过销售管理才能得以实现。

销售管理至少应该包含销售政策管理、销售计划管理、销售预测管理、销售报价、销售订单（合同）管理、发货管理、结算管理、售后服务管理等一系列内容。

（3）计划管理。

计划管理包括主生产计划、粗能力计划、物料需求计划、能力需求计划、车间作业排产计划等内容，在企业有承上启下的作用。通过对销售预测或者销售订单进行计划，形成企业生产作业计划和采购作业计划；通过对作业计划和采购计划的执行，形成产品增值；把增值后的产品销售出去，实现企业利润，从而实现资金回笼。

（4）车间作业管理。

根据生产计划形成的生产作业计划经过生产计划员确认投放后，形成企业的正式生产任务。企业在 ERP 系统中对这些生产任务的管理就是通过生产作业管理模块进行的。

在生产作业管理中，需要对生产计划形成的生产任务单的生产状态、生产任务单相关的物料管理以及车间生产任务单的作业排产计划进行管理。车间在生产前必须对车间各个工序进行生产排产，由各个工序按照排产计划进行领料、生产，同时必须进行及时反馈。在生产完成后，应该及时办理入库手续。在整个生产过程中，企业的质量控制应该贯穿始终，以确保生产的产品符合市场和客户的需求。

（5）采购管理。

物料需求计划不仅形成企业零部件及其产品的生产计划，同时还形成企业原材料、包装材料等外购件的采购作业计划。当采购计划下达后，企业采购人员就开始进行采购作业活动。

在 ERP 系统的采购作业活动中，需要进行采购申请调度、采购询价、采购订单（合同）、货物跟催、采购收货、采购结算、采购退货、供应商管理等一系列的活动。

采购到货后，质量部门根据采购到货信息进行质量检验；检验结束后，根据质量检验结果，办理采购收货手续并入库；同时将到货信息和收到的供应商发票传递到财务系统，作为往来账和付款的依据。

（6）仓库管理。

仓库管理是指企业为了生产、销售等经营活动的需要而对计划存储、流通的有关物品进行相应的管理，如对存储的物品进行接收、发放、存储、保管等一系列的管理活动。

在仓库管理中，应该允许用户定义不同的事务类型，如外购入库、生产入库、领料出库、销售出库等。仓库系统应该支持库存高限、安全库存、库存盘点等业务。

仓库管理模块与其他模块有密切的联系，所有物料的收发，都需要通过仓库管理模块进行管理；生产计划模块在进行生产计划计算时，也必须考虑仓库中现有物料的可用库存情况。

（7）质量管理。

质量管理在 ERP 系统中，应该全面支持 ISO9000 质量管理体系，做到既要有质量保证，也要有质量控制。质量控制管理应该包含企业质量检验标准管理、进料检验、产品检验、过程检验控制等；质量保证管理应该包括质量方针目标、供应商评估、质量分析、客户投诉、质量改进等。

质量管理同采购、仓库、销售、生产业务相结合，控制企业物料的质量情况，确保流入和流出企业的物料都是合格的物料。同时，质量管理应该注重生产过程中的质量控制，以免不合格产品流入下一道工序，给企业造成更大的浪费。

（8）设备管理。

企业在生产过程中，必须重视生产设备管理，做好设备的检修、润滑、保养等，避免出现因为设备的磨损、故障等影响车间的生产作业活动等情况。

在 ERP 系统中，设备管理同固定资产管理、能力需求计划、车间作业等模块相联系。

（9）成本管理。

ERP 系统在产品生产之前，应该进行产品成本模拟；在产品生产过程中，必须对成本进行控制；在产品生产完工后，进行成本核算并进行成本分析，以明确完工产品的实际成本和获得的效益。这些业务都是通过成本管理模块进行的。

ERP 系统根据仓库管理、生产作业管理、财务核算模块提供的数据，对完工产品进行成本计算，并反馈到仓库、生产作业、财务核算等模块中。

成本管理模块与财务、生产、库存、销售等系统密切联系。它可以更准确、快速地进行成本费用的归集和分配，以提高成本计算的及时性和准确性；同时通过定额成本的管理、成本模拟、成本计划，有效地进行成本预测、计划、分析与考核，提高企业成本的管理水平。

（10）财务管理。

在 ERP 系统中，财务管理一般包含财务核算会计、管理会计、财务分析等多个方面，其中尤以财务核算会计模块使用最为广泛。

财务核算会计一般包含应收、应付、现金、固定资产、银行、总账等业务，用于管理其他业务系统同财务核算系统的预算控制、目标控制等，主要是为满足企业内部管理需求而进行核算统计分析工作。财务分析则是根据财务核算会计、管理会计以及其他业务系统中的数据，对财务指标、报表进行分析、比较，以满足企业经营决策的需求。

（11）人力资源管理。

人力资源成为企业越来越重要的资源。人力资源管理在实现对人员基本信息管理的基础上，还对人员的需求、招聘、培训、考核等过程进行管理，覆盖一个员工在企业的整个生命周期。

人力资源管理的薪资可以来源于企业的车间管理子系统中各人员的绩效情况，同时作为相关账务处理的依据。

（12）决策支持。

在 ERP 系统中，决策支持是非常重要的模块。决策支持应该可以对 ERP 所有业务模块的数据进行深度挖掘，从而使企业的管理决策有据可依。

在 ERP 系统中，这些模块应该是必须具备的；不过，不同企业的不同的 ERP 系统，对这些模块可能有不同的区分。在进行 ERP 系统造型时，企业应该从各个 ERP 系统本身所处理的问题实质出发进行选择，不能被 ERP 系统本身的模块名称所迷惑。

2. ERP 的功能标准

（1）超越 MRP Ⅱ 范围的集成功能；

（2）支持混合方式的制造环境（生产方式的混合、经营方式的混合、多业务角色的混合）；

（3）支持能动的监控能力（具有计划与控制的主动性和超前性，支持模拟功能、决策支持能力和图形能力）；

（4）支持开放的客户机/服务器计算环境。

5.2 ERP 的核心理念与管理思想

5.2.1 ERP 的核心理念

ERP 的核心理念就是平衡，平衡是营运合理化的基本思想。所谓平衡，就是资源和需求的平衡，这种平衡包括基础的物料资源（数量、结构）与需求的平衡，也包括更高要求的能力资源（数量、结构）与需求的平衡，以及物料与能力在时间维度上与需求的平衡，即与时间资源的平衡。

企业的现实生产营运也是按平衡思想来组织和驱动的，实际上，ERP 就是把这种业务逻辑转化成软件逻辑，这是理解 ERP 的基础。从物料清单（BOM）开始就孕育着平衡的思想，从最终产品的数量和结构反推出所需物料的数量和结构，实现第一个层次在静态上的平衡。从 MRP、MRP Ⅱ 到 ERP，平衡的理论在向深度和广度演化，平衡的可靠性和实现能力也在发展。毛需求和净需求的概念就体现了平衡思想的向上演化，使平衡的范围进一步扩大，从物料到能力，再到时间资源。APS（高级计划与排程）使基于有限排程的平衡达到了前所未有的高度。随着 ERP 纵向和横向的演化，资源和需求的平衡将突破企业边界，扩展到供应链，实现供应链上资源与需求的动态平衡。

5.2.2 ERP 的管理思想

ERP 的管理思想主要体现了供应链管理的思想，还吸纳了恰及时生产、精益生产、并行工程、敏捷制造等先进管理思想。ERP 既继承了 MRP Ⅱ 管理模式的精华，又在诸多方面对 MRP Ⅱ 进行了扩充。ERP 管理思想的核心是实现了对整个供应链的有效管理，主要体现在以下三个方面：

1. 管理整个供应链资源

在知识经济时代企业仅靠自身的资源不可能有效地参与市场竞争，还必须把经营过程中的有关各方如供应商、制造工厂、分销网络、客户等纳入一个紧密的供应链中，才能有效地安排产、供、销活动，满足企业利用全社会一切市场资源快速高效地进行生产经营的需求，以期进一步提高效率和在市场上获得竞争优势。换句话说，现代企业竞争不是单一企业与单一企业间的竞争，而是一个企业供应链与另一个企业供应链之间的竞争。ERP 系统实现了对整个企业供应链的管理，适应了企业在知识经济时代市场竞争的需要。

2. 精益生产同步工程

ERP 系统支持对混合型生产方式的管理，其管理思想表现在两个方面：

（1）精益生产（Lean Production，LP）思想。

精益生产是由美国麻省理工学院（MIT）提出的一种企业经营战略体系。即企业按大批量生产方式组织生产时，把客户、销售代理商、供应商、协作单位纳入生产体系中。企业同其销售代理、客户和供应商的关系，已不再是简单的业务往来关系，而是利益共享的合作伙伴关系。这种合作伙伴关系组成了一个企业的供应链，即精益生产的核心思想——以越来越少的投入（较少的人力、较少的设备、较短的时间和较小的场地）创造出尽可能多的价值，同时也越来越接近用户，提供他们确实需要的东西。

（2）敏捷制造（Agile Manufacturing，AM）思想。

当市场发生变化，企业遇有特定的市场和产品需求时，企业的基本合作伙伴不一定能满足新产品生产的要求。这时，企业会组织一个由特定的供应商和销售渠道组成的短期或一次性供应链，形成"虚拟工厂"，把供应和协作单位看成是企业的一个组成部分，运用"同步工程（SE）"，组织生产，用最短的时间将新产品打入市场，时刻保持产品的高质量、多样化和灵活性，这即是"敏捷制造"的核心思想——采用现代通信手段，通过快速配置各种资源（技术、管理和人），以有效和协调的方式响应用户需求，实现制造的敏捷性。

3. 事先计划与事中控制

ERP 系统中的计划体系主要包括主生产计划、物料需求计划、能力计划、采购计划、销售执行计划、利润计划、财务预算和人力资源计划等。而且这些计划功能与价值控制功能已完全集成到整个供应链系统中。

另外，ERP 系统通过定义事务处理（transaction）相关的会计核算科目与核算方式，以便在事务处理发生的同时自动生成会计核算分录，保证了资金流与物流的同步记录和数据的一致性。企业根据财务资金现状，可以追溯资金的来龙去脉，并进一步追溯所发生的相关业务活动，改变了资金信息滞后于物料信息的状况，便于实现事中控制和实时做出决策。

此外，计划、事务处理、控制与决策功能都在整个供应链的业务处理流程中实现，ERP 系统要求在每个流程业务处理过程中最大限度地发挥每个人的工作潜能与责任心，流程与流程之间则强调人与人之间的合作精神，以便在有机组织中充分发挥每个人的主观能动性与潜能。企业管理实现了从"高耸式"组织结构向"扁平式"组织机构的转变，提高了企业对市场动态变化的响应速度。

5.3 ERP 未来展望

5.3.1 ERP 软件市场与行业发展

5.3.1.1 市场结构体现寡头垄断

近年来，在中国，用友、金蝶、SAP、浪潮四家 ERP 软件龙头企业的销售额总和占到整个 ERP 软件行业的一半左右；并且随着 ERP 市场容量的迅速增长，ERP 市场的几家领导厂商的阵营却长期保持着稳定。因而，中国 ERP 软件行业市场集中，并一直维持在较高水平，呈现出近似寡头垄断的格局。

主导我国 ERP 软件市场的厂商，既有国内品牌用友和金蝶，也有国际品牌 SAP、Oracle、Infor、Microsoft 等。长期以来，用友和金蝶一直在国内品牌中占据主导地位，同时 SAP 等国际品牌也处于我国 ERP 软件市场中的领先位置。

5.3.1.2 ERP 软件市场存在行业壁垒

企业并购和品牌影响力是 ERP 软件行业壁垒形成的重要因素。ERP 软件巨头们凭借其强大的资金实力，通过企业并购实现自身的规模升级，从而形成较高的市场壁垒。在 ERP 软件市场，并购已经成为提高企业规模和市场份额，以及加快企业实现产业转型、促进企业进一步做大做强的必由之路。市场上的中小企业，面对行业巨头强大的资金实力和研发实力，很难与之进行竞争，面临着生存的难题。ERP 软件市场上通过企业并购形成的大巨头直接提高了 ERP 软件行业的准入门槛。

ERP 软件行业长期积累的品牌美誉度、客户、专业经验成为市场进入壁垒，让很多中小企业很难进入 ERP 市场。

5.3.1.3 主导厂商拥有定价主动权

ERP 主导企业通过加速并购实现了对行业的垄断，从而对价格进行垄断，拥有主动定价权。所以 ERP 主导企业能长期将自身的经营维持在较高的利润水平。企业客户对 ERP 软件市场的主导企业的依赖程度越来越高，只能顺从 ERP 软件行业的垄断行为。

5.3.1.4 强者将会一直强

在未来，ERP 软件市场上的优势企业和劣势企业的分化将会进一步加剧，产业集中度会进一步提高。随着国际 ERP 软件巨头在中国本土化发展速度加快，本土领导厂商的表现也日益卓越，扩张速度不断加快。在中国，未来的 ERP 软件市场将会表现出强者恒强的格局，激烈的竞争主要集中在一线厂商，而二三线的厂商都将会面临生存的难题。

5.3.1.5　新进入市场者以独有优势参与竞争

不少新进入行业者的技术不次于市场垄断者，如有的公司运用了 SaaS 模式平台，将产品推到了顶峰。新进入的 ERP 软件商只有及时抓住机遇，才能从夹缝中获得生存，占据更广阔的天空。

5.3.2　ERP 进化的新生需求

5.3.2.1　系统支持全球化

在中小企业信息化建设中，最为明显的发展趋势便是企业全球化、市场全球化以及竞争全球化。随着电子商务的不断发展，政策屏障已经在过去几年内相继消失，电子商务已经在中小企业中存在了相当长的一段时间，经营已逐渐扩大到全球范围。因此，随着中小企业信息化建设的不断加强，势必要求优化 ERP 系统功能，为全球化的企业提供服务。

ERP 已经实现了企业信息化相对容易做到的功能，比如交易的多币种支持、按国别申报经营成果。ERP 全球化应该从 ERP 流程标准化着手，把相关国家或地区的生产力、生产与运输成本、关税以及需求等数据结合到一起。

随着市场全球化，中小企业也倾向于相互合并，以更好地应对市场中生产能力过剩的情况。另外，信息环境与流程环境的相似性也会引起业务上的结合。合并与收购的不断增长带来了另一种需求——把原来相互分隔的 ERP 整合在一起。因此，在优化 ERP 系统的时候，必须考虑到企业在原有 ERP 系统中倾注的精力，使企业在原有 ERP 系统环境下，稍做升级便可满足目前经济情况下中小企业信息化建设的需要。

5.3.2.2　客户响应快速化

在竞争激烈的经营环境中，中小企业为了维持生存、发展，必须迅速了解单个客户在某一特定时间想要得到什么，并通过 ERP 软件来做出反应，因此，要求 ERP 软件具有快速感知与快速反应能力。优化后的 ERP 必须在技术方面满足中小企业信息化建设的需要，提高企业回应客户的速度和灵活性。

5.3.2.3　支持企业重组

经济全球化促进了企业间的合并。企业及管理机构要求降低管理成本，因此会促使各企业在本行业内进行重新组合。重组之后的公司也应该能够在 ERP 软件的帮助下，进行 ERP 重组，使得 ERP 软件可以适应企业重组后的要求。

5.3.2.4　支持组织虚拟化

虚拟组织是企业为了实现共赢而进行的联合协作，关系范围非常广泛。优化后的 ERP 软件为了涵盖这样的范围，技术上需要支持不同级别的数据与流程的联合，从简单的组织机构间的市场交易到完全联合与共享，各种级别的联合必须要适合构成虚拟组织的多家机构之间的关系种类。要支持组织虚拟化，方法之一是扩大价值链，把多个数据系统中的信息整合在一起。

5.3.3 从 ERP 到 TEI

5.3.3.1 从 ERP 到 ERP Ⅱ

1. ERP Ⅱ 的驱动力

ERP 作为一种现代企业管理信息系统，自提出以来，在企业中得到了广泛的应用并取得了很好的效果，但 ERP 实际上仍然是以 MRP Ⅱ 为核心的，只是在两个方面实现了拓展：

一是将资源的概念扩大到整个供应链上，将供应链的供应商、客户等外部资源也作为可控的对象进行集成；

二是把时间也作为资源的最关键的部分纳入控制范畴，这使决策支持系统（DSS）被看作 ERP 不可缺少的一部分，将 ERP 的功能扩展到企业经营管理中的半结构和非结构化决策问题。

所以，ERP 被认为是顾客驱动的、基于时间的、面向整个供应链的企业资源计划。然而，随着全球经济的形成和网络的发展，客户关系管理与供应链管理在许多功能的可能性问题上发生了质的改变，虚拟企业之间的沟通今非昔比。市场和管理呼唤新的 ERP，以使网络的信息交互功能得到充分体现，实现最优的企业资源规划。因此，信息交换的无边界、实时效应、内外部系统的互动等成为新一代 ERP 最主要的需求。

2. 从多个角度看 ERP 的不足

（1）从管理思想上来看。

ERP 的基本思想是将企业的业务流程看作一个紧密连接的供应链，其中包括供应商、制造工厂、分销网络和客户等，将企业内部划分成几个相互协同作业的支持子系统，如财务、市场营销、生产制造、质量控制等。但是，在实际实施 ERP 系统的时候，管理灵活性与固化系统之间的矛盾，导致 ERP 系统适应性差、实施成功率低。

ERP 从本质上来讲，是希望通过信息技术的手段，将企业的组织结构、业务流程、管理模式都规范化、定量化和精确化，实现企业在信息系统支撑上的精细化管理，优化和提高企业的运作效率。在信息技术的推动下，处于快速发展中的企业组织、业务和管理几乎无时无刻不处于变动状态，这对传统 ERP 所倡导的定型、规范、严格的结构性管理提出了极大的挑战。

（2）从外向信息共享与处理能力上来看。

全球化竞争趋势的增强，以及网络经济时代的到来，使得基于互联网基础上的协作商务模式正成为未来的主流发展趋势。而大中型企业也越来越多地同许多供应商、专业协作商进行合作，与不同国家、地区的客户有越来越多的商务往来。不过，ERP 所支持的外部信息共享与处理的水平还远远不能适应这种商务模式，致使先进的商业模式与信息化能力之间产生了矛盾，导致管理和业务的失控。

虽然 ERP 是一种基于"供应链"的管理思想；在 MRPⅡ 的基础上扩展了管理范围，把客户需求和企业内部的制造活动以及供应商的制造资源整合在了一起，体现了按用户需求制造的思想，但在当前激烈竞争的市场经济条件下，企业不光只关心客户和供应商的信息，还要了解竞争对手的信息，对企业产品用户群的动态和相关对手的信息的监视管理也应提到议事日程上来。

（3）电子商务时代的威胁。

电子商务时代的来临也给传统的 ERP 系统带来新的挑战。在电子商务时代，一对一的市场方法、个性化订单和需求及在线客户服务等新的企业运作和服务模式是传统 ERP 系统所不曾料到的。大多数 ERP 系统供应商都面临这项新的变化带来的威胁。虽然经过近年来不断培育，ERP 市场已经呈现迅猛发展的趋势，但许多客户也看到传统意义上的 ERP 系统大多不能满足新的市场环境对企业管理提出的要求，而基于新的电子商务平台的企业管理系统还不多见。因此，广大客户都盼望出现新一代的企业管理系统，能够彻底改变 ERP 系统陈旧的局限性，并解决 ERP 系统效益不大的老大难问题。

3. 基于协作商务的 ERPⅡ

企业正在将自身业务从纵向的、高度集成的、注重内部功能优化的大而全模式向更灵活、更专注于核心竞争力的实体模式转化，从而可以在整个供应链和价值网络中优化其经济和组织结构。一个首要的优化方式就是不仅注重 B2B 或 B2C 电子商务模式，而且更注重协作商务（C-Commerce）过程。协作商务是指在企业内部员工之间、业务伙伴之间、企业与客户之间通过电子化方式协同工作的商业社区。这个商业社区可以是某个行业或行业段，或供应链或供应链段。在协作社区内，企业不仅仅依靠各自产品或服务的质量、成本和交付速度来竞争，而且还需要依赖为其他协作伙伴提供的信息质量获得竞争优势。这一变化使得企业或提供解决方案的供应商需要重新考虑和设计企业管理系统，以便支撑更多的外向型功能。

于是，新一代的管理系统应运而生，按照 Gartner Group 的定义，这就是 ERPⅡ 系统。根据 Gartner Group 的研究，企业需要在协作社区内为协作商务发布关键业务信息需求，这将会使得 ERPⅡ 逐步代替 ERP 系统成为企业内部和企业之间业务流程管理的首选。

4. ERPⅡ 系统的基本特征

按照 Gartner Group 的定义，ERPⅡ 系统包含六个基本特征：

（1）应用角色。

ERPⅡ 不仅服务于企业内部资源的优化和业务处理，而且利用利益社区内企业间协作运营的资源信息，参与整条价值链或电子商务的资源规划，使整条价值链最优化。

（2）应用领域。

ERPⅡ 的应用领域已经扩展到非制造业及政府部门，如金融业、服务性行业、高科技行业等，而 ERP 仅侧重于制造业和分销。

（3）系统功能。

在 ERP II 所涉及的行业领域中，其功能不仅包括传统的制造、分销和财务管理，还包括那些针对特定行业或行业段业务所要求的功能，如设备维护、工程项目管理、工厂设计等。

（4）系统流程。

ERP II 将系统流程从注重企业内部流程管理发展到外部联结。

（5）系统结构。

传统的 ERP 系统结构是封闭的单一整体，而 ERP II 系统结构是基于 Web、面向对象、扩展的、完全组件式的开放式系统。

（6）系统数据处理。

与 ERP 系统将所有数据存储在企业内部不同，ERP II 对分布在整个商业社区的业务数据进行处理，存储在企业内部的数据通过因特网进行发布，以便整个协作社区内能使用同样的信息。

从 ERP II 系统的特征可以看出，ERP II 除了系统结构与 ERP 不同之外，其特征都是 ERP 的延伸和扩展。系统结构的不同是由 ERP II 更加重视"协作商务"导致的。ERP II 强调未来的企业应更注重行业、专业的深度分工和企业间的交流，而不仅仅是企业业务流程的管理。因此，ERP II 的系统结构应该是开放的、动态的、集成的和组件的。

5.3.3.2 从 ERP 到 TEI

1. TEI 的起源

Gartner 在定义 ERP 的功能时提出两个集成，即：

- 内部集成（产品研发、核心业务和数据采集的集成）；
- 外部集成（企业与供需链上所有合作伙伴的集成）。

这个宏伟的设想，在当时有极大的前瞻性，但受技术条件和软件公司实力的限制一时还不可能全部实现。

20 世纪 90 年代，一些 MRP II 软件供应商在采纳 Gartner 公司最初对 ERP 提出的技术要求（如 4GL、RDBM、GUI、C/S 等当时比较领先的技术），增加了 Gartner 最初提出的一些外扩功能（如 EDI 接口、DRP、运输、仓库、设备、质量、实验室及项目管理、现场服务及维修管理，以及人力资源管理等）之后，为了适应时代潮流和商业目的的需要，就把已有的 MRP II 产品更名为 ERP。这种更名实质上并没有完全实现 Gartner 对 ERP 系统的基本定义和设想——"管理整个供应链"。20 世纪 90 年代以来出现的一连串的各种系统，实质上都是在实现 Gartner 最初对广义 ERP 定义的补充。

- 一类是实现产研发与生产制造集成的系统，如产品数据管理（product data management，PDM）和寿命周期管理（product lifecycle management，PLM）；
- 一类是实现企业内外业务集成的各种系统，如供应链管理、供应链事件管理（supply chain event management，SCEM）、供应商关系管理（supplier relationship management，SRM）、电子采购（e-procurement）、仓库管理系统

（warehouse management system，WMS）、客户关系管理（customer relationship management，CRM）、合作伙伴关系管理（partner relationship management，PRM）等。

而协同产品商务（collaborative product commerce，CPC）是一种跨上述两类系统的集成系统，可以看成互联网时代更大范围的"同步（并行）工程"。早期的同步工程往往限于 CAD 和 CAM，但是现在要求其扩大到与选择供应商和与客户沟通的同步，体现精益生产的精神。

事实上，这些系统是由不同公司开发的，功能是相互重叠、渗透的，你中有我，我中有你，没有极其明确的界线。这些系统有些虽然可以独立运行一时，但毕竟不是一个完整的"管理整个供需链"的系统。

最早的 ERP 系统软件公司如 SAP、ORACLE、Baan、PeopleSoft 等，侧重于事务处理；而最早的 SCM 系统软件公司如 i2 Technologies、Manugistics 等，侧重于整体计划（需求、分销、生产、运输）、预测方法、同步分析、决策和优化，在具体的事务处理方面还要依靠其他应用系统。

从它们的发展趋势来看，ERP 系统软件类公司已在强化整体计划、分析和优化的功能，向"整体套件"的方向发展，把 SCM 和 CRM 等系统的功能都囊括进来，以形成"一体化解决方案"。SCM 系统软件类公司开始做与 ERP 系统软件类公司的接口，然后逐渐强化自己的配套体系。这种"相向趋同"的现象，说明各种系统单独运行都不能覆盖企业的全部业务，最终必将日益趋同与整合，成为一个覆盖企业所有管理流程和供需链的大系统。这样的系统 APICS 称之为企业全面集成系统（total enterprise integration，TEI），Aberdeen Group 公司则称之为企业业务集成系统（enterprise business integration，EBI）。

2. TEI 的引入

客户和供应商要求整个供应链或价值链中信息的集成。制造企业要求整个企业战略和战术计划进行集成，使得企业中的员工能够沟通协调，更好地做出决策，以实现不断提高组织绩效的目标。

不断的竞争压力，使得制造商们尽管在内部制造成本增高的情况下还要不断降低价格。一种降低成本的方法是消除制造公司内部、公司与其供应商之间、公司与其客户之间由于缺乏沟通和协调造成的浪费。企业全面集成系统 TEI 正是集成了整个供应链中的信息和行为。它不仅是一种技术的集成，也包括人员沟通与合作，描绘了整合所有信息和完全支持一个制造企业与其供应链过程的全面集成。

TEI 的优势并不在于它的各个组成部分，它的各个组成部分已经产生了很久。TEI 的优势在于集成的优势：它创造了战略优势，而非仅仅提高运营绩效。TEI 是一种工作流程的智能优化，在保持适当的运营控制的前提下将工作流程职责降低，使得组织成员能够沟通协调，更好地做出决策。

TEI 是继 20 世纪 60 年代 MRP、20 世纪 70 年代 MRP Ⅱ 和 20 世纪 90 年代 ERP 后产生的第四代系统，集成了更多的功能。TEI 是覆盖企业所有管理流程和供应链的大系统，主要包括五个方面的集成，这种集成体现了 TEI 的本质特征。

（1）执行指导与支持。

TEI 能够在整个企业中提供集成的执行指导，提供集成的信息流使得决策更加准确。它通过企业的愿景和使命，直接指导企业发展战略（strategy）、市场营销（marketing）和融资计划（financial planing），战略又决定着销售和运营计划（sails & ops planning）。这一部分可以为其他子系统提供指导。

（2）客户管理集成。

客户集成是决定企业生存发展的一个关键因素。它围绕着客户展开，包括销售、客户服务、客户需求管理、仓库管理、物流运输管理等。

在 TEI 中对客户信息资源的整合过程，可以从以下两个方面体现：一是全面的营销支持，二是快速的订单生成。

TEI 系统要求销售人员无论在何处都有权利得到关于销售的所有数据。销售能力自动配置软件可以更好地帮助销售人员满足客户。它可以为销售人员提供的支持包括：

①更多更好的销售数据，特别是比较精确的有关客户购买机会、竞争威胁和客户服务问题等的数据。

②提供更好的案例讨论学习工具和销售分析学习工具。

③可以直接与订单管理、合同管理相连接，便于后期销售实现与管理。

④有更加畅通的渠道和客户、市场、服务、物流运输部门相联系。

整合的订单生成是客户驱动的供应链管理的基础。TEI 系统要求高效、快速、准确地处理每个订单。订单生成包括将客户需求纳入制造商视线的所有方式，包括供应商管理库存/连续补充计划、电子商务、人工录入订单，以及通过电话、传真、信件等方式接受客户订单。

（3）设计工艺集成。

在设计工艺集成中集中体现在并行工艺设计和产品数据管理两方面。

①并行工艺设计。

并行工艺设计涉及企业的多个部门，能够大大缩短设计时间，使得产品能投入市场，并可以减少制造成本，以增强企业产品的营利性。并行工艺设计将设计阶段分为概念设计、方案优化、试销、试产、生产、工程变更、跟进六个阶段，对每个阶段的目标与功能、需求信息、生成信息、参与者进行详细描述。

整个阶段是一个循环过程，从形成产品概念开始，提供样品由客户进行意见反馈，再对产品设计进行迭代修改，一些核心的设计团队贯穿于整个设计过程。

②产品数据管理。

产品数据管理 PDM 是为了实现产品研发与生产制造的集成，它在设计工艺集成中占有重要的地位。PDM 是为企业设计和生产构筑一个并行产品艺术环境（由供应、工程设计、制造、采购、销售与市场、客户构成）的关键使用技术。一个成熟的 PDM 系统能够使所有参与创建、交流、维护设计意图的人在整个信息生命周期中自由共享和传递与产品相关的所有异构数据。

PDM 就像一个面向对象的电子资料管理室，它能集成产品生命周期内的全部信息（图、文、数据等多媒体信息），实现产品生产过程的管理；它是一种管理软件，提供对数据、文档的更改和版本管理，还能对产品配置和工作流程进行管理；它在关系型数据库的基础上加上面向对象的层，是介于数据库和应用软件间的一个软件开发平台，在这个平台上可以集成或封装 CAD、CAM、CAE、CAPP 等多种软件和工具。

（4）制造集成。

制造集成是指现代集成制造系统（computer/contemporary integrated manufacturing systems，CIMS），最早是由美国学者哈林顿博士提出。CIMS 的基本出发点是：

①企业的各种生产经营活动是不可分割的，要统一考虑；

②整个生产制造过程实质上是信息的采集、传递和加工处理的过程。

CIMS 是通过计算机硬软件，并综合运用现代管理技术、制造技术、信息技术、自动化技术、系统工程技术，将企业生产全部过程中有关的人、技术、经营管理三要素及其信息与物流有机集成并优化运行的复杂的大系统。

制造业的各种生产经营活动，从人的手工劳动变为采用自动化的机械设备，并进而采用计算机是一个大的飞跃，而从计算机单机运行到集成运行是更大的一个飞跃。作为制造自动化技术的最新发展、工业自动化的革命性成果，CIMS 代表了当今工厂综合自动化的最高水平，被誉为"未来的工厂"。

（5）服务支持集成。

服务是指那些不直接和自制件或客户接触的，但对企业运营必不可少的功能，如财务会计、成本核算、人力资源和环境管理等。

3. TEI 的未来发展

未来 TEI 的发展在整体思想和体系上将支持以协同商务、相互信任、双赢机制和实时企业为特征的供应链管理模式，实现更大范围的资源优化配置，进一步降低产品成本，提高企业竞争力。

在软件产品功能上，TEI 将支持集团管理模式、客户关系管理、产品协同研发、敏捷制造、价值链管理、企业效绩评价、电子商务、物流配送、业务模式重组和系统集成等，满足企业未来发展的需要。

本章思考题

1. 如何给 ERP 进行定义？
2. ERP 是如何起源的？
3. 为什么说订货点法有缺陷？它到底需要哪些应用条件？
4. MRP 的基本思想是什么？
5. MRP 与订货点法的区别是什么？
6. MRP 需要哪些输入条件？输出什么结果？
7. 时段式 MRP 有哪些不足？
8. 闭环 MRP 有哪两层含义？

9. 如何解读闭环 MRP 的逻辑流程？

10. 制造资源计划 MRP Ⅱ 产生的基础是什么？

11. MRP Ⅱ 与闭环 MRP 的区别是什么？

12. MRP Ⅱ 管理模式的特点是什么？

13. MRP Ⅱ 的计划层次是怎样的？

14. MRP Ⅱ 有哪些优势特征？

15. 恰及时生产（JIT）的思想特点和目标是什么？

16. 约束理论（TOC）的观点是什么？

17. 精益生产（LP）的概念及特点是什么？

18. 敏捷制造（AM）的特点是什么？

19. 业务流程重组（BPR）的含义和实质是什么？

20. ERP 是如何吸纳多种管理理论而演变成型的？

21. MRP Ⅱ 的局限是什么？

22. ERP 和 MRP Ⅱ 的区别是什么？

23. ERP 的三大流是指什么？

24. ERP 的宗旨是什么？

25. ERP 是软件还是思想？

26. ERP 的功能标准是什么？

27. ERP 的核心理念是什么？

28. ERP 的管理思想主要体现在哪些方面？

29. ERP 的未来发展是怎样的？

6 生产类型与 ERP 运行环境

6.1 制造业生产类型与生产计划方式

我们生活在一个社会化大分工高度发达的时代，制造业已经成为现代文明的奠基石。田园牧歌式的生产生活方式离我们越来越远。

为了更好地研究和组织企业的生产过程，就需要按照一定的标准将工业企业划分为相应的不同类型，以便于根据不同的生产类型确定相应的生产组织形式和计划管理方法。

不仅如此，制造业还存在着不同的生产计划方式，以适应不同的市场需求。

6.1.1 制造业生产类型

6.1.1.1 生产类型的概念

生产类型是企业根据产品结构、生产方法、设备条件、生产规模和专业化程度等方面的情况，按照一定的标准所进行的分类。

生产类型是影响生产过程组织形式的主要因素，也是设计企业生产系统先要确定的重要问题。

6.1.1.2 不同分类标准的生产类型划分

面对形形色色的企业和各式各样的生产过程，如何识别它们各自的特征及其运行的规律？最好的办法是根据一定的分类标准，对不同的生产过程进行分类。在分类的基础上，可以对相同类型的生产过程进行相似的管理。

1. 按产品使用性能划分

（1）通用生产。

通用生产中，产品适用面广，需求量大，通常需要做销售预测计划，生产过程相对稳定。例如：符合国际标准或国家标准的螺丝钉、电池、轮胎的生产，就属于通用生产；符合国际标准或国家标准的电视机、电动自行车、相机镜头、电器插线板等家用电器，也属于通用生产的范畴。

（2）专用生产。

专用生产根据客户要求专门设计，需求量小，生产过程稳定性差，生产计划与生产过程的控制较复杂。例如：客户订制的一体化厨柜，需要符合客户房间的布局与尺寸；某商业大楼根据楼层要求订制的电梯；根据客户订制要求纯手工打造的机械表等，就属于专用生产的范畴。

2. 按生产连续程度划分

（1）流程型（连续型）。

流程型生产的特点是：工艺过程是连续进行的，不能中断；工艺过程的加工顺序是固定不变的，生产设施按照工艺流程布置；生产过程相对稳定，但必须确保每个生产环节的正常运行，否则全线停产；劳动对象按照固定的工艺流程连续不断地通过一系列的设备和装备被加工处理成为成品。

具体来说，就是在计划期内连续不断地生产一种或很少几种产品，生产的工艺流程、生产用设备以及产品都是标准化的，车间和工序之间没有在制品储存。化工、炼油、造纸、制糖、水泥生产等是流程型生产的典型；不能停电的吹塑厂、丝纺厂也是典型的流程型生产企业。

流程型生产的管理特点是保证连续供应原料和确保每一个环节在工作期间必须正常运行。因为任何一个生产环节出现故障，就会引起整个生产过程的瘫痪。由于产品和生产工艺相对稳定，流程型生产有条件采用各种自动化装置实现对生产过程的实时监控。

（2）离散型（加工组装型）。

离散型生产又称为加工装配型生产，特点是：它的产品是由多重零部件构成的，各个零部件的加工过程彼此是独立的，所以组成整个产品的生产工艺是离散的，制成的零件通过部件的装配和总装配最后成为成品。

具体来说，就是生产中投入的各要素是间断地投入，设备和运输工具能够适应多品种加工的需要，车间和工序之间具有一定的在制品储存，最后由零部件总装而成，其特点是需要控制零部件的加工进度、齐套性，生产管理较为复杂，如机械制造、电子制造、设备制造、汽车制造等行业均属于此类型。

加工装配型生产管理，除了要保证及时供应原料和零部件的加工以外，重要的是要控制零部件的生产进度，保证生产的成套性。如果在生产的品种、数量不成比例和不配套，只要缺少一种零件就无法装配出成品来。另外，如果在生产进度上不能按时成套，那么由于少数的生产进度延期，必然会延长整个产品的生产周期和交货期。

离散型是应用 ERP 的典型生产类型，目前我国应用 ERP 的企业也多以离散型为主。ERP 在离散型生产中具有广泛的适用性，不仅适用于多品种中小批量生产，而且适用于大量大批生产；不仅适用于制造企业，而且适用于某些非制造企业。

离散型和流程型生产类型最根本的区分在于是否有半成品的留存。

（3）混合型。

为了适应现代市场迅速响应的需要，有些离散型企业内部会采用部分流程型生产的方式，以提高工效。

例如机械加工业中采用的流水线加工，虽然本质上仍然属于逐渐装配的离散型，但由于管理过程中将流水线视作一个连续加工的过程，兼具流程型生产的特点。汽车制造过程本来是明显的离散型制造，但随着自动化程度的增加，汽车生产已由纯离散型发展到支持流程型生产线的混合型生产方式。汽车的自动喷漆车间全部由自动化设备操作，中途没有人工干预，中间的过程也是连续进行的，具备流程型生产的特点。这些包含有流程型特点的离散型生产，称为混合型。

★实例：

花椒籽油的生产属于流程型还是离散型？

重庆市四面山花椒开发有限责任公司是具有竞争实力的综合型农工商企业，主要从事花椒产业、精深加工、商贸等，已形成"公司+基地+业主农业"的产业化一条龙，贸科工农一体化格局，是重庆市农业产业化、农业综合开发双龙头企业。

花椒籽油是以花椒的副产物花椒籽为原料，应用仁壳分离、现代冷浸制油和精炼技术精制而成，富含人体不能合成的必需脂肪酸，是一种食用价值较高的食用植物油。产品销售包装材料符合食品卫生规定，密封完好，定量准确，包装精美。

那么，花椒籽油的生产属于流程型还是离散型？

3. 按生产稳定性与重复性或工作地专业化程度划分

（1）大量生产。

产品品种少，产品数量大，生产稳定，生产追求连续性，每个工作地固定地不断重复完成一道或者少数几道工序，工作地的专业化程度很高。

如螺丝、轴承、量具等标准件，还有家电、汽车行业等行业属于此类型。

（2）成批生产。

成批生产的对象是通用产品，生产具有重复性。它的特点是生产的品种较多，产量中等，要求均衡生产。工作地为成批地、轮番地进行生产，一批相同零件加工结束之后，调整设备和工装，再加工另一批其他零件。

如陶瓷厂在生产日用陶瓷时，可能一段时间里用模具成批生产一种规格样式，过一段时间因为市场需求的变化而采用另一套模具生产另一种规格样式。除此之外，服装生产、箱包生产、图书出版等行业也是只生产一定数量某类产品，随时可能根据市场需求而变换规格样式。

成批生产的工作地专业化程度和连续性都比大量生产低。成批生产又可以根据产品的生产规模和生产的重复性分为大批、中批和小批生产。大批生产接近于大量生产，有大量大批之称；小批生产接近于单件生产，有单件小批之称。

（3）单件生产。

单件生产的特点是产品对象基本是一次性需求的专用产品，一般不重复生产。因此生产品种繁多，生产对象在不断地变化，生产设备和工艺装备必须采用通用性的，工作地的专业化程度很低。因此品种多、产量小为其主要特点，但设备多为通用，要求采用柔性制造技术。

例如：某城市广场中地标性雕塑的建造、泰坦尼克号邮轮的建造等都属于单件生产。

4. 按产品需求特性（接受任务方式）划分

（1）订货生产。

订货生产根据用户提出的具体订货要求进行产品设计、生产，生产出的各种产品在品种、数量、质量和交货期等方面都是不同的。因为是按照合同规定立即向用户交货，所以基本上可以消灭库存。生产管理的主要任务就是抓住交货期，保证产品的如期生产。

（2）备货（存货）生产。

根据市场情况预测生产计划，产品可能会有较大的库存量。

在对市场需求量进行科学预测的基础上，企业有计划地组织生产。这种生产方式会伴随着库存的出现，管理的重点是抓住产、供、销之间的衔接，防止库存积压和脱销。备货（存货）生产要求按"量"组织生产过程中各个环节之间的平衡，以便于保证生产计划的顺序完成。

5. 按生产工艺特点划分

（1）合成型。

合成型生产企业将不同的零件装配成成套产品或将不同成分的物质合成一种产品，如汽车厂、机床厂、水泥厂、化肥厂或纺织厂等。

（2）分解型。

分解型生产企业将原材料经过加工处理后生成许多种产品，如石油化工企业或焦化厂等。

（3）调制型。

调制型生产企业通过改变加工对象的形状或性能而制成产品，如炼钢厂、橡胶厂、电镀厂或热处理厂等。

（4）提取型。

提取型生产企业是从矿山、地下或海洋中挖掘提取产品的企业，如矿山、油田或天然气工业等。

需要注意的是：按照生产工艺特点划分生产类型并不是绝对的，一个企业可以并存上述中的几种类型。

例如：石油化工厂既裂化分解出各种类别的油，又生产合成纤维，兼具合成型和分解型企业的类型特点；而汽车装配厂既有合成型又有调制型企业的类型特点。

6. 改变生产类型的途径

（1）问题的提出背景。

工业企业的产品品种繁多，有的产品需要量很大，有的产品需要量不大或者很少。

随着国民经济的发展和科学技术的进步，市场上会不断涌现出更多的新品种。其中除了一部分产品需要大量生产之外，仍有一部分产品需要进行单件生产和成批生产。

因而，不论何时，单件生产、成批生产和大量生产在客观上都是必不可少的。但是，在满足国民经济需要和发展品种的前提下，企业采取某些相应的技术组织措施，也可以改变生产类型，达到提高生产率的目的，变单件生产为成批生产，变成批生产为大量生产，从而为提高经济效益创造必要的条件。

（2）改变生产类型的途径（管理变革+技术创新）。

①积极发展生产专业化协作，减少企业承担的产品和零部件种类数，增加同种类零部件的产量。

②改进产品设计，加强标准化工作，扩大产品系列化、零部件通用化和标准化的范围。

③提高工艺加工水平，推行成组技术，以便于增加零部件的生产批量。

④采用由计算机程序控制的加工设备和各种数控机床，如简易数控机床、多功能数控机床和带加工刀具库的数控机床等先进设备，建立柔性制造系统。

⑤组织同类型零部件集中生产，加强生产计划工作，合理搭配品种，减少同期生产的品种数量，扩大批量。

6.1.2　生产计划方式

制造业的不同生产计划方式对企业生产管理基本数据的要求和对管理功能的要求均有所不同。

6.1.2.1　生产计划方式的分类

一般来说分为以下四种生产计划方式：

1. 面向订单设计

面向订单设计（engineer-to-order，ETO）方式是指接受客户订单以后，将客户需求进行定义并设计产品。

首先定义产品规格，然后开发物料清单，订购所需物料并保留生产能力。整个交货提前期包括设计时间、物料采购时间和生产时间。

这种生产计划方式主要用于高度客户化的订单，如水电站的大型发电机。

2. 面向订单生产

在面向订单生产（make-to-order，MTO）的方式中，产品的设计工作已经完成，而生产用的物料尚未订购。

在此环境中销售量通常较小，而客户则必须等待进货和生产所需的时间。全部交货提前期包括物料采购时间和生产时间。

3. 面向订单装配

面向订单装配（assmble-to-order，ATO）是指在生产的最后阶段，用库存的通用零部件装配满足客户订单需求的产品。

4. 面向库存生产

面向库存生产（make-to-stock，MTS）指的是在收到客户订单以前，已经开始生产。典型的情况是，产品放在仓库里等待客户订单。

这种情况下，交货提前期短，通常销售量也很大。

6.1.2.2 不同产品生命周期生产计划方式的选择

每种计划方式都跟产品生产计划的时间和方式有关。产品的复杂性、客户愿意等待的时间以及销售量，决定了采用哪种生产计划方式最合适。

一个企业可能存在几种不同的生产计划方式。事实上，每种产品都可能有不同的生产计划方式。对于同一个企业和同一种产品，生产计划方式也可能随时间变化而变化（见表6.1）。

表 6.1 不同产品生命周期生产计划方式的选择

产品生命周期	生产计划方式	生产部门关心	市场部门关心	设计部门关心
产品投入期	面向订单设计 面向订单生产	找出生产的最佳方法	产品打入市场的方法	产品规格
产品增长期	面向订单装配	扩充生产能力、对客户订单的响应能力	加强竞争和扩大市场	改进产品性能
产品成熟期	面向库存生产	降低生产成本和缩短生产时间	保持市场占有率、调价、增加销售渠道	降低产品消耗和寻找更有效的生产方法
产品衰退期	面向订单生产	给少量产品合理分配生产资源	淘汰这种产品的时间和方式	为旧产品提供服务和开发新产品

1. 产品投入期

生产计划方式通常从面向订单设计或面向订单生产形式入手。在这个时期内，生产部门关心的是找出生产产品的最佳方法，市场部门关心的是让产品打入市场的方法，工程设计部门关心的是产品规格。

2. 产品增长期

需求不断增长，在保持较低库存的情况下，为了完成销售目标和改善对客户的服务质量，生产计划方式应当转换成面向订单装配。这使计划具有灵活性，而且能够缩短对客户订单的响应时间。在增长期，生产部门关心的主要是扩充生产能力和对客户订单及时做出反应，市场部门关心的是加强竞争和扩大市场，工程设计部门关心的是改进产品性能。

3. 产品成熟期

在产品成熟期，要求随时可以把产品发给客户。在这个阶段，客户不愿意等待很长时间，面向库存的生产计划方式最适合这种要求。此阶段生产部门关心的是降低生产成本和缩短生产时间；市场部门关心的是保持市场占有率，根据市场情况调价和增加销售渠道；工程设计部门关心的是降低产品消耗和寻找更有效的生产方法。

4. 产品衰退期

客户对产品的需求减少。在这种情况下，多采用面向订单生产的生产计划方式。这个阶段，生产部门关心的是给少量的产品合理分配生产资源，市场部门关心的是淘汰这种产品的时间和方式，工程设计部门关心的是为旧产品提供服务和开发新产品。

对于许多企业来说，生产计划方式随时间而改变，这和产品的生命周期长短有关。企业必须知道自己的产品处于生命周期的哪个阶段，以便决定何时改变生产计划方式。这种改变发生时，企业需要修改操作数据、计算机系统功能和人的工作方法。

6.2　ERP 运行的数据环境

6.2.1　物料主文件

1. 物料的概念

在 ERP 运行的数据环境中，物料是所有产成品、半成品、在制品、原材料、外协件等可以通过命名加以区分的物品的总称。物料编码在 ERP 系统中是由物料主文件来存储的，物料主文件也叫物料代码文件（库），用来在 ERP 系统中存储物料的各种基本属性和业务数据。

2. 物料主文件

（1）物料主文件的概念与作用。

物料主文件是指标识和描述用于生产过程中的每一物料的属性和信息，其数据项有物料代码及其管理控制的相关信息的数据文件。

物料主文件包括了每一物料的信息，从原材料到采购件，从半成品到最终产品。物料标识似乎是项简单的工作，但在 ERP 实施中却是源头的基础性工作，直接涉及 ERP 系统的设计问题。物料主文件包含了与物料有关的基本数据，如物料编号、物料的中文英名称、物料的计量单位及转换因子、物料的设计文件编码、替代物料、物料规格参数、替代物料等。

（2）ERP 中物料编号的最基本原则。

物料代码是物料的标识，是对每种物料的唯一编号。我们可以参照前述章节中的物料编号方法和原则进行物料编号。一般而言，在 ERP 中物料编号应遵循的最基本原则是：

①每项物料应有唯一的物料代码（唯一性），企业内不同的部门（包括生产、设计、财务、库房、销售等部门）、不同的分厂均应该统一。

②物料编号要简明，不要太长（大多数情况下控制在 20 位以内）。

③物料编号只是标识符而不是描述符。虽然根据物料编号"易记性"的原则，物料编号应该有易于人类理解的特性；但在使用 ERP 现代计算机系统的前提下，计算机软件仅仅把物料编号作为唯一标识，所以物料编号在完成之后，只是标识符而不是描述符。

3. 物料主文件应该包含的信息

物料主文件的信息是多方位与多角度的，基本涵盖了企业物料管理活动的各个方面。各种 ERP 软件的物料主文件的内容不尽相同。一般来说，物料主文件含有以下信息：

（1）物料的技术资料信息。

这类信息提供物料的有关设计及工艺等技术资料，如物料名称、品种、规格、型号、图号/配方、计量单位（基本计量单位与默认计量单位）、默认工艺路线、单位重量、重量单位、单位体积、体积单位、设计修改号、版次、生效日期、失效日期及组成工艺码等。

（2）物料的库存信息。

此类信息提供物料库存管理方面的信息，如物料类型（制造、采购、外加工、虚拟件等）、库存单位、ABC码、物品库存类别、批量规则、盘点周期、最大库存量、安全库存量、默认仓库、默认货位、物品容差、批次管理（T/F）、单件管理（T/F）及限额领料标志（T/F）、是否消耗件（如图纸可以设置为产品结构的非消耗件）等。

（3）物料的计划管理信息。

该类信息涉及物料与计划相关的信息，在计算主生产计划（MPS）与物料需求计划（MRP）时，首先读取物料的该类设置信息，如计划属性（MPS、FAS、MRP、订货点等）、需求标志（相关需求和独立需求）、需求时界、计划时界、低层码、工艺路线码、提前期等。

（4）物料的采购管理信息。

这类信息用于物料采购管理，如订货点数量、订货点补充量（订货批量）、主供应商、次供应商及供应商对应代码、来源类型（自制或外购）、采购与存储的计量转换系数、损耗率、分类码、存放位置、安全库存量、订货策略等。

（5）物料的销售管理信息。

此类信息用于物料的销售及相关管理，主要有信用周期、信用额度、物品销售类型、销售收入科目及销售成本科目等。

（6）物料的财务信息。

该类信息涉及物品的相关财务信息，一般包括物品财务类别（财务分类方法）、增值税代码、标准成本、计划价、计划价币种、成本核算方法等。

（7）物料的质量管理信息。

物料还必须有质量管理信息，一般有检查标志（T/F）、检查方式（全检、抽检）、批号、最长保存期等。

物料编码（物料属性）的内涵是否丰富以及是否对各类行业物料有一定的包容性，在一定程度上可以反映某一 ERP 系统是否有很强的生存力，是否可取得广泛的应用范围。

6.2.2　物料清单

1. 物料清单的概念

物料清单（bill of material，BOM）是产品结构文件，它不仅要罗列某一产品的所有构成项目，同时也要指出这些项目之间的结构关系，即从原材料到零件、组件，直到最终产品的层次隶属关系。

物料清单建立了成品和其他部件之间的父子关系，这些部件需要先在物料主文件中进行定义。物料清单是物料需求计划的基础，使用成本管理、物料需求计划等模块时均要使用到物料清单。

流程型企业的 BOM 多为配方，离散型企业的 BOM 则为产品结构树。

（1）单位用量（quantity-per，QP）。

单位用量是指生产一个单位父件所需消耗的子件数量。

（2）损耗率（scrap rate）。

某个子件在制造某个父件的过程中，变成不良品的概率。同一子件用来生产不同父件时可能有不同的损耗率。比如，铁棒加工为圆柱时，因工艺简单而损耗率小；但加工为方柱时，因工艺复杂可能导致损耗率较大。

2. 物料清单的特点

（1）零件清单不是 BOM（它未表明构成产品与零件之间的层次关系），只表明了某部件需要用到哪些部件，用多少，看不出构成的层次关系。

（2）物料清单体现了产品结构中的层次关系。

（3）物料清单存在单级 BOM（简单装配，多用于物流配送、维修等）和多级 BOM（复杂装配，多用于生产制造）。

（4）物料清单中的数据项，可用于描述产品的结构比例，比如某物料的一个父件需要由几个子件构成。

3. 虚项（虚拟品）

虚项也叫虚拟品，是简化物料清单的一种工具。它使物料清单既能平滑地工作，又能满足每个用户的需求；既能使物料清单准确地反映产品的制造方法，又有助于简化物料清单的结构。

使用虚项的几种情况：

（1）用来标识通常不入库，但偶尔入库的物料项目。

（2）标识一组不可能装配在一起的零件，以使得物料清单的结构更清晰（比如产品说明书）。

（3）标识一种预测和主生产计划处理的对象（部件级订货）。

（4）实现物料清单中对某种物料的用光替换策略。比如某电动自行车，可以使用同型号不同品牌的两种电池，那么可以在定义此电动自行车的物料清单时，定义电池为虚项，在后期实际生产时再根据需要指定具体装配哪一种电池。

6.2.3 加工基础数据

6.2.2.1 工艺路线（加工路线）

1. 工艺路线的概念

工艺路线（routing）是说明各项自制件的加工顺序和标准工时定额的文件，是多个工序的序列，也称为加工路线。

工序是生产作业人员或机器设备为了完成指定的任务而做的一个动作或一连串动作，是加工物料、装配产品的最基本的加工作业方式，是与工作中心、外协供应商等位置信息直接关联的数据，是组成工艺路线的基本单位。例如，一条流水线就是一条工艺路线，这条流水线上包含了许多的工序。

在传统的 ERP 系统中，工艺路线是生产加工、装配中的概念。实际上，工艺路线的概念应该扩展延伸到管理过程。管理工作，或者管理作业，应该像生产作业那样，制定规范的作业流程，明确每项活动的时间定额和费用、每项活动涉及的工作中心等。

工艺路线是一种计划文件，主要说明加工过程中的工序顺序和每道工序使用的工作中心、各项时间定额（如准备时间、加工时间和传送时间，包括排队时间与等待时间）及外协工序的时间和费用等生产资源类计划信息。

工艺路线文件主要包括如下数据项：工艺路线编码、工艺路线名称、工艺路线类型、制造单位、物料编码、物料名称、工序编码、工序名称、工作描述、所使用的工作中心编码、是否外协、外协工序的时间和费用、各项时间定额（如准备时间、加工时间、传送时间、等待时间、固定机时、变动机时、固定人时、变动人时等）、替换工作中编码、生效日期、失效日期和检验标志等。

编写工艺路线的过程包括确定原材料、毛坯；基于产品设计资料，查阅企业库存材料标准目录；依据工艺要求确定原材料、毛坯的规格和型号；确定加工、装配顺序即确定工序；根据企业现有的条件和将来可能有的条件、类似的工件、标准的工艺路线和类似的工艺路线以及经验，确定加工和装配的顺序；根据企业现有的能力和将来可能有的条件，选定工作中心；基于尺寸和精度的要求，确定各个作业的额定工时等。

工艺路线和工序不是一成不变的，而是随着生产类型、技术进步、产品发展和员工素质的不断提高而变化的。

2. 工艺路线的作用

工艺路线是一种关联工作中心、提前期和物料消耗定额等基础数据，实施劳动定额管理的重要手段。从性质上来讲，工艺路线是指导制造单位按照规定的作业流程完成生产任务的手段。

在 MRP 中，可以根据产品、部件、零件的完工日期、工艺路线和工序提前期，计算部件、零件和物料的开工日期，以及子项的完工日期；在 CRP 中，可以基于工序和工艺路线计算工作中心的负荷（消耗的工时）。因此，工艺路线也是计算工作中心能力需求的基础。根据在每一道工序采集到的实际完成数据，企业管理人员可以了解和监视生产进度完成情况。

工艺路线提供的计算加工成本的标准工时数据，是成本核算的基础和依据。工艺路线如果没有与具体的物料加工关联，则这种工艺路线就是标准的工艺路线。一般情况下，工艺路线是与具体的物料加工关联在一起的，这样才能有准确的提前期数据。因此，工艺路线数据包括了加工的物料数据。

（1）计算加工件的提前期。

工艺路线根据工艺文件的准备时间、加工时间和传送时间计算提前期，提供运行 MRP 的计算依据。

（2）提供能力需求计划（CRP）的计算数据，平衡各个工作中心的能力。

工艺路线文件说明了各个工作中心的工时定额，可用于工作中心的能力运算。

（3）用于加工成本的计算。

工艺路线提供了计算加工成本的标准工时数据，可以根据工艺文件的工时定额（外协费用）及工作中心的成本费用数据计算出标准成本。

（4）跟踪在制品。

工艺路线可以根据工艺文件、物料清单及生产车间、生产线完工情况，生成各个工序的加工进度的整体情况，以及对在制品的生产过程进行跟踪和监控。

6.2.2.2 工作中心

1. 工作中心及其构成

工作中心是用于生产产品的生产资源，包括机器、人和设备，是各种生产或能力加工单元的总称。一个工作中心可以是一台设备、一组类型功能相同的设备、一条自动化生产线、一个或多个作用基本相同的作业场地或者是某种生产单一产品的封闭车间、一个或多个类型基本相同的生产作业人员班组，也可能是这些人员设备和场地的组合。工作中心是一种基本的生产作业手段，也就是说，它是一种生产作业单元。这是工作中心的本质特点。

在 ERP 系统中，工作中心既是一种基本的生产作业手段，也是一种基本的生产作业组织，还是一种生产作业的管理方式。在整个生产作业过程中，工作中心是改变或计量物料的物理形状、化学性质和空间位置的主要手段。从这个意义上来看，工作中心可以是一台或多台机器设备、仪器仪表或运输工具。不过，基于工艺路线、作业计划以及成本核算的要求，一个工作中心只能是一种功能基本相同的生产作业单元，不应该是多种不同功能的作业手段的混合。

一般情况下，工作中心的数据包括基本数据和能力数据。基本数据包括工作中心编码、工作中心名称、工作中心的物理位置、工作中心所属的组织（班组、工段、车间和分厂等）和工作中心所属的成本中心等。工作中心能力数据包括同种功能的设备的数量、每一台机器设备每个工作日的标准工时、机器设备的作业效率、工作中心作业人数、每个人每日的标准作业工时以及作业人员的平均技术等级等。

除此之外，工作中心还可以反映成本范畴的概念。工件每经过一个工作中心就发生费用，产生成本，这可以通过工作中心的成本数据和工艺路线中相应的工时定额来计算。表 6.2 是一个工作中心的记录表，体现了该工作中心的编码能力，以及经过该工作中心的三个加工订单的相关信息（加工的优先级、加工订单的编号、加工数量、每件标准工时等）。

表 6.2　工作中心记录表

工作中心编码：0200101

车间：02　部门：XYZ　工作中心类型：加工中心　　能力：1500

优先级	订单编号	数量	每件标准工时	合计工时
0.5	AAA	100	0.5	50
0.8	BBB	1 000	0.5	500
1.2	CCC	1 000	2.0	2 000

在工艺路线文件中，一道工序或多道工序对应一个工作中心，经过工作中心加工的物品要发生加工费用，产生加工成本，因此，可以将一个或多个工作中心定义为一个成本中心。

2. 工作中心的划分

工作中心是一种基本的生产作业组织，也就是说，它是一种生产作业组织单元。一般情况下，生产作业由人通过生产作业手段来完成，工作中心也包括了生产作业人员。即使是高度自动化的流水加工或装配线、机器人和数控加工中心设备，也离不开编程人员、控制人员和操作人员。从组织的角度来看，工作中心既可以是一个作业人员，也可以是多个作业人员；既可以是生产作业班组，也可以是生产作业的工段、车间；甚至还可以是分厂。当然，生产作业组织单元过粗或过细都是不合适的。如果生产作业组织单元过粗，势必包含多种功能不同的作业手段，这样很难充分发挥生产作业组织的能力，生产作业计划也很难达到准确和精细的程度；如果生产作业组织单元过细，则可能使得生产作业计划经常处于不稳定状态。生产作业组织单元的大小应该与企业的工艺布局相关，对于按照工艺布局生产的企业，由于功能相同的机器设备布置在相同的位置，这时生产作业组织单元可以适当大一些。对于那些按照产品布置工艺设备的企业，生产作业组织单元应该小一些。

工作中心是一种生产作业的管理方式，甚至可以说，工作中心是一种基于ERP 系统的管理单元。工作中心在完成一项作业任务的同时也产生了作业成本。从管理的角度来看，工作中心是生产作业计划任务中的执行单元，是生产作业成本的核算单元，是生产作业数据的采集点。工作中心划分得越精细，成本核算单元就可以越精细。

3. 工作中心确定的原则

工作中心的合理性是实现 ERP 系统管理的重要内容。为了合理地确定工作中心，应该遵循下面的原则：

（1）按照企业机器设备的合理布局，确定工作中心。

（2）工作中心应该尽可能地细化。

（3）按照机器设备的功能相同或相似性，可以把这些机器设备合并成一个大的工作中心。

（4）生产作业班组应该按照工作中心来设置，可以考虑把工作中心作为一级组织来管理。

物料管理及 ERP 应用原理与实施

4. 工作中心的内容

（1）说明生产能力的各项数据。

工作中心的定额能力＝每日工作班次数×每班工作小时×工作中心效率×

工作中心利用率（工时／日）

利用率＝实际投入工时数÷计划工时数

效率＝完成定额工时数÷实际投入工时数

（2）计算成本用的各项数据。

如单位时间的费率、工人人数、等级等。

5. 工作中心的作用

（1）作为平衡任务负荷与生产能力的基本单元。

（2）作为车间作业分配任务和编排详细进度的基本单元。

（3）作为计算加工成本的基本单元。

6. 工作中心的类型

（1）并行（分散）作业。

此类工作中心相当于一个相同加工工序的群组，如车床组、钳工班等，作业特点是物品在该工作中心的加工可以由该工作中心的任意一个加工单元完成（见图 6.1）。

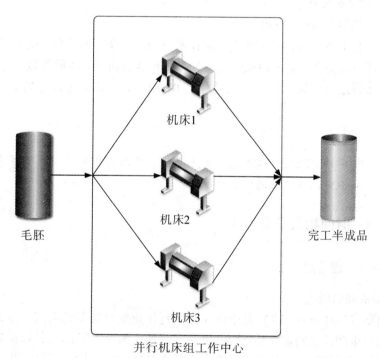

并行机床组工作中心

图 6.1 并行（分散）作业

（2）流水作业。

此类工作中心的作业采用流水式作业，即类似流水线一样，有加工先后顺序，产品在该工作中心的加工工时即为占用该工作中心的工作时数（见图 6.2）。

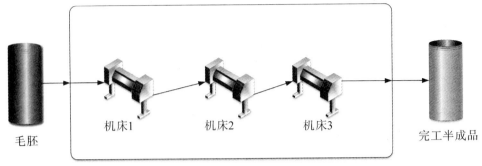

毛胚　　　　　机床1　　　　机床2　　　　机床3　　　　完工半成品

流水机床组工作中心

图 6.2　流水作业

7. 关键工作中心

（1）关键工作中心的概念。

关键工作中心（critical work center）在 ERP 系统中是专门进行标识的，关键工作中心有时也称为瓶颈工序（bottleneck），是运行粗能力计划的计算对象。

约束理论（theory of constraints，TOC）指出关键或瓶颈资源决定产量，这也是 ERP 系统的主生产计划进行粗能力计划（平衡）的依据。

（2）关键工作中心的特点。

①经常加班，满负荷工作。

②操作技术要求高，要求工人工作技术熟练，短期内无法自由增加工人。

③使用专用设备，而且设备昂贵，如多坐标数控机床、波峰焊设备等。

④受多种限制，如短期内不能随便增加负荷和产量（通常受场地、成本等约束）。

★注意：

关键工作中心会随着加工工艺、生产条件、产品类型和生产产量等条件而变化，并非一成不变，不要混同于重要设备。

6.2.4　时间相关信息

6.2.4.1　提前期

1. 提前期的概念

提前期（lead time，LT）是指作业开始到作业结束花费的时间，是设计工艺路线、制订生产计划的重要基础数据之一。例如，某个产品的交付提前期是指从作为开始时间的签订订单日期至向客户交付产品的日期之间的时间。提前期的概念体现了对最终结束时间的重视。有时也把提前期称为作业时间或作业工时。如果把提前期称为工时，则体现了对作业开始至作业结束这一段时间长度的重视。从本质上来讲，提前期管理是对生产作业和管理作业的量化管理形式。

因而，任一物料项目从完工日期算起倒推到开始日期这段生产周期，称为提前期。提前期的概念主要是针对"需求"而提出的，例如，要采购部门在某日向生产部门提供某种采购物料，则采购部门应该在需要的日期之前就下达采购订单，否则就不可能即时提供给生产部门，这个提前的时间段就是提前期。

2. 提前期的分类

对整个生产周期而言，提前期可分为设计提前期、采购提前期、加工提前期、装配提前期等，总计称为总提前期。

（1）生产准备提前期。

生产准备提前期是从生产计划开始到生产准备完成（可以投入生产）的时间段。

（2）采购提前期。

采购提前期是采购订单下达到物料完工入库的全部时间。

（3）生产加工提前期。

生产加工提前期是生产加工投入开始（生产准备完成）至生产完工入库的全部时间。

（4）装配提前期。

装配提前期是装配投入开始至装配完工的全部时间。

（5）累计提前期。

累计提前期是采购、加工、装配提前期的总和。

（6）总提前期。

总提前期是指产品的整个生产周期，包括产品设计提前期，生产准备提前期，采购提前期，加工、装配、试车、检测、发运的提前期总和。

一般在 ERP 系统中，提前期是在物料代码中进行维护的，采购件要设置采购提前期，而加工件则需要设置加工提前期。累计提前期是根据物料清单的结构层次，由系统自动逐层滚动累加而生成的。

ERP 系统在编制生产计划时，最为常用的提前期为生产提前期和采购提前期。企业生产提前期与企业的实际生产能力密切相关，为此可以通过使用企业的生产能力数据，来对生产提前期进行核算；对于采购提前期而言，无法使用企业内部的能力数据进行核算，为此需要对历史采购数据进行分析，从而获得一个较为合理的采购提前期。

（7）工序提前期。

生产加工通常由多项工序组成。工序提前期是指工序从进入工作中心到离开工作中心所花费的时间。工序提前期又称为工时。一般情况下，每一个作业的工时由多种不同的时间段组成。这些时间段包括排队时间、准备时间、加工时间、等待时间和移动时间等。这些时间段的单位通常是秒、分和时等。

①排队时间（queue time）。

排队时间是指一批零件在工作中心前等待上机加工的时间。

②准备时间（set-up time）。

准备时间是熟悉图样及技术条件，准备工具及调整的时间。

③加工时间（run time）。

加工时间指在工作中心加工或装配的时间。

④等待时间（wait time）。

等待时间指加工完成后等待运往下一工序或存储到库房的时间。

⑤传送时间（move time）。

传送时间指工序之间或工序至库位之间的运输时间。

通常把与加工件数有关的提前期称为变动提前期，如加工时间；与加工件数无关的称为固定提前期和准备时间；采购、加工、装配提前期的总和称为累计提前期。

★注意：

由于批量、生产能力、作业进度安排等发生变化，提前期也会变化。

6.2.4.2　计划展望期

计划展望期（planning horizon）是指计划的时间跨度，为了控制产品生产的全过程，提高计划的预见性，它必须大于产品的累计提前期。在传统管理中，企业没有按不同产品来分别设置不同的计划期。但不同产品的累计提前期是不同的，各自的计划展望期也应有所区别。在 ERP 系统中，各产品的计划展望期一般是在物料主文件中定义的，按不同产品设置不同的计划展望期，而不是一个统一的时间长度，这是 ERP 计划方式与传统计划管理的一个主要不同点。

6.2.4.3　制造日历（工作日历、工厂日历）

如果把日期作为一种资源，那么，制造日历是一个基于日期的能力需求计划。制造日历是一种明确标示工作日期、休息日期的日历，有时也称为工作日历。工作日历也叫工厂日历（shop calendar），包含各个生产车间和相关部门的工作日历，并在日历中标明了生产日期、休息日期和设备检修日，这样在进行 MPS 运算和 MRP 运算时系统就会避开休息日。

工厂日历是用于生产与库存管理的日历，它将工作天数加以连续编号，以便排程时只考虑工作日，避开休息日和设备检修日。MRP 采用分期间的规划方式，它将连续的时间分成不连续的区段单位，称为时段（time bucket）。时段长度依照行业特性而定，通常为周或日，如编号周历（numbered-week calendar）、编号日历（numbered-day calendar）。编号周历以 00 至 99 循环使用；编号日历以 000 至 999 循环使用。在 MRP 系统中，一般以日为系统内部计算的时段长度，报表中则以周为期长（period length）呈现。计划期间（planning horizon）是 MPS 或 MRP 所涵盖的总时间，至少要包括所有完成品所需的采购、制造等的累计提前期，其长短与行业相关，依实际确定。

工作日历的一般结构包含车间代码、工作中心代码、日期、年度、日期状态（工作、休息、停工）等，见表6.3。

表 6.3 工厂日历的简化描述

车间代码：WS28　　　　　　　　工作中心代码：CT03

会计期间	具体日期	日历编码	星期	工作状态	备注
2001.03	2001.03.25	012	日	休息	可以安排加班
	2001.03.26	013	一	工作	二班
2001.04	2001.03.27	014	二	工作	三班倒
	2001.03.28	015	三	工作	
	2001.03.29	016	四	工作	
	2001.03.30	017	五	工作	
	2001.03.31	018	六	休息	可以安排加班
	2001.04.01	019	日	休息	可以安排加班
	2001.04.02	020	一	工作	
	2001.04.03	021	二	工作	
	2001.04.04	022	三	工作	

6.2.5　库存与物料相关数据

6.2.5.1　库存状态

库存状态（inventory status）是指材料的在库量、在途量和保留量，用于说明各物料现有库存余额、安全库存量、未来各时区的预计入库量和已分配量。在 MRP 计算过程中，通过 BOM 展开算出任意一个材料的需求时，我们所得到的是总需求。当该材料有库存时，总需求并非真正的需求，将总需求减掉库存才会得到净需求。因为物料需求计划是分期间的规划方法，因此在库量、在途量和保留量都要考虑。

（1）在库量（on-hand inventory，OH）。

在库量指执行 MRP 时正在仓库中的库存量。

（2）在途量（scheduled receipts，SR）或（on-order inventory，OO）。

在途量指在未来某一时间将会取得的量，又称为"已开订单量"或"已订未交量"，是一种未来的库存，在该交货期期末视为可用量。当上次 MRP 运行后，计划员参照其建议发出实际生产或采购指令，指令中某物料的收料情况将作为输入信息出现在下次 MRP 的相应 SR 栏目中，即对某期将要达到的库存，必须记录其收料日期及数量。

（3）保留量（allocated inventory，AI）。

保留量是用来表示已被指定用于某个已发出的制令单、外包单或调拨单，预定从仓库领出但实际尚未领出的数量。虽然在库量中包括该保留量，但该保留量不能再用于其他用途，故在执行某次 MRP 时应该将其从可用数量中去除。

★注意:

准确的库存记录是进行主生产计划平衡和 MRP 运算的前提，一般要求其准确度达到 95% 以上。

6.2.5.2　物料需求

物料是与库存密切相关的部分，而在生产或采购的时候，要扣除掉已有的材料，得出净需求，这就是生产或采购计划与库存密切相关的原因，物料需求可以分为独立需求和相关需求。

1. 独立需求

主生产计划是根据生产规划、销售订单与销售预测的数据得到的。与之不同，独立需求则是不需要其他任何模块的数据来源而单独直接下达的需求。通常根据预测或企业客户的独立需求下达，包括成品、半成品、备件等。

2. 相关需求

相关需求主要是指通过 MRP 运算后得出的需求，其与其他项目或最终产品有直接关系。

★ERP 概念的理解:

饭局——虚拟 ERP 流程应用

第 1 次意向

一天中午，丈夫在外给家里打电话："亲爱的老婆，晚上我想带几个同事回家吃饭可以吗?"（订货意向）

妻子："当然可以! 来几个人? 几点来? 想吃什么菜?"

丈夫："6 个人，我们 7 点左右回来，准备些酒、烤鸭、番茄炒蛋、凉菜、蛋花汤……你看可以吗?"（商务沟通）

妻子："没问题，我会准备好的。"（订单确认）

妻子记录下需要做的菜单（MPS 计划）。具体要准备的材料：鸭、酒、番茄、鸡蛋、调料……（BOM 物料清单），发现需要 1 只鸭，5 瓶酒，4 个番茄……（BOM 展开），炒蛋需要 6 个鸡蛋，蛋花汤需要 4 个鸡蛋（共用物料）。妻子打开冰箱一看（库房），只剩下 2 个鸡蛋（缺料）。

来到自由市场，妻子："请问鸡蛋怎么卖?"（采购询价）

小贩："1 个 1 元，6 个 5 元，12 个 9.5 元。"

妻子："我只需要 8 个，但这次买 12 个。"（经济批量采购）

妻子："这有一个坏的，换一个。"（验收、退料、换料）

回到家中，妻子准备洗菜、切菜、炒菜等（工艺路线），厨房中有燃气灶、微波炉、电饭煲等（工作中心）。

妻子发现拔鸭毛最费时间（瓶颈工序，关键工作中心），用微波炉自己做烤鸭可能来不及（产能不足），于是决定在楼下的餐厅里买现成的（产品委外、外协品）。

第 2 次意向

下午 4 点，电话铃又响："妈妈，晚上几个同学想来家里吃饭，你帮忙准备一下。"（紧急订单）

"好的，儿子，你们想吃什么，爸爸晚上也有客人，你愿意和他们一起吃吗？"

"菜你看着办吧，但一定要有番茄炒鸡蛋。我们不和大人一起吃，6:30 左右回来。"（呵呵，不能并单处理，独立需求）

"好的，肯定让你们满意。"（订单确认）

鸡蛋又不够了，打电话叫小贩送来。（紧急采购）

晚上 6:30，一切准备就绪，可烤鸭还没送来，妻子急忙打电话询问："我是李太，怎么订的烤鸭还没送来。"（采购、委外单跟催）

"不好意思，送货的人已经走了，可能是堵车吧，马上就会到的。"

门铃响了，"李太，这是您要的烤鸭。请在单上签一个字"。（验收、入库、转应付账款）

第 3 次意向

晚上 6:45，女儿的电话："妈妈，我想现在带几个朋友回家吃饭可以吗？"（呵呵，又是紧急订购意向，要求现货）

"不行呀，女儿，今天妈妈已经需要准备两桌饭了，实在是来不及，真的非常抱歉，下次早点说，一定给你们准备好。"（哈哈，这就是 ERP 的使用局限，要有稳定的外部环境，要有一个起码的提前期）

总结分析

送走了所有客人，疲惫的妻子坐在沙发上对丈夫说："亲爱的，现在咱们家请客的频率非常高，应该要买些厨房用品了（设备采购），最好能再雇个小保姆（连人力资源系统也有接口了）。"

丈夫："家里你做主，需要什么你就去办吧。"（通过审核）

妻子："还有，最近家里花销太大，用你的私房钱来补贴一下，好吗？"（哈哈，最后就是应收货款的催要）

妻子拿着计算器，准确地算出了今天的各项成本（成本核算）和节余原材料（车间退料），并计入了日记账（总账），把结果念给丈夫听（报表）。

丈夫说："值得，花了 145.49 元，请了好几个朋友，感情储蓄账户增加了若干。"（经济效益分析）

本章思考题

1. 制造业生产类型是如何分类的？

2. 为什么要改变生产类型？如何改变？

3. 生产计划有哪几种？不同产品生命周期该分别选用哪些生产计划类型，各部门分别关心什么？

4. 什么叫物料主文件，它有什么作用？

5. 为什么说 ERP 中物料编号"只是标识符而不是描述符"，易于理解和记忆的物料编号不是更符合易记性的原则吗？

6. 物料主文件应该包含的信息有哪些？

7. 物料清单的概念是什么？

8. 物料清单有什么特点？

9. 虚项有什么用处？在哪些情况下使用虚项？

10. 工艺路线是什么？有何作用？

11. 工作中心是什么？其内容是什么？

12. 工作中心的作用是什么？

13. 工作中心有哪些类型？

14. 关键工作中心是指什么？有什么特点？

15. 什么是提前期？有哪些类型？

16. 工厂日历有什么作用？

17. 库存状态有什么作用？包括哪些？

18. 独立需求和相关需求的区别是什么？

7 ERP 计划管理

7.1 ERP 计划的层次

企业资源计划（ERP）是以计划为驱动的计算机信息系统，计划也是企业管理的首要职能。企业只有具备了强有力的计划功能，才能指导各项生产经营活动顺利进行。当前，企业所面临的市场竞争越来越激烈。在这种情况下，企业要生存和发展，就必须根据市场很好地计划自己的资源和各项生产经营活动。生产排程计划是企业资源计划（ERP）中最核心的动态计划工作，包括生产计划、主生产计划、粗能力计划、物料需求计划、能力需求计划、车间作业计划等。

这里的计划不同于计划经济中的"计划"，这里的计划是指预先进行的行动安排，包括对事项的叙述、目标和指标的排列、所采用手段的选择以及进度的安排等，所以也称为"规划"。制造业的生产管理核心在计划，并以计划为龙头配置相关资源。计划也是企业组织生产、管理营运的基本手段。纵观世界级企业，他们的显著特点就是都有一个以计算机系统为工具的有效的生产计划控制系统。所以，ERP 系统也是一个以计算机系统为工具的有效的生产计划控制系统。

ERP 是计划主导型的生产计划与控制系统。ERP 的计划管理中包括两个方面的计划，一方面是需求计划，另一方面是供给计划。两方面的计划相辅相成，从而实现企业对整个生产经营活动的计划与控制。

在 ERP 中，计划也是系统的核心，主要包括决策层、管理层、执行层的计划，每个层次又各有划分（见图 7.1）。这些层次计划实现了由宏观到微观、由战略到战术、由粗到细的深化过程。越接近顶层的计划，对需求的预测成分越大，计划内容也越粗略和概括，计划展望期也越长；越接近底层的计划，需求由估计变为现实，计划的内容也越具体详细，计划展望期也越短。

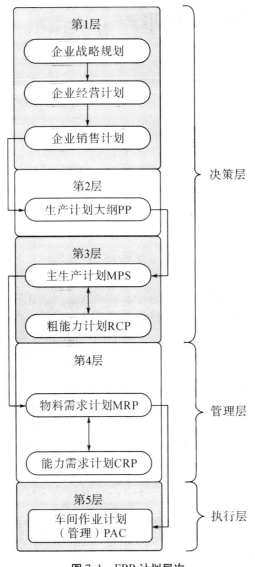

图 7.1　ERP 计划层次

7.2　ERP 生产计划大纲 PP

生产计划大纲（production planning，PP），也叫生产规划，是企业根据经营计划的市场目标制定的，是对经营计划的细化，用以描述企业在可用资源的条件下，在一定时期（一般为 1～3 年）中的计划，包括"每类产品的月产量""所有产品类的月汇总量""每一产品类的年汇总量""所有产品的年汇总量"。

生产计划大纲属于决策层计划，是 ERP 系统中第二个计划层次，是为了使企业的产品系列生产计划大纲能够体现第一层次的要求。

7.2.1 生产计划大纲的概述

7.2.1.1 生产计划大纲的含义

生产计划大纲把战略级的经营和财务规划与主生产计划连接起来，通过该计划过程协调高层计划以及销售、财务、工程、生产、采购等部门。销售和生产规划如果能够有效协调，可以提高企业管理的清晰度，同时提高客户服务水平。

在大多数企业中，生产计划大纲用于指导更明细的主生产计划，是市场需求与生产能力之间的平衡。它可以生成与工厂的生产能力一致的销售计划，也可以制订支持库存目标和未来客户订单目标的生产规划。

所有产品年汇总量应与销售计划中的市场目标相适应，最终成果表现为生产计划。生产计划主要包括如下内容：

（1）每类产品在未来一段时间内需要制造多少？

（2）需要何种资源、多少数量来制造上述产品？

（3）采取哪些措施来弥补总生产需求与可用资源之间的差距？

7.2.1.2 生产计划大纲的内容

生产计划大纲是对企业未来一段时间内预计资源可用量和市场需求量进行平衡所制定的概括性设想，是根据企业所拥有的生产能力和需求预测，对企业未来较长一段时间内的产品、产出量等问题所做的概括性描述。生产计划大纲主要包括以下内容：

1. 品种

按照产品的需求特征、加工特性、所需人力和设备的相似性等，将产品分为几大系列，根据产品系列来制订综合生产计划大纲（见表 7.1）。

表 7.1　天华电动自行车厂 2020 年生产计划大纲　　　　　单位：辆

产品类别	计划周期（月）												合计
	1	2	3	4	5	6	7	8	9	10	11	12	
折叠车	1 500	1 500	1 600	1 600	1 600	1 500	1 500	1 500	1 600	1 600	1 600	1 500	18 600
爬坡王	800	800	800	800	800	900	900	900	1 000	1 000	1 000	1 000	10 700
山地车	1 000	1 000	1 000	1 200	1 200	1 200	1 200	1 000	1 000	1 000	1 200	1 200	13 200
汇总	3 300	3 300	3 400	3 600	3 600	3 600	3 600	3 400	3 600	3 600	3 800	3 700	42 500

2. 时间

生产计划大纲的计划展望期通常是 1 年，因此有些企业也把生产计划大纲称为综合生产计划或年度生产计划。在该计划展望期内，使用的计划时间单位是月、双月或季。在滚动计划中，有可能近 3 个月的执行计划时间单位是月，而未来 9 个月的计划时间单位是季等。

3. 人员

生产计划大纲可用几种不同方式来考虑人员安排问题，例如，将人员按照产品系列分成相应的组，分别考虑所需人员的技能水平，或将人员按产品的工艺特点和人员所需的技能水平分组。生产计划大纲还需要考虑需求变化引起的所需人员数量的变动，决定是采取加班方式，还是聘用更多人员等。

7.2.1.3 生产计划大纲的作用

生产计划大纲对应于销售计划，同属于销售与运作规划。销售与运作规划的目的是要得到一个协调一致的单一运作计划，使得所有关键资源，如人力、能力、材料、时间和资金都能够有效地利用，用能够获利的方式满足市场的需要。生产计划大纲的主要目标是建立一个集成和一致的运营规划，是在较高计划层次上解决各个核心业务之间的协调问题，也就是市场、销售、产品研发、生产、供应、财务、能力资源、库存等各项业务的供需平衡，其核心还是处理需求与供应的矛盾。

由于企业的预算和计划往往是由几个部门来制订的，每个部门都知道其他部门的制约因素，同时又要千方百计地减少本部门的制约因素。其中，最关键的是生产部门和销售部门，对于生产企业，销售要向生产部门提供准确的需求信息，而生产部门要满足订单的要求。生产计划大纲就是要提出一个唯一、协调和集成的计划来作为企业各部门行动的依据。因此，生产计划大纲一般由企业最高层领导主持，会同各级经理一起制订以满足企业的经营计划。

对 MTO（订货生产）类型的生产企业，销售部门要保证生产部门有足够的提前期，而生产部门要保证产品在提前期内完成并交付；对 MTS（备货生产）类型的生产企业，销售部门要保证预测的准确性，而生产部门要在保证供应的前提下尽量控制库存。生产计划大纲的主要作用包括：

1. 确定品种和销量

生产计划大纲应把经营计划中用货币表达的目标转变为用产品系列的产量来表达，从而确定每个月生产哪些产品，销售多少。

2. 制定一个均衡的月产率

生产计划大纲应制定一个均衡的月产率，以便均衡地利用资源，保证稳定生产。让起伏的需求与相对稳定和有限的生产能力相协调，结合库存消耗量来保持生产稳定，同时又能满足变动的需求量。

3. 控制拖欠量和库存量

生产计划大纲需控制拖欠量（对于 MTO 订货生产类型企业）或控制库存量（对于 MTS 备货生产类型企业）。

4. 编制 MPS 的依据

生产计划大纲应作为编制主生产计划（MPS）的依据。

生产计划大纲中所有产品年汇总量反映了经营计划中市场目标的要求，确定了未来时间内各产品类的制造数量和资源需求，更早地预见了生产总需求和可用资源之间的矛盾，为主生产计划的制订提供了先期的基础，保证了主生产计划制订的合理性和可行性。生产规划还能起到"调节器"的作用，它通过调节生产率来调节未来库存量和未完成订单量。由于生产计划大纲是所有企业经营活动的调节器，它也调节现金流，从而为企业管理者提供可信的控制手段。

7.2.2 生产计划大纲的编制准备

7.2.2.1 搜集信息

为了让计划做到既现实又灵活，所有支持生产规划的信息必须可靠、可信。为了编制生产计划大纲，需要从许多需求数据源中搜集具体数据，这些数据源包括经营计划、市场部门、工程部门、生产部门和财务部门。

1. 经营计划

经营计划提出了企业未来的销售目标和利润目标，通常以金额为单位，例如天华电动自行车厂来年的销售额目标为 3 800 万元。

2. 市场部门

市场部门根据对产品类分时间段的销售预测，得到客户对某类产品或零件的未来需求的数量估计，例如天华电动自行车厂折叠电动自行车一年的需求量为 18 600 辆。

3. 工程部门

工程部门主要提供资源清单，即每单位产品类所需要的人力、设备和材料清单等，例如每生产一辆电动自行车所需要的钢材数量。

4. 生产部门

生产部门主要提供资源可用性方面的数据，如可用的劳力工时、可用的设备工时、工作中心小时、当前库存水平、未完成订单数量等实时数据。

5. 财务部门

财务部门主要提供经过核算确定的单位产品成本和收入、增加资源的财务预算、可用资金限制等。

表 7.2 形象地给出了编制生产计划大纲时搜集需求数据来源的例子。经营计划、市场部门和工程部门提出的是需求方面的数据，这些需求来自市场、客户，也来自企业自身发展的需要。需求数据的表现形式可以是销售额、产品数量、所需人力、设备材料。生产部门和财务部门提供的主要是能力方面的数据，以及关于人力、设备、库存及资金方面的可用性信息。

表 7.2　生产计划编制中搜集信息数据案例

数据来源	数据	案例
经营计划	（1）销售目标 （2）库存目标	某摩托车厂当年销售额为 85 000 000 元 库存占用为 8 500 000 元
市场部门	产品类分时间段的销售预测数量	产品类的定义是可变的，如某摩托厂决定： 二轮类产品，预测量是 5 000 辆 三轮类产品，预测量是 2 000 辆 四轮类产品，预测量是 500 辆
	分销与运输要求	分销是 3 星期，占用资金 5 000 000 元

数据来源	数据	案例
工程部门	资源清单——每单位产品类所需的人力与设备、材料清单	（1）每生产1辆两轮车、三轮车、四轮车所需要用到的材料数量 （2）每一类产品所需要的人力与装配工时
	专用设备需求	工具、模具、装具
	特殊说明	材料管理的国家规定
	影响资源计划的产品设计、材料或生产方式的改变	从金属铸造到塑料铸造的变更
生产部门	资源可用性，如： （1）可用人力 （2）可用设备/工作中心时数 （3）企业当前库存水平 （4）企业当前未交付订货	每年工时：6 000小时 每月工时：500小时 铸造中心：150小时 装配中心：350小时 二轮车当前库存：230辆 二轮车期初未交付订货：200辆
财务部门	（1）单位产品收入 （2）单位产品成本 （3）增加资源的财务能力 （4）资金的可用性	（1）销售一辆摩托车收入为5 000元 （2）生产一辆摩托车成本为3 500元 （3）流动资金约束为50 000 000元 （4）信贷资金约束为600 000 000元

生产计划大纲的编制是一个需求和能力平衡的过程，而需求和能力数据的正确与否直接影响生产计划的编制与实现的可能性。

7.2.2.2 选择所适用的企业生产计划方式

ERP中的计划归根到底来自市场的需求，而市场的需求主要有两方面，一个是用户订单（当前市场），另一个是企业对市场的预测结果（未来市场）。

生产计划大纲的编制，也必须考虑企业生产特征的不同。根据市场需求，企业的生产计划方式主要有四种：备货生产（MTS）、订货生产（MTO）、订货组装（ATO）、定制生产（ETO）。其中，备货生产、订货生产是最基本的生产计划方式，而订货组装、定制生产则是前两种基本生产计划方式的组合和混合。

1. 备货生产（面向库存生产，make to stock，MTS）

备货生产，又称面向库存的生产、库存生产或现货生产，是指产品的计划主要根据预测，并在接到用户订单之前已经生产产品，比如我们常见的电视机、香皂、药品、烟酒、数码相机等基本上都是采用备货生产方式。

备货生产型企业主要有四个特征：

（1）产品需求一般比较稳定并可以预见；

（2）产品规格及品种较少，产品允许保留较长时间；

（3）产品存储在仓库中，根据需要随时提取；

（4）生产计划的主动权较大，计划制订后，一般修改较少。

备货生产要求生产部门重点抓好生产进度控制、车间投入产出控制，协调和平衡各生产服务部门的能力与计划，抓好生产效率、质量控制与成本控制；库存部门要不断反映产品库存信息，在下达车间生产订单时应考虑产品的库存控制，当预测与销售出入较大的时候要及时进行调整、延后或提前安排生产。

2. 订货生产（面向订单生产，make to order，MTO）

订货生产，又称为面向订单生产、订单生产或订货生产，是指产品的计划主要根据用户的订单，一般在接到用户的订单后才开始生产产品。订货生产的对象是最终产品，比如飞机、大型邮轮、城市雕塑等。

订货生产型企业主要有四个特征：

（1）具有一些可供选择的产品品种和规格；

（2）生产和存储这些产品的费用较大，产品是为专门的用户生产的；

（3）用户允许在一段时间后交货；

（4）可以减少产品库存量甚至实现"零库存"。

订货生产最重要的要求是保证订单的交货期。因此，企业必须保证生产的各种数据准确可靠，抓好生产能力平衡，解决关键资源约束；做好设备、仪器的维护与保养，合理安排维修计划；同时，做好生产工艺优化、车间作业控制等工作。

3. 订货组装（面向订单装配，assemble to order，ATO）

订货组装，又称面向订单装配、订单装配或装配生产，是指企业根据 MTS 方式先生产和储存定型的零部件，在接到订单后再根据订单要求装配成各种产品，以缩短产品的交货期，增强市场竞争力。适用于订货组装的产品有精密机床、计算机等。

订货组装型企业主要有两个特征：

（1）产品的生产周期一般很长，若接到用户订单后才开始生产产品，则交货期太长，不能满足用户的要求。

（2）产品的市场需求量通常比较大。

订货组装要求科学合理地安排总装计划，严格控制产品的产出进度。

4. 定制生产（面向订单设计，engineer to order，ETO）

定制生产，又称面向订单设计、工程生产或专项生产，是指在接到客户订单后，按客户订单的要求进行专门设计和组织生产。整个过程的管理是按工程管理的方法进行的，其计划的对象是最终产品。

定制生产适用于复杂结构的产品生产，如造船、电梯、专用测试设备、发电机组、锅炉等。

其实，多数企业既有订单生产，也有预测备货，在进行产品的最终组装时，有时又会接到客户专门的设计订单。因此，企业的生产类型特征是多种形式的组合，产品的结构可能是单层，也可能是多层，企业应该适应这种生产特征的变化。

7.2.3 生产计划大纲的编制

生产计划大纲是一个关于产品族的计划过程，这个过程的主要目标是对产品族确定生产率，而不是为单项物料制订生产计划大纲。

影响生产计划大纲的编制的因素包括销售规划、供应商、生产能力限制、当前的和所希望的库存量（对于面向库存生产的产品）、当前的和所希望的未交付客户订单量（对于面向订单生产的产品），或者综合考虑面向库存和面向订单两方面的信息。

7.2.3.1 备货生产（面向库存生产，MTS）环境下的生产计划大纲编制方法

1. 平均法

备货生产环境（面向库存生产，MTS）下编制生产计划大纲，其目标是使生产满足预测需求量，保持一定的库存量及平稳的生产率，以此来确定月生产量和年生产量。其具体编制步骤如下：

（1）把预测分布到计划展望期上；

（2）计算期初库存（期初库存＝当前库存水平−拖欠订单量）；

（3）计算库存水平变化（库存水平变化＝目标库存−期初库存）；

（4）计算总生产量（总生产量＝预测数量＋库存改变量）；

（5）把总生产量按时间段分配在整个计划展望期内，分配时通常要求符合均衡生产率原则。

2. 滚动计划法

滚动计划法是一种编制计划的新方法，是在市场经济条件下，企业对生产计划自觉地进行主动调节的有效方法。

（1）滚动计划法的编制特点。

①整个计划期被分为几个时间段。

其中第一个时间段的计划为执行计划，后几个时间段的计划为预计计划。

②计划按滚动条件进行推进。

预计库存与生产计划，均按照既定要求，滚动推进。

③生产计划动态调整。

经过一个时间段，根据计划的实施情况以及企业内外条件的变化，对原来的预计计划做出调整与修改。原预计计划中的第一个时间段计划就变成了执行计划。

修订计划的间隔时间称为滚动期，它通常等于执行计划的计划期。滚动计划的时间段可为年、月或更短的时间间隔，视具体情况而定。

（2）滚动计划法的优点。

①计划是动态的，计划的应变能力得到了保证。

原来编制的长期计划和年、季、月计划，一经编制完成后，计划量不再变动，计划也不再修订。如果第一期实施结果出现偏差或问题，以后各期计划如不调整，计划就会失去意义。

滚动式计划则可以改变上述缺点，无论时间长短，在一个滚动计划期内，计划量要按市场需求不断进行调整和变动，按滚动期不断地编制计划。所以滚动式计划能适应市场需要，具有应变性的特点。

②计划具有连续性。

滚动计划法便于建立正常的生产秩序和有利于组织均衡生产。

如表7.3所示，计划的滚动期为5个月，时间单位为月，即1月编制2、3、4、5、6月的计划，2月编制3、4、5、6、7月计划。

其中：1月编制的2、3月计划和2月编制的3、4月计划为实行计划；1月编制的4、5、6月计划和2月编制的5、6、7月计划为预计计划。在一个滚动期内，执行计划和预计计划应为多长时间，视企业具体情况而定。

表7.3　滚动计划法编制进度

编制月份	实行计划（定2月）		预计计划（定3月）		
2019 年 1 月	2019 年 2 月	2019 年 3 月	2019 年 4 月	2019 年 5 月	2019 年 6 月
2019 年 2 月	2019 年 3 月	2019 年 4 月	2019 年 5 月	2019 年 6 月	2019 年 7 月
2019 年 3 月	2019 年 4 月	2019 年 5 月	2019 年 6 月	2019 年 7 月	2019 年 8 月
2019 年 4 月	2019 年 5 月	2019 年 6 月	2019 年 7 月	2019 年 8 月	2019 年 9 月
2019 年 5 月	2019 年 6 月	2019 年 7 月	2019 年 8 月	2019 年 9 月	2019 年 10 月
2019 年 6 月	2019 年 7 月	2019 年 8 月	2019 年 9 月	2019 年 10 月	2019 年 11 月
2019 年 7 月	2019 年 8 月	2019 年 9 月	2019 年 10 月	2019 年 11 月	2019 年 12 月
2019 年 8 月	2019 年 9 月	2019 年 10 月	2019 年 11 月	2019 年 12 月	2020 年 1 月
2019 年 9 月	2019 年 10 月	2019 年 11 月	2019 年 12 月	2020 年 1 月	2020 年 2 月
2019 年 10 月	2019 年 11 月	2019 年 12 月	2020 年 1 月	2020 年 2 月	2020 年 3 月
2019 年 11 月	2019 年 12 月	2020 年 1 月	2020 年 2 月	2020 年 3 月	2020 年 4 月
2019 年 12 月	2020 年 1 月	2020 年 2 月	2020 年 3 月	2020 年 4 月	2020 年 5 月

企业在面向库存生产（MTS）环境下编制生产规划时，如市场需求波动较大，要求库存发挥缓冲器的作用，在更精确的时间内及时协调需求量和生产量。例如：可以要求每一时段内的库存根据下一时段的预测需求量进行调整，这样能够在满足市场需求的情况下，降低库存，平衡生产。

（3）滚动计划法的计算。

【参考7.1】根据条件进行滚动计划预测

神马电器厂需要编制PS02型电机的生产计划，各月份的销售预测量见表7.4，已知期初库存为400台，要求各时段内的预计库存为下一时段销售预测量的50%，编制其生产计划大纲。

表7.4　PS02型电机的销售预测　　　　　　　　单位：台

月份	1 月	2 月	3 月	4 月	5 月	6 月	7 月	8 月	9 月	10 月	11 月	12 月	1 月
销售预测	800	700	500	600	600	800	500	700	700	800	600	700	800

解：根据题意，先求出各时段的预计库存，再根据预计库存和销售预测、期初库存求出生产计划大纲（见表7.5）。

①求预计库存。

$$每时段预计库存=下一时段销售预测×50\%$$

因为预计库存为下一时段销售预测量的50%，所以

1月预计库存应该是2月销售预测700的50%=350；

2月预计库存应该是3月销售预测500的50%=250；

以此类推，求出全年12个月的预计库存。

②求生产计划大纲。

$$每时段生产计划大纲=该时段销售预测+该时段预计库存-上一时段预计库存$$

所以，

1月份的生产计划=800+350-400=750（台）；

2月份的生产计划=700+250-350=600（台）；

以此类推，求出全年12个月的生产计划。

表7.5　编制PS02型电机的生产计划大纲　　　　　　　单位：台

月份	期初库存	1月	2月	3月	4月	5月	6月	7月	8月	9月	10月	11月	12月	1月
销售预测		800	700	500	600	600	800	500	700	700	800	600	700	800
预计库存	400	350	250	300	300	400	250	350	350	400	300	350	400	
生产计划		750	600	550	600	700	650	600	700	750	700	650	750	

7.2.3.2　订货生产（面向订单生产，MTO）环境下生产计划大纲的编制方法

订货生产（面向订单生产，MTO）环境下，生产计划大纲的编制，其目标是使生产满足预测需求量和拖欠订货量。其具体编制步骤如下：

（1）把预测分布到展望期上；

（2）把未完成的订单分布到计划展望期上；

（3）计算拖欠量变化（拖欠量变化=期末拖欠量-期初拖欠量）；

（4）计算总产量（总产量=预测量-拖欠量变化）；

（5）把总产量和预计未完成的订单按时间段分布在整个展望期上，分配时通常要求符合均衡生产率的原则，且月生产量应大于月末完成订单的数量。

7.2.3.3　根据资源清单和生产计划确定资源需求

一个企业在制订生产计划的过程中，确定了各产品系列的生产计划后，还需要分析资源是否满足要求。

企业为满足生产计划所需要的资源，具体包括人工、物料、机器设备、资金、加工场地、库存场地等。根据企业生产的产品和生产过程的不同，还可以有许多其他的资源，如电能等。分析资源需求的过程如下：

（1）建立资源清单；

（2）计算资源需求；

（3）比较可用资源和资源需求；

（4）协调可用资源和资源需求之间的差距；

（5）撰写生产计划大纲。

一旦确定了生产所需要的所有资源，就可以检查是否有足够的资源来满足生产要求，资源清单也是面向产品系列的。编制资源需求计划常采用资源清单法和能力需求计划系数法。

1. 资源清单法

（1）建立资源清单。

资源清单是生产单位产品系列所必需的对材料、标准工时和设备的记录，并标明材料、人力和设备工时的数量。资源清单的具体形式随产品和企业的不同而不同。

（2）计算资源需求。

确定资源的单位需求量，就可计算出生产计划中产品所需的资源总数：

①每类产品的计划生产量与单位需求资源量相乘；

②如果资源由几类产品共享，则汇总所有产品系列的资源需求。

（3）比较可用资源与资源需求。

在企业中经常会有某个工作中心被认为是"瓶颈"，在制订资源计划时应当对其特别关注，因为瓶颈工作中心的能力限制了企业的最大生产量。

确定资源的可用性时，不同的资源应该采取不同方式。如在计算钢的需求量时，应把钢的库存、各时段的可采购量与钢的需求量进行比较。对于工时的可用性，则需按不同工序、不同工作中心来分别考虑。

（4）协调可用资源与资源需求之间的差距。

如果资源计划表明某些资源存在短缺，那么在批准生产计划之前，要么增加资源，要么缩减产量。如果必须调整生产计划以协调资源短缺，那么这种调整一定要反映在最后的生产计划中，且必须满足经营计划的目标。

对于资源需求超过可用资源时，协调可用资源与资源需求的方案可采取：

①物料短缺：购买物料，减少生产损耗，用其他供给源，用替换物料；

②人力短缺：安排加班，转包，减少产量，调整生产线；

③设备短缺：购买或租用设备，升级设备，转包，改变工艺，减少产量等。

（5）撰写生产计划大纲。

撰写生产计划大纲时应将上述生产计划及中间所做的调整反映到最终的生产计划大纲中，以满足经营计划的目标。通过生产计划，可以提前发现问题，提早做出反应和处置。经过相关上级部门批准的生产计划大纲将是下一步编制主生产计划的基础。

2. 能力需求计划系数法

能力需求计划系数法是通过能力需求计划系数（capacity planning factor, CPF）来制订资源需求计划。能力需求计划系数表示单位生产量占用的制造过程中的某种资源数，主要利用产量与消耗资源的历史数据进行大致的经验估算。其编制过程如下：

①利用过去一段时间的经验数据计算 CPF；

②根据 CPF 和计划产量计算能力需求。

7.3 主生产计划 MPS

7.3.1 主生产计划概述

7.3.1.1 主生产计划的含义

主生产计划（mastber production schedule，MPS）是对企业生产计划大纲的细化，用于确定每一个具体产品在每一个具体时间段的生产计划。计划的对象一般是最终产品，即企业的销售产品，但有时也可能先考虑组件 MPS 计划，然后再下达最终的装配计划。具体来说，就是在一定时期内（3~18 个月）回答如下问题：

- 生产什么？
- 生产多少？
- 何时交货？

主生产计划是描述企业生产什么、生产多少以及什么时段完成的生产计划，是把企业战略规划、企业生产计划大纲等宏观计划转化为生产作业和采购作业等微观作业计划的工具，是企业物料需求计划的直接来源，是粗略平衡企业生产负荷和生产能力的方法，是联系市场销售和生产制造的纽带，是指导企业生产管理部门开展生产管理和调度活动的权威性文件。

1. 主生产计划 MPS 的主要内容

（1）品种、数量、交货期的确认。

主生产计划 MPS 是描述企业生产什么、生产多少以及什么时段完成的生产计划，这是主生产计划 MPS 的主要内容，也是主生产计划 MPS 的主要特征。

其中，"生产什么"主要描述主生产计划 MPS 的计划对象；"生产多少"主要描述主生产计划 MPS 计划对象的明确计划数量；"什么时段完成"主要描述主生产计划 MPS 的计划对象最终完成的时段，这里所指的时段通常是最迟时段。如果时段是天，那么时刻的粒度就是天。

例如，天华电动自行车制造有限公司将在 2028 年 7 月 31 日以前完成 3 000 辆男式 26 山地自行车的生产。这种计划描述了生产对象（男式 26 山地自行车）、生产数量（3 000 辆）以及什么时段完成（2028 年 7 月 31 日），因此这是 MPS 计划的内容。

（2）宏观目标转微观作业计划的工具。

主生产计划 MPS 是把企业战略目标、经营规划和企业生产计划大纲等宏观计划转化为生产作业和采购作业等微观作业计划的工具。无论是企业战略，还是经营规划、企业生产计划大纲，都是描述企业未来发展或者长期发展的一个目标，这个目标不是具体的目标，而是一个概括性的目标。

例如，天华电动自行车制造有限公司计划将在 2100 年以前发展成为中国最大的自行车制造商和出口商，无论是生产和销售的自行车种类还是自行车数量，都雄踞中国电动自行车市场首位。这个目标显然是一个战略目标。如果天华电动自行车制造有限公司 2028 年度的销售计划收入是 20 000 万元，那么这种计划属于经营规划的内容。如果进一步细分，天华电动自行车制造有限公司将在 2028 年 7 月份完成 8 000 辆电动自行车的生产，那么这种计划是生产计划大纲的主要内容。如果生产计划大纲进一步细分，这种细分后的生产计划就是主生产计划。经过粗能力平衡验证过的主生产计划 MPS 和物料清单，可以进行 MRP 运算，再经过细能力平衡，编制可行的物料需求计划和能力需求计划，并生成企业的采购作业计划和生产作业计划。采购作业计划和生产作业计划都是企业实际执行的微观作业计划。从这个角度来看，主生产计划 MPS 是把宏观计划转变成微观计划的重要工具。

（3）主生产计划 MPS 是企业物料需求计划 MRP 的直接来源。

实际上，主生产计划 MPS 只回答了企业生产什么、生产多少以及什么时段完成等问题，并没有回答需要什么、需要多少以及什么时段需要等问题。物料需求计划 MRP 则是回答了需要什么、需要多少和什么时段需要等问题的更加详细的作业计划。

一般认为，主生产计划 MPS 的计划对象是独立需求，物料需求计划 MRP 的计划对象是相关需求。需要注意的是，由于不同的生产类型和不同的管理要求，主生产计划 MPS 的计划对象也可能是相关需求。例如，在空调制造过程中，主生产计划 MPS 的计划对象既可以是完整的空调，也可以是用于维修备件的空调压缩机；汽车制造业中，主生产计划 MPS 的计划对象既可以是整车，也可以是用于出口销售的汽车发动机。

（4）主生产计划 MPS 是粗略平衡企业生产负荷和生产能力的方法。

主生产计划 MPS 不仅是一种生产计划，而且是一种可行的生产计划，这是因为在主生产计划 MPS 的制订过程中执行了粗能力计划的校验。之所以是粗略平衡了企业的生产负荷和生产能力，是因为平衡过程中仅仅使用了关键工作中心，没有涉及所有的工作中心。关键工作中心是指容易形成生产瓶颈的工作中心，关键工作中心是在定义工作中心时指定的。之所以在这里只进行基于关键工作中心的粗能力平衡，是因为这里假设关键工作中心是最容易出现拥堵、等待等生产瓶颈的工作中心，如果它都能满足能力要求，那么理论上其他工作中心也应该能够满足能力需求。

（5）主生产计划 MPS 是联系市场销售和生产制造的纽带。

企业的市场销售部门主要负责产品销售，与客户签约订单。产品订单是市场销售部门的工作成果，也是企业生产制造部门需要完成的任务标的。虽说产品订单是生产制造部门的任务标的，但是，由于产品订单签约日期、签约产品类型和数量的不稳定性，如果将其直接作为生产制造部门的任务来源，则会造成生产制造部门生产的波动，破坏生产过程的均衡。因此，主生产计划 MPS 是作为一种纽带，将订单转换为生产制造部门的任务来源。

（6）主生产计划 MPS 是指导生产管理和调度活动的权威性文件。

主生产计划 MPS 是生产管理部门开展生产管理和调度活动的依据，因此也是指导这些活动的依据。如果生产中出现了问题，例如设备故障、人员操作问题、产品设计或工艺设计问题和产品超差等质量问题，会造成生产过程的停顿、生产进度的延迟等后果，这些问题必须得到及时、妥善的解决。解决这些问题的一个权威性文件就是 MPS。应该依据 MPS，在确保完成 MPS 计划的条件下，对生产作业进行调整。

2. 影响主生产计划 MPS 的主要因素

由于企业经营的复杂性，影响主生产计划 MPS 的因素非常多。一般来说，可以把影响主生产计划 MPS 的因素分为 4 大类，即生产类型因素、计划因素、预测因素和订单因素。这些因素各有其特点，且不同的因素对 MPS 的影响程度也不一样。

在编写主生产计划 MPS 时，还应该遵循以下基本原则：

第一，最少项目原则，对最少的项目数进行排产。选定产品结构中的某一级，使得可列出的项目数最少。

第二，只列出可构造项目原则，主生产计划 MPS 应该只列出实际的、独立的可构造项目，而不是项目组。

第三，列出对生产能力和财务数据（成本高、费用高和价值昂贵等）有重大影响的项目。

第四，对有多种选择性的产品，宜将主生产计划 MPS 设在基本部件级。

第五，安排有机器设备的预防性维修时间，并且把预防维修作为主生产计划 MPS 中的一个项目。

（1）生产类型因素。

制造企业是多种多样的，为了更好地认识和理解这些企业的特点，通常根据生产类型把制造企业划分成不同的类型。如前文所述，生产类型是同一类制造企业主要特征的描述。生产类型因素对主生产计划 MPS 的影响主要表现在对 MPS 计划对象的影响上。

①备货生产（面向库存的生产，MTS）。

备货生产表示组织生产早于签约订单，企业保存了大量的库存产品，用户可以根据现有的库存产品进行选择和签约订单。在 MTS 中，经常采用大量的原材料和零部件生产种类比较少的产品。这种生产方式适用于大众化的普通商品的生产，例如电视机、服装、桌椅和箱包等商品的生产都属于该类型。采用这种生产方式，企业非常重视市场预测、经营战略和生产计划等工作。在 MTS 企业中，主生产计划 MPS 的计划对象往往是企业最终的产品，也就是说，主生产计划 MPS 的计划对象与企业的销售对象是一致的。

②订货生产（面向订单的生产，MTO）。

订货生产表示签约订单早于组织生产，企业只是保存了少量的库存产品，用户根据企业的产品目录进行选择和签约订单，企业在获得订单后再开始组织生产。在 MTO 中，企业经常使用少量的原材料和零部件生产多品种的产品，这些产品往往价值高、交付期短。例如，大型电站发电机、飞机和轮船等产品的生产往往属于 MTO 方式。采用这种生产方式，企业的制造技术和产品质量显得尤其重要。在 MTO 企业中，主生产计划 MPS 的计划对象往往是价值高、技术复杂、生产提前期长且性能重要的原材料和零部件，企业的销售对象往往是通过最终装配计划完成的。

③订货组装（面向订单装配，ATO）。

在 ATO 企业中，产品往往是一系列多种规格的产品。这些产品的结构基本相同，都是由一些基本的组件和一些通用件组成。每一项基本组件往往有多种不同的选择。在 ATO 企业中，主生产计划 MPS 的计划对象往往是基本组件或通用件。例如，计算机生产可以通过灵活配置内部的中央处理器、内存、硬盘、显卡等不同规格的部件得到不同档次、规格的最终产成品，这些部件通常会在一定范围内定义为相同的接口以便实现这种灵活性。再如，汽车制造业中有"平台"的概念，如果定型了某类汽车平台，则表示其基本的性能规格和核心部件是一致的，可以在此基础上更换车厢、轮胎等相对非核心的部件，实现以尽可能低的研发成本满足多变的市场需求。因此，在 ATO 企业中，主生产计划 MPS 的计划对象可以是计算机业中的显示器、硬盘、中央处理器、内存条，或者汽车制造业中的发动机、变速箱、差速器等。

④定制生产（面向订单设计，ETO）。

在这种生产类型下，最终产品往往比较复杂，且在很大程度上是按照特定客户的要求来设计和生产的，支持客户化的设计是这种生产类型的重要特征。在这种生产类型下，由于大多数产品都是为特定客户量身定制的，这些产品很可能只生产一次，以后不会重复生产了。例如，写字楼的电梯、大型的邮轮等往往是根据具体的订制要求进行设计和生产的。在 ETO 企业中，主生产计划 MPS 的计划对象往往是最终产品。

需要注意的是，一个具体的企业是非常复杂的，不同的产品往往具有不同的特点。有些时候，企业的生产类型因素可能是混合的，即可能某产品同时存在着几种生产类型的因素，这时需要进行综合考虑。因此主生产计划 MPS 的计划对象一定要具体问题具体分析，计划对象必须要符合企业生产管理的特点。

（2）计划类因素。

计划类因素对主生产计划的影响是全面的，既可能影响到主生产计划的来源，也可能影响到主生产计划的计划对象。计划类因素主要包括经营战略、经营计划和生产计划大纲等内容。

企业经营战略将企业的主要目的、政策或活动按照一定的顺序组合成一个整体。它主要包括三个要素：

- 可以达到的、最主要的目的和目标；
- 指导或约束经营活动的重要政策；
- 可以在一定条件下实现预定目标的重要活动程序或项目。

例如，天华电动自行车制造有限公司希望未来 10 年内占领国内 30% 以上的短途电动自行车市场，这是公司的企业经营战略。当然，这种战略对主生产计划的影响不是直接的，只是对其指导思想的影响。

经营计划，又称为经营规划、中长期发展计划或销售计划，是企业在经营战略的指导下，制订的适应市场环境的对策计划，它主要说明企业的销售目标和利润目标。经营计划的作用是协调市场需求和企业制造能力之间的差距。如果市场需求增大，预计销售目标上升，那么，企业应该扩大自身的制造能力。经营计划的展望期一般为 5~10 年，其核算单位应该是"万元"，并不会涉及具体的产品品种。经营计划对主生产计划的影响虽然很大，但不是直接的，仍然是一种指导性的影响。

按照经营计划，每一年的销售计划可以细分到月，企业的销售计算核算单位也是"万元"，但对于品类有大致的规划。例如：天华电动自行车制造有限公司希望未来 10 年内其旗下的重型电动摩托车类占据到全部产品销售份额的 20%、轻型电动摩托车类占据到全部产品销售份额的 45%、新国标电动自行车类占据到全部产品销售份额的 35%。

生产计划大纲是对企业经营计划或销售计划的进一步细化，用以说明企业在可用资源的条件约束下、在计划展望期内，每一类产品的月生产量，以及每一类产品和所有类型产品的月汇总量和年汇总量。需要注意的是，年汇总量应该与经营计划中的销售目标或销售计划中的销售目标一致。生产计划大纲的计划展望期是 1~3 年，且按月分解。生产计划大纲的主要作用是协调经营计划对资源需求和企业可用资源之间的差距。

生产计划大纲对主生产计划的影响是直接的。实际上，生产计划大纲是企业经营战略在特定年度的表现形式，是经营计划的细化。根据生产计划大纲可以推算出 MPS 的数据，其约束条件为：

第一，生产计划大纲的计划展望期与主生产计划的计划展望期往往不同。

第二，生产计划大纲中的数据主要是通过预测得到的，但是预测的结果也往往被直接用于主生产计划。所以，如果把预测作为主生产计划的一个来源，生产计划大纲对主生产计划的作用就会被削弱。

7.3.1.2 主生产计划的作用

主生产计划在 ERP 系统中起着承上启下的作用，实现从宏观计划到微观计划的过渡与连接；同时，主生产计划又是联系客户与企业销售部门的桥梁，所处的位置非常重要。

主生产计划的计划工作，再加上一些人工干预和均衡安排，使得一段时间内主生产计划量和预测及客户订单相匹配。这样，即使需求发生较大变化，但只要总需求量不变，就可以保持主生产计划不变，从而使得生产计划相对稳定和均衡。由于独立需求项目的主生产计划是稳定和均衡的，所得到的非独立需求的物料需求计划也将是稳定和均衡的。

主生产计划在企业生产中有着不可替代的作用：

1. 主生产计划周期的合理性

主生产计划以周或天作为计划周期，从而可以及时地对多变的市场和不准确的预测做出反应。由于使用计划时区和需求时区，主生产计划将适应不同时区的需求变化，便于维护也便于满足客户需求。

2. 易于进行成本管理

以物料单位表示的主生产计划很容易转换为以货币为单位的成本信息，易于进行成本管理。

3. 提高工作效率

主生产计划可以极大提高管理人员的工作效率，使数据采集、计算工作自动化，效率更高、准确度更高。

4. 确定资源的可用性

通过主生产计划的计算与验证，企业可以确定资源的可用性，为后期的管理层计划做好准备。

7.3.2 确定主生产计划需求数据

7.3.2.1 需求数据与主生产计划的关系

主生产计划安排指导生产以满足来自独立需求的需要。独立需求通常是指最终项目，但有时也指一些备件，一般通过预测得知。主生产计划的输入与约束条件为输入预测、生产计划、客户订单，通过能力限制和产品提前期限制，进行识别生产品种、安排生产时间、确定生产数量的 MPS 操作（见图 7.2）。

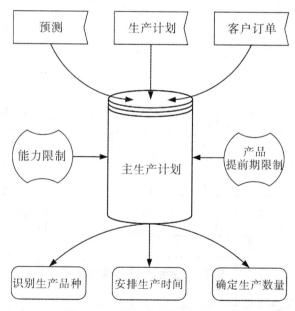

图 7.2　主生产计划的输入与约束

7.3.2.2 主生产计划的主要需求数据

主生产计划的主要数据来源包括未交付的订单、最终项目的预测、工厂内部需求、备件、客户可选件等。

1. 未交付订单

未交付订单指那些未发货的订单项目，可以是上期没完成拖欠下来的，或是新的指定要在本期内要求供货的项目。

2. 最终项目的预测

最终项目的预测是用现有的和历史的资料来估计将来的可能需求。

3. 工厂内部的需求

工厂内部的需求是将一个大的部件或成品作为最终项目产品来对待，以满足工厂内其他部门的需要。

4. 备件

备件指销售给使用部门的一些零部件，以满足维修更换的需要。

5. 客户可选件

客户可选件是指根据客户需求独立配置的部件。

7.3.2.3 主生产计划的生成过程

主生产计划的生成过程如图7.3所示。

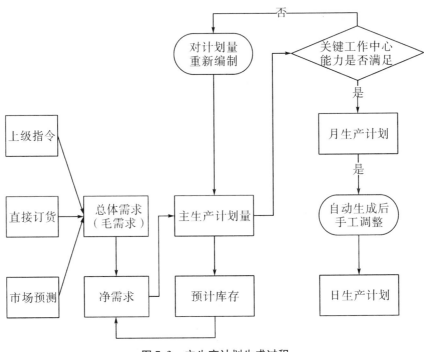

图7.3 主生产计划生成过程

主生产计划生成过程如下：

（1）获取客户订单的品名、数量、交货期等直接订货数据；归集市场预测数据和上级指令数据，共同构成本期总体需求（本期毛需求）。

（2）获取当前库存中产成品的前期期末库存数量（预计库存），以及安全库存数量。

（3）交货期内可能被分配出去的成品数量（其他客户也订了该产品）。

（4）交货期内可能收到的成品数量（本期计划接收数量，比如委托外协厂商生产的部分产品）。

（5）计算当期净需求。

（6）根据净需求和批量规则排出主生产计划量（本期计划产出量）。

（7）根据主生产计划量、前期期末库存、安全库存、本期计划接收量、本期毛需求、本期计划产出量求出本期预计库存。

（8）获取本期该产品关键工作中心的能力负荷情况（净负荷能力与已分配能力）。

（9）对当期能力进行平衡，如果不可行则修订，可行则确认本期月生产计划，并进而生成日生产计划。

（10）循环前述步骤，直到循环结束。

7.3.2.4 粗能力平衡

主生产计划的可行性主要通过粗能力计划（rough capacity planning 或 rough-cut capacity planning，RCP 或 RCCP）来进行验证。粗能力计划是对关键工作中心的能力进行运算而产生的一种能力需求计划，它的计划对象只针对设置为"关键工作中心"的工作能力，计算量比能力需求计划小得多，计算过程即"粗能力平衡"。

根据约束理论（theory of constraints，TOC）的观点，关键资源（瓶颈资源）约束了企业的产能，所以粗能力计划的运算与平衡是确认主生产计划的重要过程，未进行粗能力平衡的主生产计划是不可靠的。主生产计划的对象主要是最终产品（BOM 中的 0 层物料），但也必须对下层物料所用到的关键资源和工作中心进行确定与平衡。

1. 使用资源清单法编制粗能力计划的基础步骤

（1）定义关键资源（关键工作中心）；

（2）从主生产计划中的每种产品系列中选出代表产品；

（3）对每个代表产品，确定生产单位产品对关键资源的总需求量；

（4）分析各个关键工作中心的能力情况，并提出平衡能力建议。

2. 评估主生产计划

制定出主生产计划并进行粗能力平衡后，应向有关决策部门提交主生产计划及粗能力计划分析结果，由企业高层负责组织销售、生产、设计、采购等部门参与审核，经过协商后做出相应的评估决策。

对主生产计划的审核评估有两个结果：同意或否定。

（1）同意主生产计划。

同意主生产计划可能有两种方案，一是完全按照计划执行，二是市场需求与企业生产能力基本平衡。

（2）否定主生产计划。

否定主生产计划后可能改变预计的生产量，采取重新安排订单、推迟订单、终止部分订单、改变产品组合、订单拆零等措施；否定主生产计划后也可能改变生产能力，采取改变产品工艺、加班、外协、增加设备和工人等办法。

7.4　物料需求计划 MRP

在生产制造过程中，企业为满足不断波动的市场需求，要对各种物料进行适当的储备，以使生产连续不断地按一定节拍有序进行；然而过多的库存占用又会对企业资金周转产生影响。物料需求计划正是为了解决这一矛盾而提出来的。MRP 是一种有效的物料控制系统和较精确的生产计划系统，能够保证满足物料需求的同时，使物料的库存水平保持在最小值范围。

MRP 是 ERP 管理层的计划，MRP 计划是在 ERP 决策层的主生产计划（MPS）审核通过并下达后编制的。

7.4.1　物料需求计划概述

7.4.1.1　物料需求计划思想的起源

MRP 是 20 世纪 60 年代在美国出现并在 20 世纪 70 年代发展起来的一种管理技术和方法，是根据 MPS 确定的物料采购和生产管理方式。因此，MRP 既是一种物料管理方式，又是一种生产管理模式。

1. 组织生产方式的指导思想

以物料为中心来组织生产，还是以设备为中心来组织生产，代表了两种不同的指导思想。

（1）以设备为中心组织生产体现了以产量为中心的宗旨。

有什么样的设备生产什么样的产品，是以产定销思想的体现。例如，某工艺装备是为满足某零件的某道工序的加工要求而设计制造的，该工艺装备应该在该零件的那道工序开始进行时提供，既不能早，也不能迟。

以设备或其他制造资源为中心组织生产，则会陷入盲目性的过量生产。过量生产不仅使某些零件长期积压，而且影响了急需零件的生产。如只注意考核工人完成的工作量，鼓励超额完成任务，不注意他们是否按计划完成任务，会造成严重的过量生产，也造成了严重的零件短缺。于是，不该加工的加工出来，该加工的没有加工出来，零件的积压与短缺并存。

提早完成，不能提早交货，则要放入成品库存放起来，成品积压是更大的浪费。若能提早交货，虽不影响制造厂的利益，却增加了用户的负担。因为没有到需要的时候，产品必然要存放起来。

（2）以物料为中心组织生产体现了以客户为中心的宗旨。

以物料为中心来组织生产，要求一切制造资源围绕物料转化。要生产什么样的产品，决定了需要什么样的设备和工具，决定需要什么样的人员，可以把企业内各种活动有目的地组织起来。

物料的最终形态是产品，它是顾客所需要的东西，物料的转化最终是为了提供使顾客满意的产品。因此，围绕物料转化组织生产是按需定产思想的体现。

物料管理包括物料的库存管理、物料需求的计划管理、企业各个部门中物料数量的协调和控制以及物料的采购和运输管理等。

2. MRP 的基本思想

物料需求计划的基本思想是，围绕物料转化组织制造资源，实现按需要准时生产。对于加工装配式生产而言，如果确定了产出数量和产出时间，就可按产品的结构确定产品的所有零件和部件的数量，并可按各种零件和部件的生产周期，反推出它们的产出时间和投入时间。物料转化过程中有了各种物料的投入时间和数量，就可以确定生产中各种制造资源的需求数量和需求时间，实现按需要准时生产。

按照 MRP 的基本思想，从产品销售到原材料采购，从自制零件的加工到外协零件的供应，从工具和工艺装备的准备到设备维修，从人员的安排到资金的筹措与运用，都要围绕 MRP 进行，从而形成一整套新的方法体系。它涉及企业的每一个部门、每一项活动。因此，我们说 MRP 是一种新的生产方式。

3. MRP 的先进性

在实际生产过程中，物料在不断地改变其形态和性质。从原材料逐步转变为产品，企业很大一部分流动资金被物料占用。同时，企业的固定资金主要被设备所占有。因此，管好设备和物料，对于提高企业的经济效益有举足轻重的作用。

由于现代工业产品的结构极其复杂，一个产品常常由成千上万种零件和部件构成，用手工方法不可能在短期内确定如此众多的零部件及相应制造资源的需要数量和需要时间。如果使用手工制订这种生产和采购计划，需要很长时间才能更新一次，因此计划不可能很细、很准，而且计划的应变性很差。

传统的物料管理方式采用订货点法。这种方法是依据物料的需求量、采购提前期和安全库存量来维护需求、确定何时订货。不过订货点法存在着物料需求数量与物料需求时间脱节、安全库存量与库存服务水平不可兼得、产品的需求均匀性与零部件以及原材料需求的不均匀性之间的矛盾等问题。相比之下，MRP 的管理方式优于订货点法。使用 MRP 可以精确地计算和确定对零部件、原材料的需求数量和时间，从而消除了库存管理的盲目性，实现了低库存水平与高服务水平并存的目标。

从理论上说，虽然 MRP 比订货点法先进，但在计算机应用到生产管理领域之前，企业只能采用手工进行计算，计算过程中涉及的流程复杂、计算数据量庞大。如果按照 MRP 方式计算出来的物料需求量进行订货，由于这种计算周期过长且不能适应生产过程中的变化，这种方法只有理论上的优势，无法在实践中广泛采用。随着计算机运算速度的快速发展、计算能力的日益提高以及在管理领域应用的不断深入，MRP 方法的优势愈来愈显著。MRP 是一种分时段的优先计划管理方式。

（1）物料需求量和物料需求时间之间的关系。

在物料管理中，物料需求量无疑是一个重要的管理数据。当确定了某个物料的需求量后，无论是采购作业还是生产作业，都有了工作的基本目标。但是，对于高水平的管理来说，仅仅得到某个物料的需求量是不够的，这时没有办法准确地安排采购和生产作业，因为困扰生产管理人员的许多问题依然存在，例如，什么时间需要这些需求量？不同生产计划各时段各需要多少数量？订货提前期与生产计划各时段之间的关系如何匹配？供货到生产现场的时间又如何与生产计划各时段相匹配？

这些问题的答案不仅仅与物料需求量有关，而且与这些物料需求量的需求时间有关。在传统的手工管理方式下，这些问题的解决需要生产管理人员凭借自己的经验估计和预测。当最终产品数量、物料需求数量和种类都比较小时，有经验的生产管理人员可能会给出比较准确的估计和预测。但是，随着最终产品数量、物料种类和数量的增大，新产品的不断出现以及生产管理人员的频繁变化，这种依靠个人经验的管理方式已经不能满足生产管理的需要，手工管理方式已经无法应对日益增多的物料种类和数量的变化。

对于采购作业和生产作业来说，分时段需求量的价值远远高于无分时段需求量的价值。进一步而言，如果分时段需求量的粒度可以更加细致地分为周、日，则企业的采购作业和生产作业的管理水平就可以大幅度地提高。

（2）传统生产计划管理方式中采用的缺料计划。

缺料表是传统手工管理方式下的缺料计划的表现形式。在传统的手工管理方式下，由于计算效率低、计算误差大等原因，某些物料的缺乏往往在生产加工过程和装配过程中才能被发现和记录，缺料表就是这种缺料现象的具体表现形式。

根据缺料表来进行采购作业安排和生产作业安排的计划称为缺料计划，成了生产管理水平低下的代表形式。缺料计划本身是生产管理活动中的客观现状的反映，但缺料计划制订的时间太晚。如果当物料缺件发生了才开始制订缺件物料的采购作业计划或生产作业计划，那么将无法满足现代社会交货期及时性的要求。

如果能够在物料缺料未发生时预测将要发生的物料缺件现象，并及时地采购或生产，那么这种缺料计划就是一种正常的管理措施，这时的缺料计划就是物料需求计划。从某种意义上来说，MRP 就是缺料计划的提早表现。例如，根据 MPS 可以得到企业将要生产什么和生产多少，根据 BOM 可以计算出所需要的物料名称和数量，根据所需要的物料名称和数量以及这些物料的库存数量可以计算出当前缺乏的物料名称和数量，这就是缺料表。实际上，在基于计算机的辅助管理信息系统中，这种缺料表的表现形式就是 MRP。从上面的分析来看，MRP 通过物料需求计划解决物料缺件现象，它包括了比缺料计划更加丰富的内容，是一种优先计划。

MRP 建立在 MPS 的基础上，但是与 MPS 有着本质的不同。MPS 回答了生产什么和何时生产的问题，其计划对象是最终交付用户的产品项目。对于如何生产这些产品项目，如何合理均衡地安排生产或采购这些产品项目的零部件、原材料和外协件，如何考虑现有的库存状况并保持合理水平，如何在生产过程中考虑均衡、设备能力、有效的生产批量等，这些都是 MRP 需要回答的问题。

MRP 是 ERP 系统的核心内容，它把 ERP 系统中的许多重要组件组合在一起。MRP 把 MPS 作为其基础和输入，是 MRP 要达到的最终目标。BOM 是 MRP 把最终产品分解成各种物料的工具，是最终产品与物料编码和物料数量相关联的方法。毫无疑问，作为一种重要的基础数据，物料编码是整个 ERP 系统包括 MPS

和 MRP 组件识别和使用物料的依据。在 MRP 的计算过程中，如果需要某种指定编码的物料但是这种物料偏偏无法及时满足作业的需要，能否采用性能相近或更高性能的同类物料代替这种指定编码的物料呢？这个问题的答案就是企业制定的物料代用政策。工序和工序组成的工艺路线是 lvLRP 安排生产作业顺序的基础。工序把将要加工的物料和实施加工的工作中心连接了起来。实际上，工作中心把 MRP 和能力需求计划两个重要组件关联了起来。制造日历有助于 MRP 明确地安排采购作业和生产作业的时间。虽然根据 MPS 和 BOM 可以得到需要的物料，但是企业当前已经有多少物料和真正需要多少物料，需要借助库存状况来回答。已经发放的加工订单和采购订单有助于更加准确地回答真正需要多少物料。在上面这些组件和数据的基础上，MRP 经过复杂的运算输出可以发放的加工订单和采购订单。

7.4.1.2 物料需求计划的含义

物料需求计划（MRP）是针对主生产计划（MPS）的各个项目所需全部制造件和全部采购件的网络支持计划和时间进度计划。MRP 根据主生产计划中最终产品的需求数量和交货期，推导出构成产品的零部件及材料的需求数量、需求时间，再推导出自制零部件的制造订单下达日期和采购件的采购订单发放日期，并进行需求资源和可用能力的进一步平衡。

MRP 是一种物料管理和生产方式，是 ERP 系统的重要组件。它建立在 MPS 的基础上。根据产品的 BOM、工艺路线、批量政策和提前期等技术和管理特征，生成原材料、毛坯和外购件的采购作业计划和零部件生产、装配的生产作业计划，从而得到有效管理和控制企业物料流动的微观计划。

MRP 是在计算机系统支持下的生产与库存计划管理系统，管理方法主要用于单件小批量或多品种小批量的制造企业，每种产品需要一系列加工步骤完成。

7.4.1.3 物料需求计划的工作原理

物料需求计划利用有关输入信息，实现各计划时段的采购计划和制造计划，即 MRP 的作用。通常来说，MRP 要回答以下问题（如表 7.6 所示）。

表 7.6　MRP 需要回答的问题

问题	数据来源
生产（或采购）什么？生产（或采购）多少？	从主生产计划（MPS）获得
要用到什么？	从物料清单（BOM）获得构成比率
已经有什么？	实时库存信息，从库存 IO 获得
还缺什么？	从主生产计划（MPS）获得
何时安排生产或采购以满足交货期要求？	从物料清单（BOM）获得提前期

企业根据主生产计划（MPS）、独立需求、物料清单（BOM）、库存信息等，经过物料需求计划（MRP）计算，生成采购计划和制造计划。

7.4.2 MRP系统设计决策及应用技术问题

7.4.2.1 MRP系统设计决策

MRP系统的主要设计决策包括：计划期的长短、计划的时间单位、是否考虑ABC分类、系统运行的频率、采用"全重排式"方式还是采用"净改变式"方式等问题。

1. 计划期的长短

计划期不能比最长的产品制造周期短，这是一个必须满足的要求。在满足这项要求的前提下，计划期越长，计划的预见性就越好，对于生产能力的合理安排也越有利。不过，计划期过长，会造成数据处理量大，运行时占内存多。因此，在确定计划期长短时，要按企业最长的产品生产周期、企业计划工作的要求，以及现有计算机设备的能力等来决定。通常，计划期一般为一年。

2. 计划的时间单位

对于一线生产管理人员而言，希望计划的时间单位小一些。不过，计划的时间单位太小，又会造成数据量过大，占据的存储空间过多，运行时间过长等问题。实践证明，以周为计划的时间单位是比较好的（这里的"周"未必是自然的一周5天或7天，可能根据企业的需要，4天一周、5天一周等；采用轮班工作方式的企业，甚至周与周之间没有间隔日，而是直接衔接，由工厂日历中的休息日来排除，这样可能导致一年的周次大于自然周52周）。对于预计计划部分，也可采用双周或月，甚至季为计划的时间单位。

3. ABC分类问题

实行MRP要不要对零件进行ABC分类，这是一个有争议的问题，也是设计MRP系统必须解决的问题。

（1）一种观点认为：应该对制造零件进行ABC分类。

对A类和B类零件用MRP处理，对C类零件用订货点方法处理，这样既抓住了主要零件，控制了资金占用，又节省了计算机的存储空间，加快了运行速度。

（2）另一种观点认为：不应对制造零件进行ABC分类。

实行MRP就没有必要对零件进行ABC分类，没必要对不同类的零件分别处理。其原因是，ABC分类的目的是为了抓住重点，以适用于人工处理。由于计算机的运行速度越来越快，存储空间越来越大，没有必要这样做；而且缺少一个C类零件或缺少一个A类零件都不能进行产品装配。

订货点方法不仅造成高库存，而且避免不了缺货。为了落实计划，要使生产能力与生产任务平衡，离开C类零件，平衡将难以进行。在生产过程中，要按零件的优先权来安排加工的先后顺序，并非A类零件的优先权一定比C类零件的优先权高。将C类零件排除在外，就不能有效分配优先权。

两种意见都有各自的道理，用户应按自己的条件做出抉择。

4. 系统运行的频率

运行一次 MRP 一般要 10~40 小时。如果因为改变计划就随意增加运行的频率，各项开销都很大（特别是时间）；运行的频率过低又不能及时对变化了的情况做出反应。

因此，对动态的、易变的环境，MRP 的运行频率应该高一些。因为在这种环境下，产品出产计划随顾客需求的波动而改变频率较高。从企业内部来讲，经常发生设计变更、工艺修改、出废品等，也是促使 MRP 运行频率增高的原因。相反，在相对比较稳定的环境下，MRP 的运行频率可以低一些。

运行频率既是 MRP 系统设计的一个重要参数，又是其运行的一个重要参数。对于"全重排式"系统来说，运行频率不应该高于每周一次，因为 MRP 运行时间长，只能利用周末等较长不生产的时间运行。如果这样的运行频率还不能满足要求，则应采用"净改变式"系统，只分解主生产计划中的一部分内容，范围局限在所分解的那个项目的下属层次上。

5. 需求跟踪功能

在进行负荷能力平衡时，常常需要知道是哪一个最终产品引起的负荷。因此，需要从具体零件的总需要量出发，通过需求跟踪（pegging），找出该零件的总需要量是由哪些数据源头决定的，这就需要需求跟踪功能。需求跟踪与 MRP 的处理过程正好相反。需求跟踪很费时，企业可以选择是否需要这种功能。

6. 固定计划订货功能

固定计划订货的意思是，将一次运行确定的计划发出订货的时间及数量"冻结"起来，不随以后的运行改变。通常，MRP 每运行一次，计划发出订货的数量与时间就变化一次，以至于某项计划发出订货在正式发出之前要改变好多次。固定计划订货功能可以迫使 MRP 系统通过调节净需求量来适应变化。当然，这种特殊的功能只是用于控制某些特定的计划发出订货，而不是用于所有的计划发出订货。

7.4.2.2 MRP 应用技术问题

1. 变型产品

市场需求多样化使变型产品数急剧增加，变型产品往往是几种标准模块的不同组合。例如电动车根据功率、行业规范等可以分为新国标两轮电动自行车、轻便电动摩托车（又可细分为正三轮、反三轮、两轮）、重型电动摩托车（又可细分为正三轮、反三轮、两轮）。我们这里仅以新国标两轮电动自行车为例就可以将其细分为：带/不带前车筐、带/不带后货架/后座位、20A 电机/25A 电机/32A 电机、弯把/直把龙头、实心/充气轮胎、可取/不可取电池等。这样同一品种可以衍化出 $2×3×3×2×2×2 = 144$ 种规格组合的变型产品，如果按前述方法进行归纳，则有 144 种产品结构文件，而每种文件中绝大部分内容是重复的。这将占用大量的存储空间。

若以变型产品为最终产品项编制产品出产计划，则产品出产计划也将大大复杂化，而且很难预测每种变型产品的需求量。为了处理大量的变型产品，可以用模块代替变型产品，建立模块物料清单（modular bill of materials），以模块为对象编制产品出产计划。这样产品结构文件将大大减少。对于本例，仅有 2+3+3+2+2+2=14 种模块物料清单。只需将模块做适当组合，就可在很短时间内提供顾客所需的特定产品。在本质上，这里的一个"模块"就是一个虚项（虚拟品），是虚项概念的运用。

2. 安全库存

设置安全库存是为了应付不确定性。尽管 MRP 是以相关需求进行计算的，仍有不确定性，比如不合格品的出现、外购件交货延误、设备故障、停电、缺勤等。企业一般仅对产品 BOM 结构中最低层元件设置安全库存，而不必对其他层次元件设置安全库存。

3. 提前期

MRP 使用的提前期与我们通常所讲的提前期在含义上有差别。MRP 的提前期实际上指零件的加工周期和产品的装配周期；通常所讲的提前期是以产品的出产时间作为计算起点，确定零件加工和部件装配何时开始的时间标准。

提前期按计划时间单位计，此处是按周计，这是比较粗糙的。确定提前期要考虑以下几个因素：排队（等待加工）时间，生产（切削、加工、装配等）时间，调整准备时间，等待运输时间，检查时间和运输时间。对于一般单件生产车间，排队时间是最主要的，约占零件在车间停留时间的90%左右。这个数值只是所有零件排队时间的平均数。对某个具体零件来说，排队时间是其优先权的函数。优先权高的零件，排队时间短；优先权低的零件，排队时间长。所以，排队时间是一个很不稳定的因素。除了排队时间之外，其他几个因素也是很难确定的。这些因素与工厂里的工时定额、机器设备及工艺装备的状况、工人的熟练程度、厂内运输的条件，以及生产组织管理的水平都有关系。因此，要根据精确的计算公式或程序来确定每批零件的提前期，几乎是不可能的。

4. 批量

无论采购或者生产，为了节省订货费用或生产装备调整费用，都需要形成一定的批量。

对于 MRP 系统，确定批量十分复杂。这是因为产品是层次结构，各层元件都有批量问题。每一层元件计划发出订货的数量和时间的变化，都将波及下属所有元件的需要量及需要时间，这样将引起一连串变动。而且，由于下层元件的批量一般比上层的大，这种波动还会逐层放大。这种上层元件批量变化引起下层元件批量的急剧变化，称为系统紧张（nervousness）。

批量问题还与提前期相互作用，批量的变化会导致提前期的改变，而提前期的改变又会引起批量的变化。为了简化，一般都把提前期当作已知的确定量来处理。为了避免引起系统紧张，一般仅在最低层元件订货时考虑批量。

5. 优先级计划

经过 MRP 程序的处理，产品出产计划转化为自制件投入、产出计划和外购件计划。自制件投入、产出计划是一种生产作业计划，它规定了构成产品的每个零件的投入和出产的时间及数量，使各个生产阶段互相衔接，准时地进行生产。

外购件的需求计划规定了每种外购零部件和原材料的需要时间及数量。

由自制件投入、产出计划可计算出对每一工作中心的能力需求，从而得出能力需求计划。如果生产能力得不到充分利用或者负荷超过能力，则可采取调节办法，如加班加点、调整人力与设备、转外协等。如果调整行不通，则将信息反馈到编制产品产出计划的模块，对该计划做出调整。

当任务与能力基本平衡后，各车间可按自制件投入、产出计划编制车间生产作业计划。车间生产作业计划的实施情况要通过车间作业统计得到。如果统计发现实际与计划偏离，需要通过修改计划或采用调度方法纠正这种偏离，实行生产控制。从实际生产中得到的反馈信息可用来调整车间生产作业计划与能力需求计划，从而使计划具有应变性。

企业按照外购件需求计划，按时向供货单位提出订货，提出订货后，不断从供货单位得到信息，连同生产过程中零部件的完工信息，一起输送到库存状态文件中。

7.4.3 物料需求计划的编制准备

7.4.3.1 物料需求计划的两种基本运行方式

1. 全重排式 MRP（也叫再生式 MRP，regenerative MRP）

这种 MRP 生成后会对库存信息重新计算，同时覆盖原来计算的 MRP 数据，生成全新的 MRP。此类 MRP 的生成一般是周期进行的，如每周运行一次 MRP。现行的 ERP 系统多采用此方式。

全重排式 MRP 对于每一个产品项目，不论是否发生变化，都必须重新处理一遍。重新生成方式是传统的处理方式，计算量大，且不能对变化及时做出反应。不过，系统运行次数少，数据处理效率高，还有"自洁"作用，不会把上一次运行中的错误带到新得出的计划中，因此，至今仍得到广泛的应用。

全重排式 MPR 处理内容：

- 主生产计划中列出来的每一个最终项目的需求都要加以分解；
- 每一个 BOM 文件都被访问到；
- 每一个库存状态记录都要经过重新处理。

2. 净改变式 MRP（net change MRP）

这种 MRP 只有在制订、生成 MRP 的条件（如主生产计划 MPS 的变化、提前期变化）发生变化时，才相应地更新 MRP 有关部分的记录。

净改变式 MRP 一般适用于环境变化较大、计算复杂和更新 MRP 系统时间较长的企业。通常系统要按发生的变化随时运行，但运行中只处理发生变化的部分，只计算净变量。因此，净改变方式计算量小，对变化反应及时，因为对数据的处理仅限于局部而不彻底，系统运行次数多。

净改变式 MRP 的内容：

- 每次运行系统时，都只需要分解主生产计划中的一部分内容；
- 由库存事务处理引起的分解只局限在所分解的那个项目的下属层次上。

7.4.3.2　低位码概念

低位码（low level code，LLC）又称低层码。物料的低位码是系统分配给物料清单上的每个物品的一个从 0 至 N 的数字码。在产品结构中，最上层的层级码为 0，下一层部件的层级码则为 1，依此类推。

一个物品只能有一个 MRP 低位码，当一个物品在多个产品中所处的产品结构层次不同，或者即使处于同一产品结构中但处于不同产品结构层次时，则取处在最底层的层级码作为该物品的低位码，也即取数字最大的层级码。

在展开 MPS 进行物料需求计算时，计算的顺序是从上而下进行的，即从产品 0 层开始计算，按照低位码顺序从低层码数字小的物料往低位码数字高的物料进行计算。

图 7.4 为总共 6 层的产品结构图，根项目为第 0 层，其余项目分布在 1～5 层。在图 7.4 所示层次结构表中，小括号中的数字表示构成比例，而 LT 则表示准备当前物料的提前期。

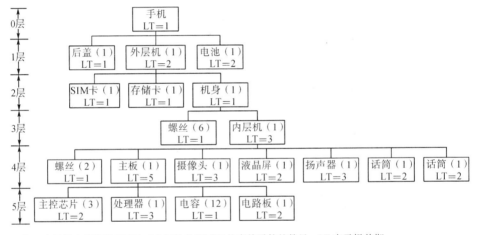

注：小括号中的数字表示构成上层物件所需要的当前零件的数目；LT 表示提前期。

图 7.4　具备低位码的产品结构图

图 7.4 中，螺丝这种物料分别在第 3 层和第 4 层都有需求，按低位码取最大层数的原则，螺丝的低位码为 4。每种物料有且仅有一个低位码，该码的作用在于指出各种物料最早使用的时间，在 MRP 运算中，使用低位码能简化运算，同时避免相对上层的物料在计算时将数量耗尽而影响下层的计算。

7.4.3.3　物料需求计划的处理过程

物料需求计划的计算是一个逐层逐项计算的过程，通过将 MPS 导入的需求按物料清单（BOM）进行相关需求计算生成订单计划（如图 7.5 所示）。

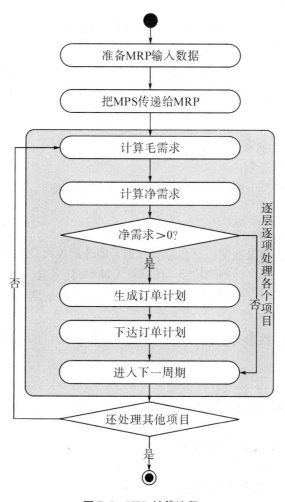

图 7.5　MRP 计算流程

整个计算过程需要计算毛需求量、相关需求、预计库存等，公式如下：

1. 计算毛需求量

项目毛需求＝项目独立需求＋父项的相关需求

父项的相关需求＝父项的计划订单数量×项目用量因子

2. 计算净需求量

（1）计算各个时段的预计库存量。

预计库存量（现有库存的计算）＝前期库存＋计划接收量−毛需求量−已分配量

（2）确定净需求量。

净需求量＝预计库存的相反数＋安全库存

＝毛需求−前期库存−本期计划接收＋已分配量＋安全库存

★小提示:

净需求与已分配量计算原则

如果在某个时间段上的预计库存量小于等于零,则产生净需求;否则,净需求就为零。已分配物料是指已向库房发出提货单,但尚未由库房发货的物料。已分配量是尚未兑现的库存需求。因此,已分配量仅用于第1周期,以后不必再算。

3. 生成订单计划和下达订单计划

(1)生成订单计划。

利用批量规则,生成订单计划(又称计划订单入库),即计划产出量和产出的时间。

(2)考虑损耗与提前期。

考虑损耗系统和提前期,下达订单计划,即计划投入量和投入时间。

$$计划产出量=计划投入量×损耗系数$$
$$计划产出时间=计划投入时间+提前期$$

4. 进入下一循环

利用计划订单数量计算同一周期更低一层相关项目的毛需求量,进入下一循环。

7.5　能力需求计划 CRP

7.5.1　能力需求计划概述

7.5.1.1　能力需求计划的含义

能力需求计划(capacity requirements planning,CRP)也就是所谓的细能力需求计划,是对生产过程中(这里指物料需求计划)所需要的能力进行核算的计划管理方法,以确定是否有足够的生产能力来满足生产的需求。能力需求计划用于分析和检验物料需求计划的可靠性,将生产需求转换成相应的能力需求,评估可用的能力并确定应采取的措施,以协调生产能力和生产负荷的差距。具体来说,能力需求计划就是对各生产阶段和工作中心所需的各种资源进行精确计算,得出人力负荷、设备负荷等资源负荷情况,并做好生产能力与生产负荷的平衡工作。

物料需求计划的对象是物料,物料是具体的、形象的;能力需求计划的对象是能力,能力是抽象的、变化的。能力需求计划把物料需求转换为能力需求,估计可用的能力并确定应采取的措施。

能力需求计划把 MRP 计划下达的订单转换为负荷小时,按工厂日历转换为每个工作中心各时区的能力需求。运行能力需求计划,就是根据物料需求计划中加工件的数量和需求时段,它们在各自工艺路线中使用的工作中心及占用时间,对比工作中心在该时段的可用能力,生成能力需求报表。

物料管理及 ERP 应用原理与实施

7.5.1.2 能力需求计划作用

能力需求计划（CRP）主要在于通过分析比较 MRP 的需求和企业现有生产能力，及早发现能力的瓶颈所在，从而为实现企业的生产任务而提供能力方面的保障。

能力需求计划在确认下达的 MRP 基础上，分析加工工艺路线、各工作中心能力而进行相应计算，目的是回答以下问题：

（1）MRP 涉及的物料经过哪些工作中心加工？

（2）这些工作中心的可用能力是多少？在计划展望期中，各工作中心在各计划周期的可能能力是多少？

（3）MRP 涉及的物料在各工作中心的负荷是多少？这些物料在各工作中心、各计划周期的负荷又是多少？

对于 MRP 包含的产品结构中的每一级项目，MRP 分时间将制造订单的排产计划转换成能力需求，并考虑制造过程中排队、准备、搬运等时间消耗，使生产需求切实成为可控制的因素。此外，能力需求计划（CRP）还考虑了现有库存和在制品库存，使主生产计划所需的总能力数量更准确。由于订单计划是 MRP 产生的，其中考虑了维修件、废品和安全库存等因素，与之对应的能力需求计划（CRP）也相应考虑了这些因素，使能力估计更加切实可行。

7.5.1.3 能力需求计划与粗能力计划的区别

能力需求计划（CRP）与粗能力计划（RCP）的功能相似，都是为了平衡工作中心的能力与负荷，从而保证计划的可靠性与可行性。不过，两者之间又有明显的区别，如表 7.7 所示。

表 7.7 能力需求计划（CRP）与粗能力计划（RCP）的区别

对比项目	粗能力计划（RCP）	能力需求计划（CRP）
计划阶段	主生产计划（MPS）	物料需求计划（MRP）
计划对象	独立需求物料	相关需求物料
主要面向	主生产计划（MPS）	车间作业控制（SFC）
计算参照	资源清单	工艺路线
能力对象	关键工作中心	全部工作中心
订单范围	计划及确定的需求	全部
现有库存量	不扣除	扣除
提前期	以计划周期为最小单位	物料完成的开始与完工时间，精确到天或小时
批量计算	因需定量	批量规则
工作日历	企业通用工厂日历	工作中心日历

7.5.2 能力需求计划的编制准备

7.5.2.1 能力需求计划的分类

ERP的能力需求计划按照编制方法可分为无限能力计划和有限能力计划两种方式。

1. 无限能力计划

无限能力计划是指不考虑能力的限制，对各工作中心的能力和负荷进行计算，产生出工作中心能力与负荷报告。在负荷工时大于能力工时的情况下，称为超负荷，此时对超过的部分进行调整，如延长工作时间、转移工作中心负荷、外协加工等；采取以上措施无效的情况下，只能选择延期交货或者取消订单。

2. 有限能力计划

有限能力计划是指工作中心能力是不变的或有限的，计划的安排按照优先级进行（数字越小，优先级越高）。优先级计划是按优先级分配给工作中心负荷，当满负荷时优先级低的项目被推迟，这种方法不会产生超负荷，可以不做负荷调整。

7.5.2.2 工作中心能力数据建立

建立工作中心能力数据通常包括选择计量单位、计算定额能力和计算实际能力几个步骤。

1. 选择计量单位

通常用于表示工作中心能力的单位有工时、千克或吨、米、件数等，不过为了统一起见，使用工时的情况居多。在离散型生产中多用加工单件所需要的标准时间作为计量单位，即小时/件。在重复式生产中多用单位小时的产量作为计量单位，即件/小时。在流程式生产企业中，多用产量或日产量作为计量单位，比如吨/日。

2. 计算定额能力

定额能力是在正常的生产条件下工作中心的计划能力。定额能力不一定为最大能力，而是根据工作中心文件和车间日历有关信息计算而得。计算定额能力所需要的主要信息有：每班可用操作人员数、可用的机器数、单机的额定工时、工作中心利用率、工作中心效率、该工作中心每天排产小时数、每天开动班次、每周工作天数。计算公式为

工作中心利用率＝实际直接工作工时数/计划工作工时数

工作中心效率＝完成的标准定额工时数/实际直接工作工时数

完成定额工时＝生产的产品数量×按工艺路线计算的定额工时

工作中心的定额能力＝可用机器数或人数×每班工时×每天的开班数×

每周的工作天数×工作中心利用率×工作中心效率

3. 计算实际能力

实际能力是通过记录某工作中心在某一生产周期内的产出而确定的，也称历

史能力。计算公式为

工作中心实际能力＝工作中心在数周期内的定额工时/周期数

7.5.2.3 能力需求计划（CRP）编制步骤

能力需求计划来源于物料需求计划生成的结果——制造订单（加工任务、生产作业计划）确定的需用负荷，并结合工艺路线文件提供的需求能力、该加工任务所经过工作中心的可用能力，经细能力平衡后生成能力需求计划（CPR），见图7.6。在生成能力需求计划之后，还需要进一步分析负荷，并根据企业的实际情况对能力负荷进行调整。

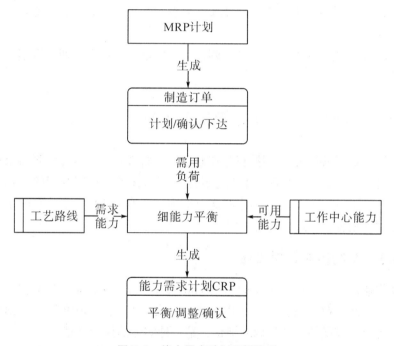

图 7.6 能力需求计划逻辑流程

1. 收集数据

能力需求计划（CRP）编制的第一步是收集数据。用于 CRP 输入的数据包括：

- 已下达的制造订单；
- MRP 计划订单；
- 工作中心能力数据；
- 工艺路线文件；
- 工厂生产日历；
- 工作中心的工序间隔等。

2. 计算负荷

CRP 将所有的订单分派到工作中心上，然后确定有关工作中心的负荷，并从订单的工艺路线记录中计算出每个有关工作中心的负荷。当不同的订单使用同一个工作中心时，按时间段合并计算。最后，将每个工作中心的负荷与工作中心记录中存储的定额能力数据进行比较，得出工作中心负荷能力对比及工作中心利用率。

3. 分析负荷情况

能力需求计划将指出工作中心的能力负荷情况（不足、刚好、超过）及程度，分析负荷产生的原因，以便于正确地解决问题。

4. 能力负荷调整

CRP 根据负荷情况分析，对能力和负荷进行调整：增加或降低能力、增加或降低负荷，或者两者同时调整。

- 调整能力的方法有加班、增加人员和设备、提高工效、更改工艺路线、增加外协处理等；
- 调整负荷的方法有修改计划、调整生产批量、推迟交货期、撤销订单、交叉作业等。

7.6 车间作业计划（管理）PAC

车间管理处于 ERP 的计划执行与控制层，其管理目标是按照物料需求计划的要求，按时、按质、按量与低成本地完成加工制造任务。车间管理的过程主要是依据 MRP、制造工艺路线与各工序的能力编排工序加工计划，下达车间生产任务单，并控制计划进度，最终完工入库。

7.6.1 车间作业计划概述

车间作业计划（procduction activity control，PAC），又称生产作业控制、生产作业计划、车间作业控制，属于 ERP 执行层计划。它是在 MRP 计划输出的制造订单基础上，对零部件生产计划的细化，是一种实际的执行计划。

车间作业按产品的工艺流程分为离散型和流程型。对于离散型车间作业通常称之为车间作业控制（shop floor control，SFC），而生产作业控制（PAC）则是包含离散型和流程型的生产作业管理的统称。

车间作业计划是在 MRP 所产生的制造订单基础上，按照交货期的前后和生产优先级选择原则以及车间的生产资源情况，将零部件的生产计划以订单的形式下达给适当的车间。在车间内部，根据零部件的工艺路线等信息制定车间生产的日计划，并组织生产。同时，在订单生产过程中，车间作业计划实时地采集车间生产的动态信息，了解生产进度，发现问题并及时解决，尽量使车间的实际生产接近于计划。

车间作业计划是根据零部件的工艺路线来编制工序排产计划的。在车间作业控制阶段要处理相当多的动态信息。在此阶段，反馈是重要的工作，因为系统要以反馈信息为依据对物料需求计划、主生产计划、生产规划以至经营规划做必要的调整，以便实现企业的生产过程管理。

车间作业计划是车间作业管理的重要组成部分，一个可施行的车间作业计划必须以车间控制管理为前提。

7.6.1.1　车间和车间管理

1. 车间

车间是企业内直接从事生产活动的场所，是企业组织生产的基本经济单位、行政管理和经济核算单位，是执行层的管理组织机构。车间一般是按照生产的专业性质设置的，拥有一定的厂房或场地，拥有完成一定生产任务所必需的设备和设施，并配备一定数量的工人、技术人员和管理人员。每个车间运用这些生产条件，担负着完成某种产品、产品的某些工艺、某些零部件或辅助物料等的生产任务。车间的特点如下：

（1）车间必须具备一定规模，一个或几个工作地不能成为一个车间。

（2）车间必须具有一定的管理职能，不具备相对完整的管理职能的生产单位充其量只能是班组或工段，而不是车间。

（3）车间必须具有相对明确的生产对象和一定的生产条件，无明确生产对象，不具备生产条件，或流动性很大的室外、野外作业场所不能称为车间。

（4）车间是企业生产活动的第一线，其生产活动的科学及合理性，直接决定着企业的生产效果和经济效益。因此，车间必须加强管理，以保证完成生产任务和提高生产效率，使车间成为企业管理系统中的一级行政管理单位。为了贯彻经济利益原则，调动职工积极性，也应把车间作为一级经济核算单位。

2. 车间管理

车间管理就是车间根据厂部制定的目标、计划、指令、命令和各项规章制度，运用车间拥有的资源条件和管理权限，对车间的生产经济活动进行计划、组织、指挥、控制、调度和考核，包括对职工进行激励、教育和生活福利管理等工作。

按照管理层次划分，企业管理位于管理的最高层，车间管理位于管理的中间层，班组管理位于管理的作业层。对于最高管理层来说，车间管理属于执行型；对于作业管理层来说，车间管理又属于指令型。车间既要执行厂部下达的指令，并且为厂部提供信息，又要对工段、班组下达指令，以便协调整个车间的生产活动。

车间管理是企业整体管理的基础，是生产第一线的管理工作，是执行性的效率管理。这表现在车间管理是企业以生产为中心的主要管理环节，搞好车间管理，保证企业有正常的生产秩序，才能全面完成企业计划，实现企业目标。

7.6.1.2　车间作业管理的流程

车间作业计划是一种执行层的实施计划，是开展整个车间作业工作的肇始端。车间作业计划的落实必须经过对应的技术准备工作环节，应判断制定车间作业计划依据的作业环境和条件是否与当前实际的作业环境和条件一致。只有当计划环境和实际环境一致或基本一致时，工作才可以继续进行。这时，需要对车间作业计划进行确认，确认后的车间作业计划作为生产订单下达。当多个生产订单任务下达到一个工作中心后，需要采取合适的方法对多个生产任务或生产作业进行排序，经过排序的生产任务被称为派工单。当生产作业开始执行时，为了确保生产过程能够按照计划顺利执行，需要及时采取合理的作业调度措施，监控异常事件的发生，并且控制好在制品的数量，做好数据采集工作，提供有价值的生产统计数据。当车间作业完成后，经过检验，对合格的产成品办理入库手续。最后，应该对整个车间作业过程的计划投入和实际产出进行分析，找出生产过程中存在的各种问题，以便在今后的工作中改进。

基于车间管理的车间作业流程的表现形式往往比较复杂，不同管理类型的企业中，车间作业流程通常不相同。例如，流程型的制药业与离散型加工业其生产作业流程的外在形式显然不尽相同，但从管理实质上来看，这些企业的车间作业计划有许多相似的地方。同样是由 MRP 生成车间作业计划，进而进行车间作业计划技术准备，然后判定计划环境与实际环境的异同，确认和下达生产订单，作业排序生成派工单，并通过一系列车间作业管理，完成产成品入库和投入产出分析（见图 7.7）。

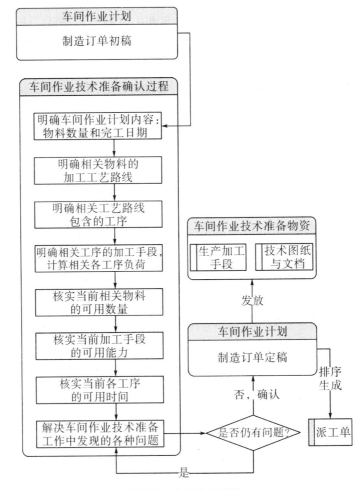

图 7.7　车间作业流程

1. 车间作业计划

车间作业计划是多个车间作业步骤的合理序列，也有人把车间作业计划称为制造订单。车间作业计划的来源是 MRP 的运算结果。MRP 的运算结果包括两部分，即用于指导采购管理工作的采购作业计划和用于指导生产作业管理工作的车间作业计划。经过细能力平衡（并生成能力需求计划 CRP）之后的车间作业计划，经确认后形成定稿并排序生成派工单。

在物料属性定义中，物料来源类型用于描述该物料是采购得到还是生产得到。在 BOM 结构中，如果某个物料的来源类型是生产，那么，当 MRP 运算结束之后，该物料就出现在车间作业计划的详细安排中。

车间作业计划中包括了计划编码、物料编码、物料数量、工艺路线编码、计划开始日期和计划完成日期等数据。其中，工艺路线由工序编码、工序名称、定额时间、工作中心编码和工作中心名称等数据组成。根据物料编码、物料数量和对应的工作中心编码，可以计算出该工作中心的工作负荷。

工序的定额时间通常由这几个部分组成，即加工准备时间、加工时间、等待时间、移动时间、排队时间等。据统计，在工序定额时间的组成中，加工时间不超过 10%。研究结果表明，物料在车间作业系统中的大多数时间是作为在制品消耗在加工准备、排队和移动等过程中的。

根据物料的最迟完成日期即可推算出其最迟开始日期。如果已知该物料的最早完成日期，则可以计算出最迟完成日期。

车间作业计划是开展生产作业活动的依据，作业内容、数量、日期安排和需要的加工手段等为车间作业的各项活动提供了基础。车间作业计划必须经过确认之后才能有效地指导生产作业活动的开展，这是因为车间作业计划是基于各种定额数据计算得到的，这些定额数据是否与实际情况相符，必须经过确认。

2. 车间作业技术准备

车间作业技术准备指的是对该车间作业计划需要的硬件技术、软件技术进行检查和准备，以确保车间作业计划可行和顺利执行的系列技术活动。这里提到的硬技术准备主要包括设备、夹具、模具、工具、物料和人员等硬件资源的准备，软件技术准备主要是相关技术图纸和文档、工艺路线等的准备。

当接到车间作业计划后，应该开展车间作业技术准备工作，明确工作内容、核实当前能力、解决出现的问题、确认车间作业计划以及落实各项技术准备工作。具体的车间作业准备工作流程如图 7.8 所示。

车间作业技术准备工作的第一步是明确车间作业计划的内容。这些内容包括：

- 明确将要加工的物料名称、物料编码、物料数量和完成日期等；
- 了解该物料的加工对应的工艺路线和工艺路线包含的工序；
- 掌握每一个工序对应的定额时间、需要的工作中心和加工手段等，计算出对每一个工作中心需要的工作负荷。

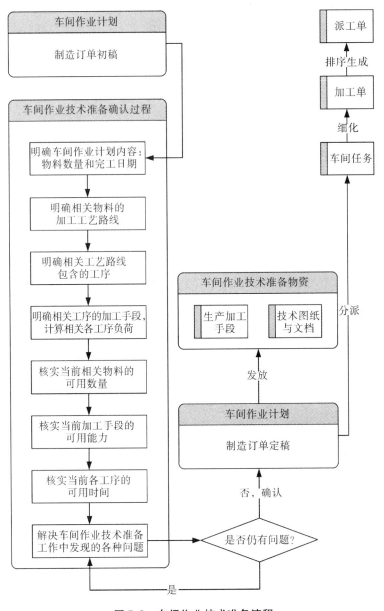

图 7.8　车间作业技术准备流程

从理论上来讲，MRP 经过能力平衡后，现有的物料数量、加工手段的能力以及可用时间都可以满足计划需要。不过，由于实际上工作环境处于一个动态的变化过程中，需要对这些计划数据进一步核实；只有当这些计划数据都符合实际情况时，该作业计划才可以被确认。如果出现了现有物料的数量不足、当前加工手段的可用能力欠缺以及可用时间过短、设备故障、人员调配不足等不能满足需求的情况时，需要采取相应的解决措施。例如，如果当前物料的数量不足，可以考虑使用性能更好的替代物料；如果加工手段的可用能力欠缺，可以通过外协等方式来解决；如果可用时间过短，则可以采取交叉作业的方式等。

最后是落实车间作业技术准备工作的各项措施。这些落实工作包括发放生产加工手段、发放技术图纸和文档、发放物料以及组织生产人员等。

7.6.2 车间作业计划工作内容

1. 核实 MRP 产生的计划订单

虽然 MRP 为计划订单规定了计划下达日期，并且做过能力计划，但这些订单在生产控制人员正式批准下达投产之前，还必须检查物料、能力、提前期和工具的可用性。有的物料可由多条加工路线、多个车间完成。车间接收的 MRP 计划订单是生产计划员根据标准状态的资料制定的，所以在投放前要仔细核实车间的实际情况，要检查工作中心、工具、物料及生产提前期等的有效性，解决计划与实际间存在的问题，最后建立和落实车间任务，做出各物料加工的车间进度计划（加工单）；并根据物料短缺报告说明物料在任务单上的短缺量，帮助管理人员及时掌握有关情况，采取相应措施，及时加以解决。

作为生产控制人员，要通过计划订单报告、物料主文件和库存报告、工艺路线文件和工作中心文件以及工厂日历来完成以下任务：

- 确定加工工序；
- 确定所需的物料、能力、提前期和工具；
- 确定物料、能力、提前期和工具的可用性；
- 解决物料、能力、提前期和工具的短缺问题。

2. 执行生产（制造）订单

工作中心的加工任务也称为工作中心进度表，它是根据工作中心正在加工的情况、已经进入待加工排队状态的情况、上工序已经完工并即将到达的加工任务情况等，做出该工作中心的任务计划，以控制生产过程中任务的流动和优先级。它说明了在某个工作中心将要或正在生产什么订单的物品、已完成的数量和未完成的数量、计划生产准备和加工时间与订单的优先级。

执行生产订单的工作包括下达生产订单和领料单、下达工作中心派工单和提供车间文档。

一份生产订单在生产管理过程中是有生命周期的。所谓下达生产订单就是指明这份生产订单可以执行了。在下达的生产订单上要说明零件的加工工序和占用的时间。

当多份生产订单下达到车间，需要在同一时间段内、同一工作中心上进行加工时，必须要向车间说明各生产订单在同一工作中心上的优先级。

执行生产订单的过程，除了下达生产订单和工作中心派工单之外，还必须提供车间文档，其中包括图样、工艺过程卡片、领料单、派工单等。

3. 收集信息、监控在制品生产

工作中心需要查询工序状态、完成工时、物料消耗、废品、投入/产出等项报告；控制排除时间，分析投料批量，控制在制品库存，预计是否出现物料短缺或拖期现象。

（1）下达生产指令，进行生产调度与车间作业控制。

常见的生产指令为派工单（生产工票）。每个任务可以下达一张派工单，也可以分开用多张派工单下达，可以对应一个工序或多个工序。通常是一个任务对应一张派工单，再流经多道工序。

生产进度控制贯穿了整个生产过程，有的企业生产进度控制的主要对象是客户需求产品的最终完工进度，但完整的进度控制包括投入进度控制、工序在制进度控制和产出进度控制。

车间作业控制活动在制造业的车间管理中占据非常重要的位置。车间生产管理人员的大部分工作都是从事生产的控制活动。生产计划一旦下达并实施，生产制造的控制活动就同时开始运作。车间作业控制的主要内容是进度控制、质量控制、车间物流控制与成本控制。影响生产经营活动的主要因素有人、设备、物料、计划、资金与过程的各种信息流，车间管理子系统的集成为企业的生产控制提供了良好的管理平台与解决方案。

（2）各工作中心内部、相互之间的能力与投入产出控制。

各工作中心内部、相互之间的能力与投入产出控制包括调度与控制投入、产出的工作量，平衡、充分地发挥各工序能力，同时控制投入、产出的物品流动，控制在制品库存量，保持物流平衡、有序。

4. 采取调整措施

工作中心如预计将要出现物料短缺或拖期现象，则应采取措施，如通过加班、转包或分解生产订单来改变能力及负荷。如仍不能解决问题，则应给出反馈信息、修改物料需求计划，甚至修改主生产计划。

5. 生产订单完成

工作中心应统计实耗工时和物料、计算生产成本、分析差异、处理产品完工入库事务。

（1）在制品管理。

在制品管理也是车间管理的一项重要工作内容。由于物料占用了企业的大量资金，是生产成本的主要构成部分，车间必须对车间原材料、半成品及成品加以严格的管理，要有科学合理的管理方法。对车间物料要定期组织盘点，对盘盈或盘亏的物料和在制品得到有关部门确认后要及时进行调整，并要总结分析，加以预防控制。

（2）登记加工信息。

车间应根据加工任务、派工单记录加工的信息。加工信息说明了任务单在工艺路线中每道工序的情况：发放到工序上的数量、在工序上加工的数量、已经加工完成的数量、已转下道工序的数量、在工序中报废的数量、工序计划开始与结束的时间、实际加工的开始与结束时间、物料的计划和实际发放量，以及加工工作中心、加工人员费用等。收集车间数据有助于计划和控制生产活动，保证产品质量，记录实际生产成本。车间数据包括加工人员数据、生产数据、质量控制数据和物料移动数据等。

（3）统计分析。

车间应对生产过程的各种信息进行统计与分析，用以改进车间管理工作。统计分析的数据有进度分析、在制物流分析、投入产出分析、工作效率分析、车间成本分析及车间人员考勤分析等。

7.6.3　车间作业计划编制步骤

1. 根据 MRP 订单生成车间任务

车间作业计划（制造订单定稿）确认之后，将分派到各个车间形成车间任务。这个步骤的任务就是要把经过核实的 MRP 制造订单下达给车间，一般情况下应该把物料需求计划明确下达给某个车间加工，以满足工艺路线的要求；但特殊情况下，也可以把同一个物料需求计划分配给不同的车间。

车间任务往往是以报表的形式给出的，在报表中一般应包括任务号、MRP号、物料代码、物料名称、需求量、需求日期、车间代码、计划开工日期、计划完工日期等数据项（如表 7.8 所示）。

表 7.8　车间任务表

任务号	MRP 号	物料代码	需求量	需求日期	计划开工日期	计划完工日期
B01	M10	MT001	100	2014.11.01	2014.10.25	2014.11.01
B02	M20	MT002	200	2014.11.05	2014.11.02	2014.11.05

2. 下达加工单

每一个加工单都有一个唯一的编码，称为加工单编码。每一个加工单编码都对应一个产成品或半成品。每一个加工单都应该有具体的任务，可以追溯到某个客户订单等。

加工单通常包括 3 个部分的内容，即加工单明细、加工单工序明细和加工单用料明细。

（1）加工单明细。

加工单明细主要是描述各个加工订单的基本属性，例如：

- 要生产什么物料？其物料编码、物料名称和型号规格等是什么？
- 要完成多少数量？
- 该加工订单的来源任务是什么？例如，对应哪一个客户订单？
- 在什么时候开始生产？在什么时候必须完工入库？
- 按照什么样的工艺路线加工？
- 由哪一个生产部门制造？
- 在指定日期之前已经入库了多少数量？

（2）加工单工序明细。

加工单工序明细主要用于描述指定的加工单包含的工序编码、工序名称、额定时间和工作中心等属性，例如：

- 完成当前的加工订单需要经过哪些工序？
- 每道工序各自对应的工作中心是什么？

- 每道工序的最早、最晚开工日期和最早、最晚完工日期是什么？
- 每道工序耗费的加工准备时间、加工时间分别是多少？

在一些 ERP 系统中，加工订单明细的每一条记录被称为加工单概况。加工订单由加工订单概况和加工订单工序明细组成。

加工单工序以工作中心为加工单位，是车间任务的细化，是在计划开工日期和计划完工日期的基础上进一步细划的最早开工时间、最早完工时间、最晚开工时间、最晚完工时间等计划进度，其中的订单时间细化到小时（如表 7.9 所示）。

表 7.9　加工单表

加工单号：JG12　　　计划日期：2014.10.31　　　计划员：张三
物料代码：MT335　　　需求数量：100　　　需求日期：2014.11.08

工序号	工作中心代码	工时定额		本批订单时间	计划进度			
		准备	加工		最早开工时间	最早完工时间	最晚开工时间	最晚完工时间
1	WC01	0.2	0.1	10.2	2014.11.02	2014.11.04	2014.11.03	2014.11.05
2	WC02	0.3	0.2	20.3	2014.11.03	2014.11.07	2014.11.04	2014.11.08

（3）加工单用料明细。

加工单用料明细从物料角度描述加工单，其主要内容如下：

- 完成每道工序需要用到哪些物料？
- 每种物料的单位用量、标准用量、损耗率、固定损耗和需求数量等。
- 每种物料的发料状况，包括欠料数量、已占用数量和已发料数量等。
- 每种物料分别发送到哪一个工作中心？

3. 生产调度

生产调度就是对分配到同一时区、同一工作中心不同物料的加工顺序进行优先级排序。

（1）生产调度的目的。

- 将作业任务按优先级编排；
- 提高设备和人力的利用率；
- 保证任务如期完成以满足交货期；
- 完成任务时间最短、成本最低。

（2）生产调度的方法。

生产调度的方法即优先级的确定方法，常见的方法有如下几种：

① 先到先服务法。

优先级 =（订单送达日期-固定日期）/365

固定日期是系统设置的固定日期，如当年的 1 月 1 日。

② 交货期法。

优先级 = 交货期-当前日期

③ 最早开工法。

优先级 = 交货期-提前期-当前日期

④剩余松弛时间法。

$$优先级=交货剩余时间(天)-完工剩余时间(天)$$

⑤最小单个工序平均时差法（least slack per operation，LSPO）。

$$优先级=（交货日期-当前日期-剩余工序所需加工时间）/剩余工序数$$

⑥紧迫系数法（critical ratio，CR）。

$$优先级=（交货日期-系统当前时间）/剩余的计划提前期$$

- 当 CR<=0 时，说明已经拖期；
- 当 0<CR<1 时，说明剩余时间不够；
- 当 CR=1 时，说明剩余时间刚好；
- 当 CR>1 时，说明剩余时间有余。

4. 下达派工单

派工单是一种面向工作中心说明生产作业加工优先级和安排生产任务的文件。加工单经过作业排序后可以生成派工单。派工单往往是生产调度人员、工作中心操作人员工作的依据。派工单是指向工作中心的加工说明文件，包括根据生产调度确定的优先级、某时段的加工任务等信息（如表 7.10 所示）。

表 7.10 派工单

车间代码：MT156   工作中心代码：WC12   派工日期：2014.10.31

物料代码	任务号	工序号	需求数量	开工时间	完工时间	加工时间	优先级系数
MT001	B01	1	100	2014.11.02	2014.11.05	10.2	1
MT009	B05	1	500	2014.11.08	2014.11.12	53.6	2

7.6.4 车间作业控制

车间作业控制，是指确保车间作业按照车间作业计划稳定进行的各种有效方法和措施。车间作业控制的具体方法包括制造资源动态调度、车间作业监控、车间作业数据动态采集和车间作业的数据统计分析等。

车间作业计划是指导企业日常生产活动的行动纲领，它把车间作业计划的各项指标，层层落实到各车间、工段、班组，直至员工个人；在时间上，把车间计划各项指标细分为月、旬、周、日，甚至小时的具体计划；在计划单位上，把整个产品细分到部件、零件和工序。这样，就可以保证企业车间作业生产活动的各个环节、各个时点之间的衔接配合，使生产能够协调运作。

车间作业计划虽然制订时已充分考虑了各种条件和因素，但在实施过程中由于各种原因，往往造成实际与计划的偏离。而车间作业控制就是在车间作业计划执行过程中，对有关产品（零部件）的数量和生产进度进行的控制。

造成计划出现偏差的原因是多方面的，如产品设计有缺陷，方案不成熟，设备故障，关键工作人员缺勤等，甚至企业环境的动态性都会对实际生产发生影响，这些都使得实际生产难以按计划进行。

当实际情况与计划发生偏离时，就要采取措施。要么使实际进度符合计划要求，要么修改计划使之适应新的情况。在不同的生产类型中，由于组织方式和生产技术具有不同的特点和运行状态，因而需要分别确定其控制的重点。良好的生产控制，可以大大加快生产作业的速度，简化产品制造的程序，减少物料和在制品的存储量，加速资金的周转，降低生产制造成本，提高企业生产的经济效益。所以，车间作业控制工作必须要运用科学的管理方法，在产品制造的各个环节上，对各项生产要素，如人员、机器设备、物料和资金等，都必须进行合理的调配，以发挥最大的生产效能。

1. 车间作业控制要素的内容

（1）标准。

标准就是车间作业计划及其依据的各种标准，如规定的产品的形式、完工时间、加工时间、零部件投入产出计划等，都是实行生产控制的标准。

（2）信息。

只有取得实际生产进度偏离计划的信息，才知道偏差的情况。通过车间作业统计功能，可以动态实时获取加工进度和设备负荷情况等信息。

（3）措施。

对将要产生或已经产生的偏差，通过制造资源的实时动态调度来进行纠偏。

上述三个要素是密切相关、缺一不可的。没有标准，就不可能衡量车间作业计划实际执行的结果；没有事先测定和事后衡量的信息，就无法了解和评价车间作业计划的执行情况；而不采取纠正偏差的措施，车间作业控制活动也就失去了意义。

2. 车间生产进度控制

车间生产进度控制是指从生产前的准备到制成品的入库过程中，从时间和数量上对车间作业进度进行控制，检查分析已经发生或可能发生的脱离车间作业计划的偏差，通过相关措施加以解决，保证生产均衡进行的活动。做好车间生产进度控制工作，可以避免过量生产和产品积压现象，保持在制品的正常流转，保证生产的连续性和均衡性。

生产进度控制包括投入进度控制和产出进度控制两方面的内容。投入/产出控制（input/output control）是衡量执行情况的一种方法。管理人员通过投入/产出报告了解生产进展的情况，分析出现的问题，对失控的状况进行纠正。另外投入/产出报告还可以用来控制计划以及排队时间和提前期。投入/产出报告的数据一般包括计划投入、实际投入、计划产出、实际产出、计划排队时间、实际排队时间和偏差等。

投入进度控制是指按计划要求控制产品开始投入的日期、数量和品种。产出进度控制是对产品（零、部件）出产的日期、生产提前期、产出的均衡性和成套性的控制。投入/产出进度控制主要是从生产实际进度与计划进度的偏离中观察生产运行状态，并根据偏差情况进行动态调整。

投入/产出控制是衡量能力执行情况的一种方法。投入/产出报告是一个计划与实际投入以及计划与实际产出的控制报告。投入/产出计算可以生成某一时段内各工作中心的计划投入工时、计划产出工时等信息，而实际投入工时和产出工时由车间按实际进行统计。

7.6.4.1　车间作业管理的层次

车间作业管理分成了车间作业计划层、车间作业调度层和车间作业生产活动控制层，每层完成不同的任务（见图 7.9）。

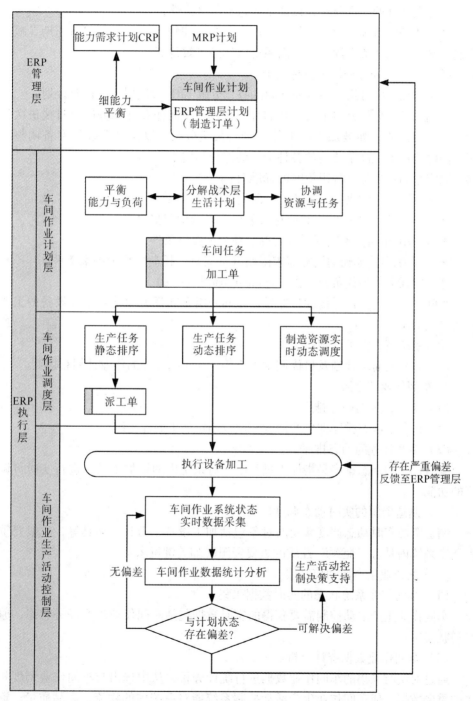

图 7.9　车间作业管理的层次

1. 车间作业计划层

(1) 车间作业计划的目标。

①合理利用各种生产资源，按品种、质量、产量和交货期等要求制订可实施的作业计划；

②建立良好的生产秩序，保证生产过程的平滑性；

③优化某些指标参数，例如使生产率最高、缩短产品的加工制造周期、减少在制品数量、加速资金周转、提高系统整体经济效益等。

(2) 车间作业计划层的具体功能。

①车间任务的分组（lot-size analysis），分解 ERP 管理层车间作业计划。

车间任务的分组是将上级下达的月、旬或周车间作业计划分解成日或班次计划，将车间任务（如被加工的工件）进行最优分组，以减少系统的准备调整时间，同时均衡地提高系统内的各种资源的综合利用率。

制定车间任务最优分组策略的标准有：

- 车间任务交货期（due date）限制；
- 车间任务分组后的组数应尽可能少，以减少调整次数；
- 为每组车间任务实现最优均衡负荷分配提供条件；
- 以系统内其他辅助资源需求限制（如夹具、托盘）作为约束条件。

②车间任务的最优负荷平衡（optimal load balance）。

车间任务最优负荷平衡的目标是，在同一组车间任务中使各主要设备的工作时间之差最小。

③成系统资源需求计划。

比如刀具的需求计划及最优调度策略等，与车间任务的作业计划相协调。

2. 车间作业调度层

(1) 生产任务的静态排序。

生产任务的静态排序即生产调度，用以确定加工的优先级。

(2) 生产任务的动态排序。

生产任务的动态排序是指加工过程中，对系统内的被加工任务进行实时再调度的功能。

(3) 制造资源的实时动态调度。

制造资源实时动态调度涉及的对象包括加工设备、刀具、夹具等，一般要重点调度系统内具有"瓶颈"性质的重要资源（如关键机床）。

3. 车间作业生产活动控制层

(1) 车间作业系统状态的实时数据采集。

车间作业生产活动控制需要获得的实时数据包括车间作业生产任务状态、原材料状态等。

(2) 车间作业数据统计分析。

通过对实时采集的车间作业数据进行统计分析，从中选出与车间作业调度相关的重要数据，使车间作业生产活动控制系统能对系统内的物流、产品质量、资源利用状态等进行调控。

（3）生产活动控制的决策支持。

通过调整执行设备，对生产活动进行调控。

7.6.4.2 车间作业监控和调度

车间作业调度是依据车间作业计划，对车间作业生产作业活动进行组织、指挥、控制和协调，确保车间作业生产活动均衡有序进行的方法。

车间作业监控通常与车间作业调度关联在一起。车间作业监控用于监控车间作业生产过程中发生的各种异常现象，这些异常现象有可能对车间作业生产活动的稳定进行产生影响。通过采取各种合理、有效的生产调度措施，可以及时解决这些异常问题，确保车间作业生产过程的顺利进行（见表7.11）。

表 7.11　常见生产过程异常现象及调度措施

常见的生产过程异常现象	常见的调度措施
1. 机器设备故障，车间作业无法正常进行 2. 由于工装工具、加工设备的原因，造成大量的不合格加工件 3. 由于人员操作原因，造成大量不合格的加工件 4. 由于物料不合格，造成大量不合格的加工件 5. 生产作业现场管理混乱，造成大量加工件损坏、丢失 6. 由于设计更改或工艺方法更改，造成车间作业大规模停滞 7. 由于大量物料浪费，造成现有库存物料不能满足加工需求 8. 关键加工人员缺勤，加工物料的关键环节操作被迫停止 9. 车间作业被迫延误 10. 突发停水停电事件 11. 突发人员冲突事件 12. 突发人员伤亡事故，车间作业停止	1. 及时维护、维修机器设备；必要时保证设备紧急租赁的有效性 2. 调整或更换加工手段 3. 教育、培训操作人员，持证上岗 4. 确保物料的质量 5. 制定和修改各项规章制度，依法治企 6. 提高设计质量，实施成组技术 7. 紧急采购、采用替换物料等 8. 尽可能通过加工手段确保加工质量 9. 加班、加点 10. 加强关键环节人员管理 11. 外协加工 12. 加强生产安全教育，严格安全操作规程

7.6.4.3 车间作业系统状态实时数据采集

信息收集是指通过各种方式获取所需要的信息，这是信息得以利用的第一步，也是关键的一步。信息收集工作的好坏，直接关系到整个信息管理工作的质量。

在整个车间作业管理过程中，都需要大量的加工信息作为决策依据。工序安排需要上工序、等待件、在制品以及完工日期要求等许多数据；进度控制需要投入产出等数据；成本控制需要工作中心、加工班组、能力负荷、完工数量、废品数量和物料利用率等数据。一般来说车间作业过程中的数据信息可以分为人工数据、生产数据、质量控制数据和物料移动数据四类。对这些数据的加工分析是完成车间管理的手段，可以运用数据统计方法进行进度分析、物料分析、投入产出分析、工作效率分析、成本分析。

及时准确地采集生产作业现场的数据，是提高生产作业控制效率的基础。生产计划管理部门、质量管理部门、成本核算部门和绩效考核部门等如果不能及时准确地掌握生产现状，就无法顺利开展相应的工作。生产作业数据采集需要明确下面的 5 个问题：

- 采集数据的手段是什么？也就是说，用什么方法和工具采集数据？
- 采集的数据对象是什么？也就是说，采集哪些数据？
- 采集数据的频率是什么？也就是说，多长时间采集一次？
- 采集数据的粒度是什么？也就是说，数据的详细程度是什么？
- 采集数据的责任者是谁？也就是说，谁负责采集？

1. 采集手段

从采集手段来看，数据采集可以分为完全手工采集处理方式、完全计算机采集处理方式和混合采集处理方式。在完全手工采集处理方式中，一般采用表格、卡片、台账和票据等方式记录生产作业数据，然后再对这些数据进行汇总、统计和分析。完全计算机采集处理方式的特点是数据采集和数据处理全部是自动完成的，可以采用扫描器、磁性笔和光控传感器等手段采集数据，并且对数据进行自动汇总和分析。在混合采集处理方式中，生产作业数据采集是手工采集和自动采集的混合，但数据的处理则是自动化的。

2. 采集的数据对象

从采集的数据对象来看，生产数据可以分为 5 个方面，即

（1）描述生产人员、管理人员等数量和考勤的劳动力数据；

（2）描述物料接收、发放、存储和移动的物流数据；

（3）描述车间作业中作业数量、工序时间和加工手段使用状况等的车间作业数据；

（4）描述车间作业对象合格和不合格数量、统计和分析不合格原因的质量数据；

（5）描述车间作业定额、实际统计数据、成本核算方式和科目设置等状况的财务数据。

3. 采集数据的频率

从采集数据的频率来看，不同的企业有不同的设置，即使同一种数据的采集也有不同的频率。如果车间作业环境变化比较大，应该采用高频率的采集方式；否则采用低频率的采集方式。例如，大多数企业采用每天或每周采集数据的方式，甚至有些企业每月统计一次，而基于计算机辅助管理的 ERP 系统则可以实现高频率的数据采集功能。

在确定数据采集频时，企业不仅要考虑生产方式、作业环境等因素，还要考虑数据采集的方式、工作量以及将要得到的数据量等因素。

4. 采集数据的粒度

从采集数据的粒度来看，如果按照工序来采集数据，数据采集的频率比较高，可以得到非常详细的车间作业状况数据。如果按照生产状况监测点来采集数据，数据采集的频率相对来说比较低，得到的车间作业数据也比较少。数据采集

的粒度越细，则频率越高、数据量越大，车间作业中的问题易于及早暴露出来。数据采集的粒度越粗，则频率越低、数据量越小，车间作业中的问题暴露的时间比较晚。

从汇总的角度来看，在大多数企业中，与月报、周报相比，数据日报的粒度比较精细。如何确定数据采集的粒度，需要综合考虑生产性质、管理方式和管理者的能力等因素。

5. 采集数据的责任者

从 ERP 系统的使用现状来看，确定采集数据的责任者有两种形式：

第一，数据采集点的作业人员直接采集生产作业数据，加工人员负责采集生产作业数据，质量检验人员责采集质量检验结果的数据，库存管理人员负责采集物料流动数据等，这是最及时、有效的数据采集形式。

第二，设置数据采集点并配备对应的数据采集人员，由数据采集人员专职负责采集相应的各种车间作业数据。

7.6.4.4　车间作业数据统计分析

如何发现车间作业过程中潜伏的问题，如何及早地采取措施，使问题在萌芽状态得到解决，这是检验车间管理人员管理水平高低的重要指标。车间作业数据统计分析则是及早发现车间作业过程中各种潜伏问题的重要工具。进行车间作业数据统计分析有许多有效的方法，最经常使用的一种方法是投入/产出分析。

投入/产出分析是衡量能力执行情况的一种方法。它通过对计划投入和实际投入、计划产出和实际产出的比较，分析生产作业中潜伏的各种问题，以便采取相应的措施解决这些问题。例如，在加工过程中，如果实际投入小于计划投入，则表明加工件到达加工点有延迟；如果实际投入大于计划投入，则表明加工件提前到达加工点；如果实际投入等于计划投入，则表明加工件按照车间作业计划准时到达加工点。无论是加工件提前到达还是延迟到达，都说明车间作业过程中存在某些问题。通过分析这些问题存在的原因，进而可以采取措施解决问题。

本章思考题

1. ERP 计划的层次是如何划分的？
2. 什么是生产计划大纲？主要包含什么内容？
3. 生产计划大纲的作用是什么？
4. 生产计划大纲编制准备工作有哪些？
5. 编制生产计划大纲时如何选择企业的生产计划方式？它们各有什么特征？需要各部门分别关注哪些方面？
6. 备货生产（MTS）平均法如何编制生产计划大纲？
7. 备货生产（MTS）滚动计划法如何编制生产计划大纲？
8. 滚动计划法的优点是什么？

9. 订货生产（MTO）如何编制生产计划大纲？

10. 如何根据资源清单和生产计划确定资源需求？

11. 什么是主生产计划？它主要回答哪些问题？

12. 主生产计划的主要内容是什么？

13. 影响主生产计划 MPS 的主要因素有哪些？

14. 主生产计划的作用是什么？

15. 主生产计划的输入与约束条件是什么？

16. 主生产计划的主要需求数据是什么？

17. 主生产计划的生成过程是怎样的？

18. 批量规则有哪几种？各有什么特点？

19. 物料需求计划思想是如何起源的？

20. 物料需求计划的含义和工作原理是什么？

21. 物料需求计划考虑哪些技术问题？

22. 物料需求计划有哪两种基本运行方式？各有什么特点？

23. 什么叫作低位码？

24. 物料需求计划的处理过程是怎样的？

25. 能力需求计划的含义是什么？

26. 能力需求计划的作用是什么？

27. 能力需求计划与粗能力计划的区别是什么？

28. 能力需求计划的分类是什么？

29. 车间作业计划的含义是什么？

30. 车间作业管理的流程是什么？

31. 车间作业技术准备是什么？

32. 车间作业计划工作内容有哪些？

33. 车间作业控制要素的内容是什么？

34. 车间作业管理的层次有哪些？

35. 如何进行车间作业监控和调度？

36. 如何进行车间作业系统状态实时数据采集？

37. 如何进行车间作业数据统计分析？

8 ERP 成本管理

企业要使自己的产品占领市场，就必须对其成本进行控制，否则就会失去市场竞争力，从而影响到企业的生存和发展。ERP 为企业的成本管理提供了工具，把财务和成本管理纳入系统中来，成为 ERP 发展过程中的一个重要标志。

工业企业的基本生产经营活动是生产与销售企业产品。产品的直接生产过程中，从原材料的投入到产成品制成的整个制造过程，会发生各种各样的生产耗费。概括地说，劳动资料与劳动对象的物化劳动耗费主要包括原材料、辅助材料、燃料等支出，生产单位（分厂、车间等）的固定资产的折旧，直接生产人员及生产单位管理人员的工资以及其他一些货币性支出等。所有这些支出就构成了企业在制品制造过程的全部生产费用。为生产一定品种、一定数量的产品而发生的各种生产费用支出的总和就构成了产品的生产成本。

产品的销售过程中，企业为了销售产品也会发生各种各样的费用支出，如企业负担的运输费、装卸费、包装费、保险费、展览费、差旅费、广告费，以及销售人员工资和销售机构的其他费用等。所有这些为销售本企业产品而发生的费用，构成了企业的产品销售费用。此外，还有行政部门管理费用、财务费用等直接计入当期损益的费用，这些费用构成了企业的期间费用。

8.1 企业成本概述

传统手工管理的成本会计往往局限于事后算账，标准成本体系则将成就成本管理的科学性。ERP 采用标准成本体系，因此更倾向于管理会计。标准成本体系是 20 世纪早期产生并广泛应用的一种成本管理方法。标准成本体系的特点是事前计划、事中控制、事后分析。

企业在成本发生前，通过对历史资料的分析研究和反复测算，制定出未来某个时期内各种生产条件处于正常状态下的标准成本；在成本发生过程中，将实际发生的成本与标准成本进行对比，记录产生的差异，并做适当的控制和调整；在成本发生后，对实际成本与标准成本的差异进行全面的综合分析和研究，发现并解决问题，制定新的标准成本。

成本管理系统主要计算生产成本，即对生产制造进行成本计算，统计工作中心的加工成本（动力、磨损、人工等）、物料成本，再对其进行成本预测和分析，有助于企业进行成本控制和制定定价策略、销售策略、物流策略。

成本管理是指在企业生产经营过程中，各项成本计算、成本分析、成本控制和成本决策等一系列科学管理活动的总称。成本管理的目的是充分动员和组织企业全体人员，在保证产品质量的前提下，对企业生产经营过程的各个环节进行科学合理的管理，力求以最少生产耗费取得最大的生产经营成果。成本管理是企业管理的一个重要组成部分，在 ERP 系统的支持下实现对成本系统全面、科学和合理的管理，对于企业增产节支，加强经济核算，改进管理，提高整体管理水平具有重要意义。

8.2 成本计算方法及其特点

迄今为止，按照资源消耗的特点及其在产品中所占的比例，人们把有关成本的计算大致分为两类：一类是产品成本的计算，另一类是作业成本的计算。

有关产品成本的计算方法有很多，按适应范围和管理目标也可分为两类：一类是完全成本法，另一类是制造成本法。在完全成本法的类别中又有品种法、分批法、分步法等主要的产品成本计算方法；在制造成本法的类别中主要是标准成本法（如图 8.1 所示）。

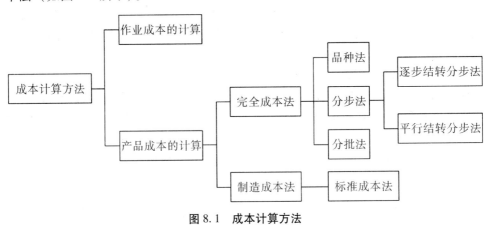

图 8.1 成本计算方法

8.2.1 完全成本法

完全成本又称"全部成本"或"全额成本"，指企业为生产一定种类和数量的产品（或劳务、作业）所消耗的全部生产费用。它不仅包括产品的生产成本，而且包括管理费用、财务费用、销售费用等期间费用。完全成本是生产和销售一定种类和数量的产品或劳务所发生的全部费用。

我国曾在过去较长时期内采用完全成本法计算产品成本。

1. 完全成本法的优点

完全成本法可反映产品在生产经营过程中消耗的全部生产费用，便于计算产品销售利润和产品出厂价格。

2. 完全成本法的缺点

完全成本法把管理费用等期间费用按照一定程序和标准，在企业的在产品、自制半成品和产成品之间进行分配，人为因素较大，容易产生费用分配的随意性；同时也使企业成本计算工作量加大，不利于成本预测和决策。

从理论上说，管理费用等期间费用都是因企业组织生产经营活动而发生的，按照会计配比原则，应计入当期费用，以当期销售收入加以补偿。如将它摊入产品成本，一部分费用就要到以后会计期间才能得到补偿，在产品滞销的情况下，就会使企业虚盈实亏。所以在现行会计制度中，产品成本都按制造成本法计算生产成本。

8.2.2 制造成本法

制造成本主要是指标准成本，另外还包括现行标准成本和模拟成本。

1. 标准成本

标准成本是成本管理中的计划成本，是经营目标和评价的尺度，反映了在一定时间内要达到的成本水平，有其科学性和客观性。标准成本在计划期内（如会计年度）保持不变，是一种冻结成本，作为预计企业收入、物料库存价值及报价的基础。

制订标准成本时，应充分考虑在有效作业状态下所需要的材料和人工数量，预期支付的材料和人工费用，以及在正常生产情况下所应分摊的制造费用等因素。标准成本的制定，应有各相关部门人员参加，并定期对其评价和维护。

2. 现行标准成本

现行标准成本也称为现行成本，类似于人们所说的定额成本，是一种当前使用的标准成本，或者将其看作是标准成本的执行成本。现行成本反映的是生产计划期内某一时间的成本标准。在实际生产过程中，如产品结构、加工工艺、采购费用和劳动生产率等因素发生变化，会导致成本数据发生变化。为了使标准成本数据尽量接近实际，可对现行标准成本定期（如半年）进行调整，而标准成本保持不变。

3. 模拟成本

ERP 系统的特点之一是它的模拟功能，能回答"如果怎样将会怎样？"的问题。例如，有时企业想要知道产品设计变更、结构变化或工艺材料变化所引起的成本变化，则可以通过 ERP 的模拟功能来实现。为了在成本模拟或预计时不影响现行运行数据，可以设置模拟成本（simulated cost），这对在产品设计过程、谈判报价过程中进行分析有极大的帮助。

ERP 系统通常在制定下一个会计年度的标准成本之前，先把修订的成本项输入模拟成本系统，经过多次模拟比较，提出多种可行的方案，经审批后再转换到标准成本系统。因此，模拟成本有时也称建议成本（proposed cost）。

ERP 系统允许各类成本方便地相互转换。

4. 制造成本法的特点

（1）成本按其习性进行分类（固定成本、变动成本和混合成本）。与成本按经济用途分类在产品成本构成上的差异在于：固定制造费用不包含在内。

（2）标准成本是一种"定额成本、相关成本"，在成本制度上排除了成本要素归集的随意性。

（3）每个成本要素都必须进一步划分为数量标准与价格标准。

（4）标准成本的定额必须依据各自企业具体的技术、管理、生产现状来合理制定，及时维护。所谓合理制定是指工时定额数值的得出，必须通过动作分析、作业研究来确定，必须靠科学、合理的期量标准来保证。

（5）标准成本计算体系简化了成本计算的过程和复杂程度。

（6）制造成本法包括标准成本制定，成本差异分析，成本差异处理三大方面。

8.2.3　ERP成本核算的对象与幅度

ERP采用的是标准成本体系，它对成本计算的变革主要体现在ERP的成本计算思路、处理方法上，具体应用上与传统的产品成本计算方法有许多不同。

新的成本制度将过去的完全成本法改为制造成本法。企业的产品成本包括直接材料、直接人工和制造费用，因此，产品成本只核算到车间级（或相当于车间的分厂）为止发生的成本。不过，责任会计制要求建立责任中心。制造业的主要责任中心有成本中心与利润中心。成本中心只负责对成本的管理与控制，是一个成本积累点，它可以是分厂、业务部门、车间、班组与工作中心等。利润中心是独立核算、有收入来源的部门（或单位），如分厂等。

产品的成本反映车间一级的成本水准，可用于考核车间的管理绩效。

凡是与具体的物料、物品有关的费用，分别计入直接材料费与直接人工费作为直接成本。

间接成本是指那些不能明确区分用于哪个具体物料的费用。其中与产量有一定关系的称为变动间接费用（如动力、燃料费用等），而与产量无直接关系的称为固定间接费用（如非直接生产人员的工资、办公费用、房屋折旧与照明等）。

8.2.4　按经济用途划分的成本构成

1. 产品制造成本

（1）企业直接为生产产品发生的直接人工、直接材料、商品进价、其他直接费用，直接计入产品生产成本。

（2）企业为生产产品所发生的各项间接费用，包括间接人工、间接材料、其他间接费用，先通过"制造费用"科目汇集，期末再按一定的分配标准，分配计入有关产品成本。

2. 非制造成本（期间费用、经营费用）

企业行政管理部门为组织和管理生产经营活动所发生的管理费用，为销售和提供劳务而发生的进货费用和销售费用，不再计入产品成本，直接计入当期损益，即从当期收入中直接扣除。此外，企业为筹集资金而发生的财务费用，包括利息净支出、汇兑净损失以及相关的手续费等，也与管理费用和销售费用一样，直接计入当期损益（如图8.2所示）。

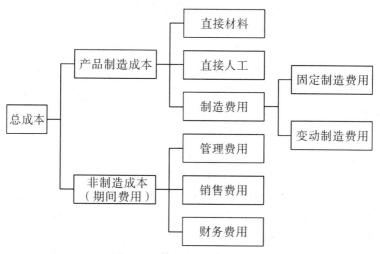

图 8.2　按经济用途划分的成本构成

8.3　产品成本计算

8.3.1　产品成本的计算类型

品种法、分批法和分步法是计算产品成本的主要方法，但实际上，很多企业所采用的成本计算方法既非分批法，也非分步法，而是分批法与分步法的结合。

8.3.1.1　品种法

品种法是以全厂（或某一封闭式车间）某月份生产的某品种为成本计算对象的产品成本计算方法。品种法适用于大批单步骤生产，如电力、自来水、原煤原油等的生产，以及大批多步骤，且管理上不要求按步骤计算成本的生产，如铸造熔铸和玻璃制品的熔铸等生产。此外，辅助生产的供水、供气、供电等单步骤的大量生产，也采用品种法计算成本。这类行业或企业的生产通常具有产品品种单一、封闭式生产、月末一般没有或只有少量在产品的特点。当期发生的生产费用总和就是该种完工产品的总成本，用总成本除以产量，就可以计算出产品的单位成本。在品种法下，生产中发生的一切费用都属于直接费用，可以直接计入该种产品成本。

1. 品种法的主要特点

（1）成本计算对象。

品种法按产品品种设置产品成本计算单，并按成本项目设立专栏或专行，并据以设置产品成本明细账归集生产费用和计算产品成本。如果企业生产的产品不止一种，就需要以每一种产品作为成本计算对象，分别设置产品成本明细账。

（2）成本计算期。

由于大量大批的生产是不间断的连续生产，无法按照产品的生产周期来归集生产费用，计算产品成本，只能定期按月计算产品成本，从而将本月的销售收入与产品生产成本配比，计算本月损益。因此，产品成本是定期按月计算的，与报告期一致，与产品生产周期不一致。

如果只生产一种产品，发生的生产费用全部是直接计入费用，可以直接计入产品成本计算单；如果生产多种产品，发生的直接计入费用应直接计入各产品成本计算单，间接计入费用则要采用适当的分配方法，在各成本对象之间进行分配，然后计入各产品成本计算单。

（3）生产费用是否需要在完工产品和在产品之间进行分配。

大量大批的简单生产如果采用品种法计算产品成本，由于简单生产是一个生产步骤就完成了整个生产过程，所以月末（或者任何时点）一般没有在产品，因此，计算产品成本时不需要将生产费用在完工产品和在产品之间进行分配。如果是管理上不要求分步骤计算产品成本的大量大批的复杂生产采用品种法计算产品成本，由于复杂生产是需要经过多个生产步骤的生产，所以月末（或者任何时点）一般生产线上都会有在产品，因此，计算产品成本时就需要将生产费用在完工产品和在产品之间进行分配。企业可分析具体情况，选择生产费用在完工产品和在产品之间进行分配的方法。

月末计算产品成本时，如果没有在产品，或者在产品数量很少，则不需要计算月末在产品成本。这样，产品成本计算单上所归集的生产费用全部是各产品的产成品成本，除以产品产量，就是各产品的单位成本。如果有在产品，而且数量较多，产品成本计算单上所归集的生产费用，就要采用适当的分配方法，在产成品与月末在产品之间进行分配，从而计算出完工产品成本与月末在产品成本。

无论什么类型的企业、经营什么类型的产品，也无论管理要求如何，最终都必须按照产品品种算出产品成本。这就是说，按照产品品种计算产品成本，是产品成本计算的最一般、最起码的要求，品种法是最基本的成本计算方法。

2. 品种法的适用范围

（1）品种法主要适用于大量大批的单步骤生产企业。

（2）在大量大批多步骤生产的企业中，如果企业规模较小，而且管理上又不要求提供各步骤的成本资料时，也可以采用品种法计算产品成本。

（3）企业的辅助生产车间也可以采用品种法计算产品成本。

8.3.1.2 分批法

分批法也称订单法，是以产品的批次或订单作为成本计算对象来归集生产费用、计算产品成本的一种方法。分批法主要适用于单件和小批的多步骤生产，如重型机床、船舶、精密仪器和专用设备等。分批法的成本计算期是不固定的，一般把一个生产周期（从投产到完工的整个时期）作为成本计算期定期计算产品成本。由于在未完工时没有完工产品，完工后又没有在产品，完工产品和在产品不会同时并存，也不需要把生产费用在完工产品和在成品之间进行分配。

分批法的成本计算对象是产品的批别（或订单），采用分批法核算的产品或服务往往各批之间有很大的差异。如：飞机制造企业所生产的飞机会因每个特定客户的不同要求而有所不同；制药业中每批药的原料、工艺条件的差异会导致各批次产品存在某种程度的不同。

1. 特点

（1）成本计算对象。

分批法的成本计算对象是产品的批别。由于在单件小批生产类型的企业中，生产多是根据购货单位的订单组织的，因此，分批法也称订单法。不过，严格说来，按批别组织生产，并不一定就是按订单组织生产，企业还要结合自身的生产负荷能力，来合理组织安排产品生产的批量与批次。比如说：

①如果一张订单要求生产好几种产品，为了便于考核分析各种产品的成本计划执行情况，加强生产管理，企业就要将该订单按照产品的品种划分成几个批别组织生产。

②如果一张订单只要求生产一种产品，但数量极大，超过企业的生产负荷能力，或者购货单位要求分批交货，企业也可将该订单分为几个批别组织生产。

③如果一张订单只要求生产一种产品，但该产品属于价值高、生产周期长的大型复杂产品（如万吨轮），企业也可将该订单按产品的零部件分为几个批别组织生产。

④如果在同一时期接到的几张订单要求生产的是同一种产品，为了更经济合理地组织生产，企业也可将这几张订单合为一批组织生产。

（2）成本计算期。

企业采用分批法计算产品成本时，虽然各批产品的成本计算仍然按月归集生产费用，但是只有在该批产品全部完工时才能计算其实际成本。由于各批产品的生产复杂程度不同，质量、数量要求也不同，生产周期就各不相同。有的批次当月投产，当月完工；有的批次要经过数月甚至数年才能完工。可见完工产品的成本计算因各批次的生产周期而异，是不定期的。所以，分批法的成本计算期与产品的生产周期一致，与会计报告期不一致。

（3）生产费用。

在单件或小批生产，购货单位要求一次交货的情况下，每批产品要求同时完工。这样该批产品完工前的成本明细账上所归集的生产费用，即为在产品成本；完工后的成本明细账上所归集的生产费用，即为完工产品成本。因此在通常情况下，生产费用不需要在完工产品和在产品之间分配。

如果产品批量较大，购货单位要求分次交货时，就会出现批内产品跨月陆续完工的情况，应采用适当的方法将生产费用在完工产品和月末在产品之间进行分配。采用的分配方法视各批次内产品跨月陆续完工的数量，占批量的比重大小而定。

2. 分批法的适用范围

分批法适用于单件、小批生产类型的企业，主要包括：

（1）单件、小批生产的重型机械、船舶、精密工具、仪器等制造企业；

（2）不断更新产品种类的时装等制造企业；

（3）新产品的试制、机器设备的修理作业以及辅助生产的工具、器具、模具的制造等；

（4）对批次有明确要求的制药、化工等流程型企业。

3. 分批法的分类

分批法因其采用的间接计入费用的分配方法不同，分成一般分批法和简化分批法。

（1）一般分批法。

一般分批法是采用当月分配率来分配间接计入费用的分批法，称为一般的分批法（分批法），也就是采用分批计算在产品成本的分批法。

（2）简化分批法。

简化分批法是采用累计分配率来分配间接计入费用的分批法，称为简化的分批法，也称不分批计算在产品成本的分批法，是一般的分批法的简化形式。

4. 计算程序

（1）分批法按产品批别设置产品基本生产成本明细账、辅助生产成本明细账，账内按成本项目设置专栏；按车间设置制造费用明细账；同时，设置待摊费用、预提费用等明细账。

（2）根据各生产费用的原始凭证或原始凭证汇总表和其他有关资料，编制各种要素费用分配表，分配各要素费用并登账。

对于直接计入费用，应按产品批别列出并直接计入各个批别的产品成本明细账；对于间接计入费用，应按生产地点归集，并按适当的方法分配计入各个批别的产品成本明细账。

（3）月末根据完工批别产品的完工通知单，将计入已完工的该批产品的成本明细账所归集的生产费用，按成本项目加以汇总，计算出该批完工产品的总成本和单位成本，并转账。如果出现批内产品跨月陆续完工并已销售或提货的情况，这时应采用适当的方法将生产费用在完工产品和月末在产品之间进行分配，计算出该批已完工产品的总成本和单位成本。

8.3.1.3 分步法

分步法是"产品成本计算分步法"的简称，是以产品生产步骤和产品品种为成本计算对象，来归集和分配生产费用，通过将成本分配于众多相似的产品或服务，然后计算平均单位成本的一种成本计算方法，简称分步法。分步法的成本计算对象是产品的生产步骤，当企业的产品是单步骤生产时，其成本计算对象就是产品的品种。采用分步法核算的产品或服务是为大量销售而生产的，因而，分步法生产将向不同客户提供相同的产品或服务，其单位成本是相同，通常将产品的生产步骤作为成本计算对象。

分步法适用于大批、连续、大量、多步骤生产的工业企业，如冶金、水泥、纺织、酿酒、砖瓦等企业。在这些企业中，从原材料投入到产品完工，要经过若干连续的生产步骤，除最后一个步骤生产的是产成品外，其他步骤生产的都是完工程度不同的半成品。这些半成品，除少数可能出售外，都是下一步骤加工的对象。因此，应按步骤、按产品品种设置产品成本明细账，按成本项目归集生产费用。

分步法可以细分为平行结转分步法、逐步结转分步法两种。

1. 平行结转分步法

平行结转分步法指半成品成本并不随半成品实物的转移而结转，而是在哪一步骤发生就留在该步骤的成本明细账内，直到最后加工成产成品，才将其成本从各步骤的成本明细账转出的方法。各生产步骤只归集计算本步骤直接发生的生产费用，不计算结转本步骤所耗用上一步骤的半成品成本；各生产步骤分别与完工产品直接联系，本步骤只提供在产品成本和加入最终产品成本的份额，平行独立、互不影响地进行成本计算，平行地把份额计入完工产品成本。

（1）特点。

①成本计算对象是最终完工产品。

在平行结转分步法中，各生产步骤的半成品都不作为成本计算对象，各步骤的成本计算都是为了算出最终产品的成本。

②成本计算期是每月的会计报告期，这是大批量生产的组织特点所决定的。

③半成品实物流转与半成品成本的结转相分离。

（2）优缺点。

①各生产步骤月末可以同时进行成本计算，不必等待上一步骤半成品成本的结转，从而加快了成本计算工作的速度，缩短了成本计算的时间。

②平行结转分步法能直接提供按原始成本项目反映的产品成本的构成，有助于进行成本分析和成本考核。

③半成品成本的结转同其实物结转相脱节，各步骤成本计算单上的月末在产品成本与实际结存在该步骤的在产品成本不一致，因而，不利于加强对生产资金的管理。

（3）适用范围。

平行结转分步法适用于多步骤复杂生产，总的来说，只要不要求提供各步骤的半成品成本，运用逐步结转分步法的企业都可运用平行结转分步法。随着我国企业经济责任制的推行，企业普遍实行内部经济责任制和责任会计。尤其是在建立社会主义市场经济的进程中，大量的企业要按公司法的规定进行规范化改组。企业内部的责权利的划分在很大程度上依赖于各车间的成本指标考核，必然要求各车间要计算半成品成本。所以，平行结转分步法的运用范围将大大缩小，企业将更多采用逐步结转分步法。

平行结转分步法具体运用于下列企业：

①半成品无独立经济意义或虽有半成品但不要求单独计算半成品成本的企业，如砖瓦厂、瓷厂等。

②一般不计算零配件成本的装配式复杂生产企业，如大批量生产的机械制造企业。

2. 逐步结转分步法

逐步结转分步法是产品成本计算分步法中结转成本的一种方法，亦称"计算半成品成本法"。按产品的生产步骤先计算半成品成本，再随实物依次逐步结转，最终计算出产成品成本。即从第一步骤开始，先计算该步骤完工半成品成本，并转入第二步骤，加上第二步骤的加工费用，算出第二步骤半成品成本，再转入第三步骤，依此类推，到最后步骤算出完工产品成本。

逐步结转分步法也称顺序结转分步法。它是按照产品连续加工的先后顺序，根据生产步骤所汇集的成本、费用和产量记录，计算自制半成品成本，自制半成品成本随着半成品在各加工步骤之间移动而顺序结转的一种方法。

1. 特点

①成本计算对象是最终完工产品和各步骤的半成品。

②成本计算期是每月的会计报告期。

连续式复杂生产下必然进行大批量生产，无法划分生产周期，只能以月作为成本计算期。

③逐步结转分步法必须分步骤确定在产品成本，计算半成品成本和最终完工产品成本。

④是否进行成本还原，要依成本结转时采用的具体方法确定。

2. 适用范围

多步骤复杂生产的大批量生产企业可以运用逐步结转分步法，具体地，有下列企业：

（1）半成品可对外销售或半成品虽不对外销售但须进行比较考核的企业

如纺织企业的棉纱、坯布，冶金企业的生铁、钢锭、铝锭，化肥企业的合成氨等半成品都属于这种情况，其生产企业一般采用逐步结转分步法。

（2）一种半成品同时转作几种产成品原料的企业

如：生产钢铸件、铜铸件的机械企业，生产纸浆的造纸企业。

（3）实行承包经营责任制的企业

对外承包必然在内部也要承包或逐级考核，需要计算各步骤的半成品成本。

8.3.2 产品成本计算步骤

ERP 的成本计算方法支持品种法、分批法与分步法，在用分步法计算时，企业按产品生产的步骤归集生产成本，其实就是归集到工作中心。产品成本的计算工作大致可以划分为以下几项工作：

- 确定成本计算对象；
- 确定成本项目；
- 确定成本计算期间；
- 审核和控制生产费用；
- 归集和分配各项生产费用；
- 在完工产成品和月末在制品之间分配产品成本。

8.3.2.1 确定成本计算对象

成本计算对象是为计算产品而确定的归集生产费用的各个对象，即成本的承担者。确定成本计算对象是设置产品成本明细账、分配生产费用和计算产品成本的前提。

由于企业的生产特点、管理要求、规模大小、管理水平的不同，企业成本计算对象也不相同。对于制造企业而言，产品成本计算对象，按产品成本的计算类型分为产品品种、产品批别和产品生产步骤三种。

8.3.2.2 确定成本项目

成本项目是指生产费用要素按照经济用途划分成若干项目。通过成本项目，可以反映成本的经济构成以及产品生产过程中不同的资金耗费情况（如表 8.1 所示）。

表 8.1 成本项目举例

直接材料			直接人工		制造费用				
外购材料	外购燃料	外购动力	工资	福利费	折旧	维修	利息支出	税金	其他
原料、主要材料、外购半成品、辅助材料、包装物、修理用备件和低值易耗品等	天然气、乙炔、煤等	动力电、高压电等	车间生产工人工资	按生产经营费用中的工资的14%计提的职工福利费用	按规定计算的应计入生产经营费用的固定资产折旧费	按规定预提或摊销的大修理费用	企业应计入生产经营费用的向银行借款的利息支出减去利息收入后的净额	应计入管理费用的各种税金，如房产税、车船税、印花税、土地使用税等	如邮电费、差旅费、租赁费、外协费等

8.3.2.3 确定成本计算期

成本计算期是指计算产品成本时，生产费用计入产品成本所规定的起止日期，即每次计算产品成本的期间（最常见的是按月划分）。

产品成本计算期的确定，主要取决于企业生产组织的特点。通常在大量、大批生产的情况下，产品成本的计算期间与会计期间相一致。在单件、小批生产的情况下，产品成本的计算期间则与产品的生产周期相一致。

8.3.2.4 生产费用的审核与控制

对生产费用进行审核和控制，主要是确定各项费用是否应该开支，开支的费用是否应该计入产品成本。这项工作主要受人为控制，在 ERP 系统中，成本费用项目更多地来源于系统自动采集，准确性和合理性大为提高。

8.3.2.5 生产费用的归集与分配

一般因产品生产发生的直接生产费用作为产品成本的构成内容，直接记入该产品成本。对于那些为产品生产服务发生的间接费用，可先按发生地点和用途进行归集汇总，然后分配计入各受益产品。产品成本计算的过程也就是生产费用的分配和汇总过程。具体步骤有：

（1）分配各要素费用，生产领用自制半成品；

（2）分配待摊费用和预提费用；

（3）分配辅助生产成本；

（4）分配制造费用；

（5）结转不可修复废品成本；

（6）分配废品损失和停工损失；

（7）结转产成品成本及自制半成品成本。

8.3.2.6 计算完工产品成本和月末在产品成本

对既有完工产品又有月末在产品的产品，应将计入各产品的生产费用，在其完工产品和月末在产品之间采用适当的方法进行划分，以求得完工产品和月末在产品的成本。

8.3.3 材料成本计算

8.3.3.1 进料成本的确定

外购材料成本一般包括以下内容：

买价，即采购价格。对于购货时存在的购货折扣应予扣除，即购入的材料物品，应按扣除购货折扣后的净额入账。

货品存入货仓以前发生的各种附带成本，包括运输费、装卸费、保险费、仓储费、运输途中的合理损耗、有关税金（不含增值税）等。

买价可以直接计入各种材料的采购成本。

对于各种附带成本，凡能分清归属的，可直接计入各种材料的采购成本。不能分清归属的，可以根据各种材料的特点，采用一定的分配方法分配计入各种材料的采购成本。其分配方法通常有按材料的重量、体积、买价等分配。

8.3.3.2 计算应计数量合计

应计数量并非简单的合格品数量，这步工作主要是统计各成本中心完工的半成品、产成品数量，包括合格品数量、加工废品数量、在产品约当产量，以及这几项的合计数。

获得应计数量的最终目的：一是作为固定成本分配计入变动成本的分摊依据；二是作为直接材料的计算依据。合理准确地确定在产品的数量，是在产品成本计算的基础。在传统的成本计算方法中，在产品数量的确定方式通常有两种：一是通过账面核算资料确定在产品数量，二是通过月末实地盘点来确定在产品的数量。

对于 ERP 系统而言，获得在产品的数量相对就要简单得多。为简化在产品数量的计算方法，在有加工任务单的前提下，只要材料一投入到某工作中心，即使未产出完工半成品，现在的物料在该工作中心也可视同为在产品。

MRP 运算之后将生成制造订单，制造订单进一步分解将获得各工作中心的加工任务单。根据加工任务单，我们可以统计获得某个会计期间（时段）、某成本中心各半成品的计划任务数，再根据实际的合格品数量、加工废品数量，可以获得在产品数量。

8.3.3.3 滚动计算产品成本

直接材料费计算的基础是产品结构，即制造物料清单 BOM，计算的最底层都是从原材料开始。企业的原材料是外购件（含外加工件），这层的费用包括材料采购价格与费用（采购部的管理费、材料运输费与材料的保管费等）。通常，在 ERP 中各层物料的直接材料费的计算是个滚动计算的过程（如图 8.3 所示），计算公式如下：

本层制造件的直接材料费＝Σ下层制造件的直接材料费＋
Σ下层原材料的直接材料费
各材料采购间接费＝采购件数×采购间接费率
其中：采购间接费率可以按重量、数量或体积等分配标准确定；
材料费＝材料实际耗用量×材料的价格×产品用量。

直接人工是按各层制造件的加工与组装的工资率来计算的。计算方式分为计件工资与计时工资两种。在制品结构中，各层制造件的加工与组装会产生加工成本。加工成本主要是直接人工费。直接人工费的计算过程是利用产品的工艺路线文件及产品结构文件（BOM）从底层向高层累加，一直到产品顶层的直接人工费（如图 8.3 所示）。计算公式如下：

各层直接人工费＝人工费率(工作中心文件)×工作小时数(工艺路线文件)
加工间接费用＝加工间接费率(工作中心文件)×工作小时数(工艺路线文件)

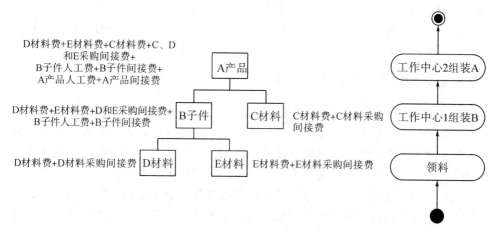

图 8.3 产品成本滚动计算法

滚动计算法由于成本构成分解较细，便于企业财务人员按不同要求进行汇总。如果对工序跟踪，也便于期末在制品的成本结息或结转。产品结构中任何层次的任何物料成本有了变化，滚动计算法都可以迅速计算出完整产品成本的变化，便于调整产品价格。

8.3.3.4　间接费用的计算

无论采购间接费还是加工间接费的间接费率，都应按照分配规则求出。这里的间接费包括可变间接费和固定间接费，它们可有不同的费率，但计算公式相同。直接人工费和间接费之和称为加工成本，是物料项目在本层的增值，也称为增值成本。再将加工成本同低层各项成本累加在一起，则组成滚加至本层的物料项目成本。

制造费用的分摊主要是按实际工时、应计数量等分摊依据进行分摊。实际工时取自各成本中心每月工时统计文件，应计数量取各成本中心各产品的应计数量合计。

8.4　作业成本计算

20 世纪 80 年代后期，随着 MRP Ⅱ 为核心的管理信息系统的广泛应用，以及计算机集成制造系统（CIMS）的兴起，美国实业界普遍感到产品成本信息与现实脱节，成本扭曲普遍存在，且扭曲程度令人吃惊。经理们根据这些扭曲的成本信息做出决策时感到不安，甚至怀疑公司财务报表的真实性，这些问题严重影响到公司的盈利能力和战略决策。美国芝加哥大学的青年学者罗宾·库帕（Robin Cooper）和哈佛大学教授罗伯特·S.卡普兰（Robert S. Kaplan）注意到这种情况，在对美国公司调查研究之后，发展了斯托布斯的思想，提出了以作业为基础的成本计算方法，又称作业基准成本法（activity based consting，ABC 法或"作业成本法"）。作业成本法以优先考虑顾客的满意程度为目标，以顾客所关心的成本、质量、时间和创新为着眼点，通过对产品形成过程的价值链的分析，尽量消除对产品而言无附加价值的作业，达到降低浪费的目的。

8.4.1　作业成本法计算原理

作业成本法（ABC 法）按照各项作业消耗资源的多少把成本费用分摊到作业，再按照各产品发生的作业多少把成本分摊到产品，通过这样的微观分析和详细分配，使得计算的成本更真实地反映产品的经济特征。具体来说，作业成本法（ABC 法）认为，作业会造成资源的消耗，产品的形成又会消耗一系列作业。也就是说，作业一旦发生，就会触发相应资源的耗用，造成账目上的成本发生；这些作业一一发生过后，才能历经营销、设计、生产、采购、仓储、分销从而满足客户的最终需要。

8.4.1.1　作业成本法（ABC 法）的特点

作业成本制实际是分批成本制的发展。它打破了传统的分批成本制以单一的标准分配费用所造成的成本扭曲失真，以微观分析的方式参与企业内部控制。它的成本对象是作业。作业成本法（ABC 法）以价值链分析为基础，选择工作中心的作业成本项目，确定引起成本、费用项目发生的成本动因（cost driver），依据成本中心或作业成本集的成本率,在产品成本归纳模型的基础上,计算产品标准成本。

作业成本法(ABC法)的特点主要体现在对间接费用的分配上,分配时遵循的原则是:作业消耗资源,产品消耗作业(见图8.4)。

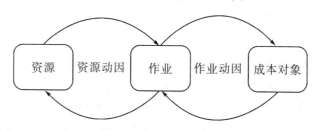

图 8.4　作业成本法的基本原理

作业成本法(ABC法)认为:产品的生产引起了作业的发生,作业导致了间接费用的发生。作业成本法最主要的创新就是引入了成本动因。因此,制造费用在作业成本法中被看作是一系列作业的结果,这些作业消耗资源并确定了制造费用的成本水平。

8.4.1.2　传统间接费分配与作业成本法(ABC法)的区别

作业成本法(ABC法)把间接费先分配到各种作业成本集上,再根据产品发生的作业量,乘以单位费用,分配到具体产品;而传统间接费分配是把间接费分配给生产车间,再按统一的间接费率不加区别地分配到各种产品(见图8.5)。

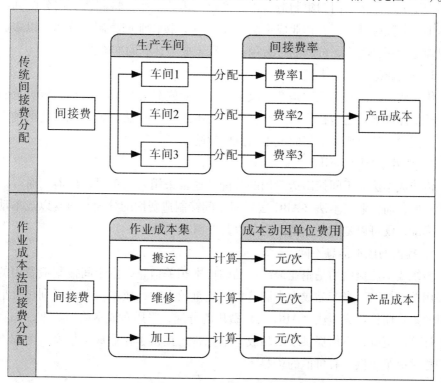

图 8.5　传统间接费分配与作业成本法间接费分配的区别

因而，以作业成本法（ABC 法）算出的产品标准成本，能够非常接近产品的实际成本。

虽然传统成本法与作业成本法（ABC 法）在程序上都有两个基本步骤，即都需先进行成本归集，然后将归集的成本按成本比率分配给各产品，然而，在这两种方法下，这两个步骤是有差异的。在传统成本法下，通常将不同的制造费用以部门（车间）为基础进行归集，并采用主观、单一的分配率进行分配；而作业成本法则将制造费用按不同的动因分配到一系列成本库（作业成本集）中进行归集，然后按各自的动因率（成本动因单位费用）进行分配。换言之，作业成本法采用不同的动因进行分配，使得成本库（作业成本集）中归集的制造费用更具同质性，费用分配与分配标准之间更具因果关系。作业成本法与传统成本法相比较，其区别主要有以下几个方面：

1. 成本计算对象不同

传统成本法以"产品"为中心，以产品作为成本计算对象，归集生产费用，计算产品成本；而作业成本法（ABC 法）以"作业"为中心，追踪成本发生的前因后果，形成了以作业为核心的成本核算对象体系。通过作业成本的确认、计量，为尽可能消除"不增加价值的作业"，改进"可增加价值的作业"及时提供有用的成本信息。

2. 成本计算程序不同

传统成本法按部门归集制造费用，确定费用分配率，将制造费用分配到产品成本中，分配标准单一；作业成本法（ABC 法）按作业归集制造费用，以多成本动因确定费用分配率，分配制造费用，提高了成本计算的准确性。

3. 成本核算范围不同

传统成本法的核算范围是产品成本，而作业成本法（ABC 法）的核算范围不仅包括产品成本，还包括作业成本。作业成本法（ABC 法）通过提供这两种成本信息，消除了传统成本法扭曲成本信息的缺陷。

4. 费用分配标准不同

传统成本法对于间接制造费用的分配，通常采用人工工时、机器工时等财务变量标准；而作业成本法（ABC 法）对于间接制造费用的分配，通常以成本动因作为标准，既可以是财务变量，也可以是非财务变量。

5. 提供的成本信息不同

传统成本法提供的是企业最终产品的成本相关信息，由于间接制造费用的分配采用单一标准，当产品成本中制造费用比重较大时，成本信息的可利用价值就相对较差；而作业成本法（ABC 法）费用的分配，采用多成本动因标准，拓宽了成本计算的范围，不但提供了产品成本信息，还提供了作业成本信息，为成本控制和相关决策提供了有价值的资料。

8.4.1.3 作业成本法（ABC 法）的优缺点

1. 作业成本法（ABC 法）的优点

（1）成本与成本对象结合提供了更加精确的信息。

作业成本法（ABC 法）充分考虑到资源在实施作业中的用途，并将作业成本与成本对象相结合，尤其准确计量了那些与产品数量不成比例的作业成本，为管理者提供了更加精确的成本信息。

（2）提供了更精确的作业驱动成本的计量信息。

作业成本法（ABC 法）由于解决了传统成本计算方法扭曲成本信息的问题，从而能够提供更精确、更丰富的作业驱动成本的计量信息，使管理者能更好地评价产品、服务或客户的盈利能力。管理者可以认识到某个客户比原来想象的更具有盈利能力，同样可以认识到某种原来认为盈利的产品其实是一个亏损产品。

（3）可对各作业成本发生环节进行分析和处理。

在作业成本法（ABC 法）系统中，成本是由作业引起的，该作业是否应当发生，是由产品的设计决定的。在产品设计中，要设计出产品由哪些作业所组成、每一项作业预期的资源消耗水平；在作业的执行过程中，应分析各项作业预期的资源消耗水平以及预期产品最终可为客户提供价值的大小。对这些信息进行处理和分析，可以促使企业改进产品设计、提高作业水平和质量，减少浪费，降低资源的消耗水平。

（4）有助于产品定价与收益的确定。

采用作业成本法，间接费用不再是均衡地在产品之间进行分配，而是通过成本动因追溯到产品，从而准确、真实地反映了产品成本。它一方面有助于产品定价决策；另一方面有助于准确确定产品收益，考核产品生产经营的业绩，进而不断地改进企业的业绩评价体系，调动各部门挖掘盈利潜力的积极性。

2. 作业成本法（ABC 法）的缺点

（1）主观性的成本动因选择易导致成本信息的失真。

在作业成本法中，成本动因的选择具有主观性。由于作为分配间接费用标准的成本动因的选择具有较强的主观性，而有些资源的耗费是固定的，很难与特定作业相联系，如折旧费、动力费、保险费等，因此，若成本动因选择得不合适，会引起成本信息的失真。

（2）作业成本法实施成本较高、相关工作量大。

作业成本法的实施成本较高，由于作业成本法是以作业为基础归集间接资源成本，各作业根据不同的成本动因来分配作业成本，这不仅增加了财务会计的工作量，还需要其他人员提供更多的数据。此外，在激烈的市场竞争中，企业要想在竞争中取胜，就要不断进行技术革新及产品结构的调整，这样就要重新进行作业划分，也就需要增加作业成本法的实施成本。

8.4.1.4 作业成本法（ABC 法）的应用条件

作业成本法的优缺点决定了实施作业成本法应该具备以下条件：

1. 有较高的间接费用

作业成本法与传统成本法最大的区别在于对间接费用的分配方法不同。因此，只有在产品成本中间接费用所占的比重较大，而且所生产的产品具有多样性，不同产品的产量、批量或者复杂性有较大差异的情况下，采用作业成本法，才会大大提高成本信息的精确度，使成本决策更具有相关性。

2. 有素质较高的管理者

采用作业成本法计算产品成本是为了给管理者提供所需要的信息，只有管理者决策时对信息具有较高的要求时，才有实施成本作业法的必要性，也才会使作业成本法的优势得以充分发挥。

3. 现代化信息技术的支撑

采用作业成本法进行成本计算，包括对作业进行划分、费用分配等诸多环节，需要大量的信息资料，并要对这些信息资料进行加工处理。企业必须有完整的信息系统，以及处理这些信息的工具，这样才能提高成本计算工作的效率和准确性。

4. 具备高素质的财会人员

由于作业成本法是一种全新理念下的成本计算方法，需要有一批能接受新事物、有专门知识的高素质财会人员，才能很好地实施作业成本法。

8.4.2 作业成本法的计算步骤

作业成本法是将间接成本按作业进行归集（作业基础成本库或作业成本集），然后按不同作业的不同成本动因率（成本动因单位费用）将间接成本分配到产品或产品线，并计入产品成本（如图 8.6 所示）。

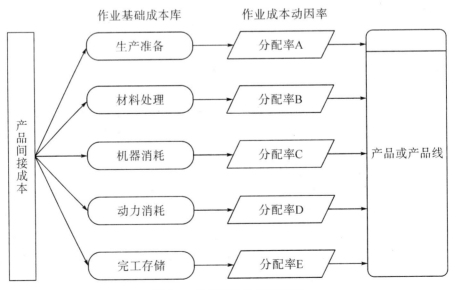

图 8.6　作业成本法分配过程

8.5　成本差异分析

成本差异分析就是以成本费用预算为依据，将实际成本同标准成本相比较，找出实际与计划的差异，并对差异情况进行分析，以便找出原因，采取相应措施。

8.5.1　直接材料成本差异的计算

一般情况下，材料价格差异应该由采购部门负责，材料用量差异应由生产部门负责；不过，由于生产急需材料，运输方式改变引起的价格差异，应由生产部门负责。

影响直接材料数量差异的因素是多方面的，包括直接材料耗用中的浪费、节约和由于产品结构的变化、材料加工方法改变、材料质量改变及材料代用等原因所造成的超支和节约。因此，直接材料数量差异控制的重点是材料领用环节。影响材料价格差异的原因，除了价格调整之外，大多是由于采购工作的质量，如采购地点和数量是否恰当，运输方法和途径是否合理等，因此材料价格差异控制的重点是材料采购环节。

8.5.2　直接人工成本差异的计算

造成直接人工成本中价格逆差的原因有：派工不当，把高级工指派做低级工作；工人加班导致额外资金发放等。造成人工效率差异的原因有材料质量、工人操作方式、机器设备情况、管理水平等。

造成人工效率差异的原因是多方面的，可能是加工者方面的，也可能是管理方面的，如工厂流水线的安排、生产设备或控制标准的变动等。造成工资率（工资价格）差异的原因主要有生产人员的人数变动，非生产工时损失如开会、停工待料等。因为实际工资率（工资价格）是用实际总工资除以实际有效总工时求得的，所以在计件工资形式下，直接人工差异控制点主要是各种津贴和补加工资；在计时工资形式下，人工效率差异的控制点在每项加工任务完成的工时，工资率（工资价格）差异的控制点在劳动生产率。

8.5.3　制造费用差异的计算

造成制造费用开支逆差的原因有两个：一是各项费用项目的价格高于预计价格；二是各项费用的耗费量大于预计耗费量。制造费用差异的计算公式如下：

$$制造费用差异=实际分配率×实际工时-标准分配率×标准工时$$
$$制造费用开支差异=（实际分配率-标准分配率）×实际工时$$
$$制造费用效率差异=（实际工时-标准工时）×标准分配率$$

8.5.3.1　变动制造费用差异

变动制造费用指与直接成本成正比例增减变动的制造费用。变动制造费用的标准经常用每个生产活动单位的分配率来表示。变动制造费用差异包括变动制造费用耗用差异和变动制造费用效率差异两部分：费用耗用差异是指变动制造费用实际分配率与标准分配率之间的差异；费用效率差异是指实际耗用工时与按实际产量计算的标准工时之间的差异。

由于标准变动制造费用是按照标准工时（或定额工时）分配的，因此，如果人工成本发生效率差异，变动制造费用也相应地发生效率差异。变动制造费用的耗用差异指标准费用分配率与实际费用分配率之间的差异，它既受到这些费用耗用的节约或超支的影响，也受到非生产工时多少的影响。由于企业的生产类型不同，对于变动制造费用控制点的选择也不尽相同，不能强求一致。

8.5.3.2 固定制造费用差异

固定制造费用是指在较长时期内，在一定的产量范围内保持不变的费用。固定制造费用差异是实际固定制造费用与实际产量标准固定制造费用的差异。

由于固定制造费用相对固定，一般不受产量的影响，因此产量变动会对单位产品成本的固定制造费用发生影响：产量增加时，单位产品应负担的固定制造费用会减少；产量减少时，单位产品应负担的固定制造费用会增加。这就是说，实际产量与计划产量的差异会对产品应负担的固定制造费用产生影响。正因如此，固定制造费用差异的分析方法与其他费用差异的分析方法有所不同，通常有两种方法：一种是两差异分析法，另一种是三差异分析法。

1. 两差异分析法

两差异分析法是将固定制造费用差异分为固定制造费用预算差异和固定制造费用产量差异两部分。费用预算差异指固定制造费用实际发生数和预算数之间的差异；费用产量差异是指在固定制造费用预算不变的情况下，因实际产量和计划产量不同而引起的差异。

固定制造费用的预算差异同材料的价格差异、人工的工资率差异和变动制造费用的耗用差异相类似，由其实际分配率与预算数或预计数的偏离引起，因而此差异常常被称为耗用差异。固定制造费用产量差异仅仅是为成本计算之用，并不意味着真正的节约或浪费。

两差异分析法比较简单，但其分析结果并没有反映生产效率对固定制造费用差异的影响。在计算产量差异时，使用的都是标准工时，如果实际产量与计划产量一致，则产量差异为零。不过，由于实际产量的实际工时可能与其标准工时存在差异，而生产能力的实际利用情况更取决于实际工时而非标准工时。实际工时与标准工时之间的差异，属于效率的问题。因此，固定制造费用差异分析更多地采用将产量差异划分为能力差异和效率差异的三差异分析法。

2. 三差异分析法

三差异分析法是将固定制造费用差异分为固定制造费用预算差异、固定制造费用能力差异和固定制造费用效率差异三部分。其中，固定制造费用预算差异与两差异分析法相同；固定制造费用能力差异是指实际产量的实际工时脱离计划产量的标准工时而引起的生产能力利用程度差异而导致的成本差异；固定制造费用效率差异是指生产效率差异导致的实际工时脱离标准工时而产生的成本差异。

采用三差异分析法，能够更好地说明生产能力利用程度和生产效率高低所导致的成本差异情况，并且有利于分清责任：能力差异的责任一般在于管理部门；而效率差异的责任则往往在于生产部门。

上述成本差异计算完成后应进行汇总，先分别编制直接材料差异汇总表、直接人工差异汇总表、变动制造费用差异汇总表及固定制造费用差异汇总表，然后汇总成为成本差异二总表，据以进行总分类核算。

按照计算出来的差异进行差异分析时，差异分析一般限于重大差异。差异的重要性取决于差异的数额和差异的频率。与标准成本相比，差异的数额越大，或者差异频率越高，则该差异就越重要。管理部门应采用"例外管理"的原则，即突出重要差异，略去微不足道的差异。管理部门通过分析那些重大的差异，从而优化决策，以真正发挥成本控制的作用。

本章思考题

1. 企业的生产成本是如何组成的？
2. 产品成本的计算类型有哪些？各有什么特点和适用范围？
3. 如何通过滚动计算法计算产品成本？
4. 作业成本法相对于传统成本法的现实意义何在？
5. 简述作业成本法计算的基本原理。
6. 如何进行成本差异分析？

第三篇　ERP 实施工程

9 流程再造与企业建模

在前述章节中，我们已经对 ERP 的形成过程有了一定的了解。在 ERP 的形成史中，业务流程再造等先进管理思想不断地融入其中，最终使 ERP 从理论到实践有了更现实的意义。

9.1 业务流程再造（BPR）

企业的成功依赖于其卓越的运营能力，而运营能力的基础就是公司的流程管理。20 世纪 90 年代后期，流程管理理论传入我国。越来越多的公司逐渐在管理咨询公司的帮助下或自主尝试进行有关业务流程再造的工作。

业务流程再造在实际工作中叫法不一，如业务流程优化、业务流程改进、业务流程再造、再造业务流程等，但其核心内容基本一致。即以流程客户需求为中心，通过对满足客户需要的过程（流程）进行重新设计或优化，使企业获得成本、速度、质量、交货期、服务等方面的根本性改变。该理论基于此种出发点，将管理工具技术组合起来，逐渐形成一个比较完整的理论体系，目前正处于不断进化和完善之中。

企业如果不做业务流程的根本再造，将无法简单地将传统业务搬到计算机信息系统之中。业务流程再造将采用先进的管理技术与方法，从根本上分析、改造以往业务中的不足之处。因此，从某种程度上来说，业务流程再造是企业信息系统实践的必要的前期工作。

9.1.1 企业业务流程再造基础知识

9.1.1.1 流程定义

流程是把一个或多个输入转化为对顾客有用的输出的活动。企业流程是一系列完整的端对端的活动，联合起来为顾客创造价值。流程的本质是以顾客为中心，以顾客的需求为出发点，来安排企业的生产经营活动。

其实，做任何事情都有一个过程。比如游泳，需要准备游泳衣裤、乘车到游泳地点、购买游泳票、更换游泳衣裤、冲洗并适应水温、执行既定的游泳训练计划、再次冲洗并更换服装、乘车返回等活动要素。这些活动有的必须有先后顺序（串行任务），有的则可以同步进行（并行任务）。甚至有些任务还可以进一步分解，比如准备游泳衣裤，可以进一步分解为挑选、试穿、购买等子活动。

企业的所有业务活动本身也是一项流程，相互之间存在着关联，比如：采购原料、招聘员工、生产产品、销售商品等。不过，单纯的一个活动或过程不是流程，流程与活动的区别在于流程是由一系列的活动构成的，至少包括两个以上的活动；流程与过程的区别是流程有具体的产出和服务对象，有输入和供应商。

9.1.1.2 流程的基本要素

流程的基本要素，是构成一个完整流程所必不可少的元素；作为一个完整的流程，基本上应该具备如下要素：客户、过程、输入、输入、供应商，这样就可称为高端流程图（SIPOC），如图9.1所示。

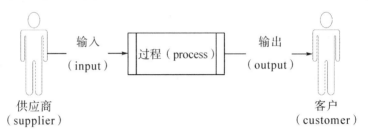

图9.1 高端流程图（SIPOC）

高端流程图（SIPOC）有以下特点：

第一，能用简单的几个步骤展示一组复杂的活动。无论流程多复杂，SIPOC可以比较简明地将其表示清楚，从而使人对整个活动过程一目了然。

第二，可以用来展示整个组织的业务流程。SIPOC可以对流程进行总体描述，也可以对各子流程分别做描述。

1. 客户

流程的客户，是指使用流程产出的个人或单位，他们是流程服务的对象；客户可以是一个，也可以是多个。

★小提示：

界定客户的技巧

界定客户时，我们需要不断地提问：

谁将从流程中受益？

谁在直接或间接地命名该流程的产出或服务？

如果流程运作效果差，将对谁有影响？

谁是这个流程的直接客户？谁又是间接客户？

谁是这个流程的主要客户？谁又是次要客户？

谁是这个流程的外部客户？谁又是内部客户？

有时流程的客户界定可能比较模糊，特别是当流程的范围、规模较大时，我们更应该不断提出这些问题。我们应该在严格界定各客户的基础上，分别分析各客户的需要，以便能更好地理解流程。客户导向是我们分析流程的出发点。

例如：采购管理流程，其主要客户可以界定为生产计划部、制造部、质量部、财务部；招聘管理流程，主要客户是用人部门，希望能有合适的人选及时上岗，同时公司也是该流程的次要客户，希望以较合适的成本获取所需人员。

2. 过程

过程是对组织整体价值有贡献，或者核心的、关键的、有增值性的动作及动作的集合；它们是为了满足流程客户的需要必须完成的活动。作为一个流程，其过程一般包括多项活动，这些活动之间一般有比较严密的逻辑关系。同时，在一个流程中，我们需要明确活动的承担者以及活动的实现方式。

高端流程图作为对流程的初步分析，一般不会对流程的每项具体步骤进行深入研究。它更倾向于将各种活动打包作为一个过程整体，以避免在流程分析的开始，便陷入细节分析中。

3. 输入

流程输入是指流程活动其中某项活动过程中所需要或涉及的物料或信息。一般将流程输入界定为整个流程消耗的东西。绘制流程图是为了理解一段时间内工作业务的流动过程和变化，因此确认流程输入的一个基本原则便是尽可能简单。

除了被消耗的物料以外，投入到生产过程中的设备、人力也是一种输入。我们进行流程输入因素的分析，关键是看这些输入因素是否影响流程运行过程，以便能找到办法对这些输入因素进行控制。

4. 输出

流程输出是该流程运行过程中所产生的物料或信息，它是流程的输入经过流程过程的各种活动后转化所得。例如，一个企业通常有双重工效：输出产品（服务）和人才，即一个企业除了能够输出产品（服务）以外，整个过程也将对人才进行锻炼，因此也能够同时输出人才。

需要特别说明的是，前一个节点的输出往往是下一个节点的输入，是下一个节点活动的依据。例如，离散型制造业，在其生产加工过程中会输出半成品，而半成品则是下一个工序的输入。

5. 供应商

流程供应商是指为流程活动提供关键物料、信息或其他资源的个人、部门或组织。流程的供应商可以有一个或多个。供应商将作为业务流程的外部实体，负责提供相关的物料、信息、人员等输入。

【参考9.1】天华电动自行车厂的基本客户与供货商

天华电动自行车厂主要采用航空铝材制作主要车架，有时也要采用碳素和钛合金作为高端产品的车架。工厂的主要车架供货商有几家铝材厂、几架特种材料厂、某钛矿集团。在生产计划制订过程中，天华电动自行车厂发现，自行车轮胎、变速系统、前叉、后货架、车把等部件可以采购市售标准件以提高工效；于是，厂里决定不再自行生产某些自行车部件而采购几家国内外知名自行车配件厂商提供的标准化部件。天华电动自行车厂最终的销售渠道既有大型的百货公司，又有中小型的自行车专卖店，还有一些自行车批发企业。

因此，天华电动自行车厂的最终客户有大型的百货公司、中小型的自行车专卖店、一些自行车批发企业。供应商既有提供车架原材料的几家铝材厂、几家特种材料厂、某钛矿集团，又有提供自行车标准部件的几家国内外知名自行车配件厂商。

而事实上，天华电动自行车厂的供货商与客户远不止此，比如厂里采购设备、招聘人员、对外配送货物、装修办公室、半成品管理、内部物资流转、融资与投资等业务，其供货商与客户均各有所指。

9.1.1.3 流程的基本属性

流程的基本属性包括流程的范围、规模、分类、分级、绩效五个方面。

1. 流程的范围

流程的范围是指跨越的部门或组织的数量。如果是窄范围的流程可能只发生在一个经营部门或职能科室内，宽范围的流程可能穿越数个部门，甚至在不同的组织之间进行。流程范围的缺陷会降低流程的效率。

【参考9.2】天华电动自行车厂上一年为顶星集团定制的礼品电动车项目一直未能全部收款。当初在上礼品电动车项目时，厂里领导看见该项目利润可观，于是决定成立礼品电动车项目组专门负责此项目的研发与收款工作。在初期的回款过程中，由于有项目组专职成员的跟催，回款效果良好；但随着项目组工作的结束和项目组的解散，最后的一笔尾款回收无人落实，随着时间的推移，逐渐成为烂尾账。

分析该项目的流程，我们便会发现该流程的范围是不完整的，由于项目部不是一个常设部门，项目结束后便解散了（如图9.2 A 部分所示）。为了能够预防此类事件的再次发生，天华电动自行车厂决定成立外联部，专门负责不确定项目的前期和后期联络工作，于是，预收项目定金工作由外联部和项目部共同完成，而中间的项目进度款收款工作则由项目部独立完成，项目尾款收款工作由外联部完成（如图9.2 B 部分所示）。

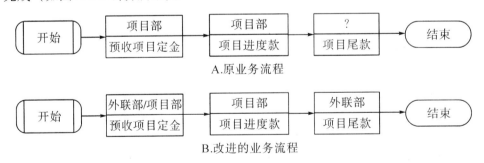

图9.2 货款回收的流程改进

【参考9.3】酱香鱼庄为保证食材的新鲜，一直采用活鱼为原料，经营初期也没发现什么大的问题。不过，随着客流增大，鱼庄发现食客等待杀鱼的时间会比较长，客户因为不耐烦而抱怨。部分员工提出，是不是可以不用新鲜食材，提前将鱼杀好？

鱼庄经过分析，发现杀鱼虽然很花时间，但绝不能以牺牲食材的新鲜为代价

物料管理及ERP应用原理与实施

提前杀鱼。杀鱼之所以花时间，主要是因为一些食客点的小鱼数量较多。为此，鱼庄在食客进入后特别提醒杀小鱼需要花费较多时间，建议食客先点一份大鱼吃，在吃的过程中小鱼也开始加工。这样当大鱼基本被吃完时，小鱼也加工好了，食客的等待和抱怨就消除了。

2. 流程的规模

流程的规模是指流程所包括活动的多少，它取决于产品或服务内容的复杂程度，有时也与我们研究的目的相关。

例如，一个采购管理流程，可以细分为供应商选择、采购计划、采购接洽、采购跟催、检验收货、采购入账、采购质量分析等子阶段。通常设计常务流程时，应该充分考虑闭环管理，即最后一个子流程的部分输出（通常是信息）应该成为第一个子流程的输入（作为改进、调控的依据）。

3. 流程的分类

对业务流程的分类，可以从不同的角度来进行。目前比较流行的主要有两种：一种是根据业务流程具体所解决问题的对象属性来划分；另一种是根据流程在企业经营管理中的重要性来划分。前者分为战略性流程、经营性流程和支持流程；后者分为核心流程（或关键流程）和非核心流程。

4. 流程的分级

为了便于理解，可以将一级流程的某个过程，或某个过程的某项活动作为细分的选项，形成二级、三级甚至更低级别的流程（如图9.3所示）。

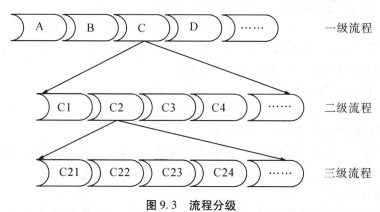

图9.3　流程分级

5. 流程的绩效

流程绩效是指该流程在多大程度上满足了客户需要。流程指标是评估流程运行效率的指标，包括质量、成本、速度、效率等多个方面。

例如：原材料采购管理流程中，制造部作为其中一个重要客户，对该流程的要求之一便是按时完成采购计划以保证生产正常进行；转化为流程绩效质量点时可以用每月采购计划按时完成率来考核；在设置流程绩效指标时，可以用采购计划达成率。

客服中心电话服务流程中，客户对该流程的需求之一是电话能接通并得到满意答复；在转化为流程绩效质量点时可以确定为呼叫接收者必须20秒内应答

90%的入局电话；在设置流程绩效指标时，可以用20秒内的应答率。

除了质量之外，有些流程以成本、时间进行流程的绩效考评，可以将整个流程中各个子活动耗费的成本或时间列表进行分析，看能否合并、缩减或改进，以期改进流程绩效。

9.1.1.4 业务流程再造生命周期

BPR研究人员提出了许多有价值的BPR框架，其中，业务流程生命周期法是最有影响的BPR框架之一。

1. 提出愿景

没有组织中高层管理人员的支持，BPR是不可能实施的。因此，BRP项目的实施首先应该得到组织中高层管理人员的支持。其次，还要确定组织中的关键业务流程、发现BPR的机会和明确信息技术和信息系统的使能作用。同时，BPR的目标应该与组织战略目标保持一致。

（1）得到高层管理人员的支持。

组织中的高层管理人员和所有的职能部门主管都必须认识到BPR的重要性和必要性，认识到自己在该项目中应负有的责任和义务。这是一场非常艰巨的任务，要想让他们相信重新构造内部流程的必要性是一件极其困难的事情。可以采取的主要手段是，把BPR的潜在利益和成本摆在高级管理人员面前，让他们接受并且促成方案的成功。

（2）BPR机会的确定。

一个组织中值得进行BPR的流程，应该是那些对组织战略有重要影响的关键和核心业务流程。一般情况下，一个组织往往有3~5个核心业务流程。组织应该根据自身的特点确定BPR的候选业务流程。

（3）确定IT的使能作用。

在BPR方案中，需要确定信息技术和信息系统对BPR的使能作用。

（4）理顺和组织战略之间的关系。

在发现了BPR的机会和确定了IT的使能作用以后，接着应该把他们和组织的战略目标相比较，确保BPR的目标和组织的战略目标一致。

2. 项目启动

项目启动阶段是组织将要进行BPR的必要准备。BPR的进行必须有合适的人员，还必须有明确的目标。

（1）组建BPR小组。

组织中高层管理人员应该首先指定一个BPR小组负责人。然后，由该负责人组建项目小组。BPR小组成员一般来自业务流程所跨越的各个职能部门的主管以及对现有的活动执行情况比较了解的业务人员，小组中还必须包括信息系统领域的各种专家。除此之外，BPR小组还应该聘请组织外部有经验的咨询专家担任BPR顾问。

（2）设置绩效目标。

BPR达到的结果是绩效的巨大飞跃，常见的目标包括降低成本、减少时间、缩短周期、提高质量以及提高客户满意度等。

3. 流程诊断

在重新设计新流程之前，BPR 小组必须详细了解现有的业务流程是如何运作的，分析现有流程中存在的各种问题。

（1）描述现有流程。

具体的描述内容包括对流程从头至尾的完整描述，区分流程中的组成元素，把一个大的流程分解成子流程及记录现有流程的绩效等。

（2）发现问题。

流程中存在的问题可以分类为不增值的活动、企业政策等。

4. 重新设计阶段

为了达到流程改进的目标，BPR 小组应该根据问题分析得到的结果，采用系统性的方法对流程进行重新设计。

（1）提出各种设计方案。

BPR 小组应该利用各种有效的方法对现有流程中的每一个环节提出质疑，并且提出各种可能的解决方案，以及支持每一种可能的解决方案的信息系统的应用。

（2）设计新流程。

从各种方案中选择可以实现的、合理的新流程方案。

（3）设计人力资源结构。

为了有效地支持流程运行，组织结构和人力资源配置必须做出相应的调整。

（4）开发原型系统。

在 BPR 中，原型系统可以用来显示和证实新流程设计方案。

BPR 小组根据新过程方案和人力资源结构设置，选择具体的可支持新流程运营的 IT 平台和方案；如果有必要，可以返回对流程进行重新设计。

5. 重组实施

在该阶段，主要任务是开发和安装支持新流程的信息系统，以及支持新流程运行的组织机构。

（1）开发系统。

主要任务是根据新流程的需求开发信息系统。

（2）人力资源重组。

主要任务是使组织平稳地向新型组织过渡，具体内容包括工作单元重组、岗位调整、人员裁减、培训以及授权员工等。

6. 监测

检查和评估 BPR 后新流程的效果，如果有必要则进行必要的反馈，重新进行问题的诊断等，并根据实际情况对流程不断地进行改进。

（1）评估绩效指标。

具体内容包括新过程的绩效、信息系统的绩效和组织的整体绩效等。需要注意的是，BPR 不能通过牺牲其他业务流程的效率来提高某个流程的效率。

（2）过程质量改进。

BPR 的目标与 TQM 质量管理活动所追求的目标不同，监测阶段将追求 BRP 的彻底改善和 TQM 的连续改进建立了联系。

9.1.1.5　流程识别

业务流程是指为了完成某项业务工作而需要执行的一系列活动的总称。从概念上来说，业务流程与活动是容易区分的，但从实际的操作来看，业务流程与活动的区分是困难的。因为从不同的角度来看，一项活动有可能变成一个业务流程，一个业务流程有可能只是一个更大的业务流程中的活动。要解决这个问题，就需要从根本上解决流程识别问题。流程识别的主要内容包括关键业务流程与一般业务流程的识别、业务流程层次的识别、业务流程粒度的识别以及业务流程之间接口的识别。

1. 关键业务流程与一般业务流程的识别

从某种角度来看，企业就是一张由纵横交错的业务流程组成的业务流程网。在这些业务流程中，有些业务流程非常重要。进行 BPR，一定要分清主次、轻重和缓急，只有这样才能做好企业的 BPR 工作；否则可能由于业务流程的数量过多而使 BPR 工作陷入困境。

一般情况下，可以把业务流程分成关键业务流程和一般业务流程，关键业务流程是与整个企业经营密切关联的业务流程，一般业务流程则是那些对企业经营影响不大的业务流程或者辅助关键业务流程的业务流程。对企业实施 BPR 实际上就是对企业的这些关键业务流程实施 BPR。一般情况下，可以根据以下判断识别关键业务流程：

（1）是否与为企业客户提供产品、服务紧密关联，该业务流程的运转效果是否直接影响客户对企业的整体印象。

（2）是否涉及企业中的许多业务人员，这些业务人员是否包括技术人员和管理人员。

（3）是否与企业中经常出现的各种问题关联。

2. 业务流程层次的识别

仅仅区分关键业务流程和一般业务流程是远远不够的，还应该明确划分关键业务流程的层次。例如，汽车销售业务流程显然是汽车制造公司的关键业务流程。在汽车销售业务流程中，还包含了汽车配件销售业务流程、汽车批量销售业务流程以及汽车零售业务流程等。

在很多情况下，对于业务流程的分析，应该采取自顶向下和自底向上相结合的分析方式进行。如果业务流程中存在的问题比较多，就应该将分析的重点放在流程的细节方面，只有这样才能够真正发现问题产生的原因。例如，如果汽车制造公司发现影响企业效益的主要原因是销售业务流程，那么应该对销售业务流程进行深入的分析。反之，如果认为影响企业效益的主要原因是产品的型号规格比较单一，那么就要对产品研发业务流程给予更多的关注。

3. 业务流程粒度的识别

业务流程的粒度包括两个方面，一是业务流程中的活动是不可或不宜再继续分解的，二是由这些不可或不宜分解的活动组成的业务流程。如何确定业务流程的粒度，特别是如何确定业务流程中活动的粒度，是一个不能回避又具有挑战性的问题。需要特别说明的是，这里提到的业务流程主要是管理领域中的业务流程，不是工业工程领域中的动作研究或工艺流程。可以从业务流程的本质入手解决这个问题。若干个活动之所以可以组成一个有内在联系的流程，在于这些活动之间存在着业务信息、成本信息、物料信息及管理信息等。原始表单往往是业务信息的载体和表现形式，记录了成本数据的表单通过层层活动进行汇总从而形成成本信息，与物料形体关联的表单则显然是物料信息的流动方式，审批权限的设置和实施往往是管理信息的流动方式。在确认某个活动是否是原始活动，即是否是粒度活动时，可以基于下面的原则进行判断：

（1）单人工作原则

不宜将单个操作人员可以完成的活动分解开。

（2）信息共享原则

在做某项业务时，假设需要的各种业务信息都是可以共享的，避免由于信息孤立而将活动分解开。

（3）权限设置原则

由于管理上的需要设置的审批活动可以作为粒度活动。

（4）工作标准化原则

某项活动可以基于工具并按照工作标准重复完成，那么该项活动适合作为粒度活动。

4. 业务流程之间接口的识别

业务流程之间的接口是指不同的业务流程之间的信息连接方式。在确定业务流程之间的接口时，需要着重回答这些问题：这些不同的业务流程涉及哪些表单？表单上的信息元素是否完整？不同表单上的信息是如何连接的？不同表单的来源是否相同？不同表单是否可以组合到一个表单上？这些不同的业务流程能否可以合并成一个业务流程？通过回答这些问题来解决业务流程之间的接口问题。

例如，在汽车制造公司的销售业务流程中包括了发货业务流程、销货业务流程、退货业务流程以及应收账款处理业务流程等子流程，且这些子流程之间存在信息关联。如果该公司的经营瓶颈存在于销售业务流程中，则应该对其子流程进行详细分解、分析，否则可以将销售业务流程作为一个整体来研究。

9.1.2 业务流程再造的定义及本质

9.1.2.1 业务流程再造的定义

ERP 系统的实施与业务流程再造之间的关系很密切，密切到谁也离不开谁的程度。ERP 系统实施之后，将对企业的业务流程、组织结构和岗位设置产生重大的影响，企业必须具有与 ERP 系统运行相适应的业务流程。这客观上要求实施业务流程再造。反过来，实施业务流程再造，必须有工具来支撑，这种工具正是ERP系统。虽然说 ERP 系统与业务流程再造之间的关系紧密，但是，由于实践中这些工作都非常复杂，且影响整个企业，因此在 ERP 系统实施过程中，如何看待业务流程再造、何时实施业务流程再造以及如何实施业务流程再造都是急需解决的关键问题。

许多人认为，只要在企业中采用了信息技术，那么，企业中的所有问题都会迎刃而解，企业的生产成本就会大幅度下降，企业的生产效率就会自动地大幅度提高。实际上，这种想法是错误的，大量的企业实践证明了这一点。原因何在呢？美国管理咨询专家 Hammer 博士发现了其中的奥妙。

1990 年，Hammer 博士首先提出了业务流程再造（business process reengineering，BPR）的概念。他认为："业务流程再造就是从根本上考虑和彻底地设计企业的流程，使其在成本、质量、服务和速度等关键指标上取得显著的提高。""从根本上考虑"就是对企业现有的业务流程提出最根本的疑问，再造时必须抛弃传统的框框、约束和规则。"彻底地设计"就是要从零开始，创造性地使用一种全新的方法来设计满足客户需求的流程。"显著的提高"就是要取得经营业绩极大的飞跃。企业再造的对象是流程，而不是任务、人员和组织结构等。

1993 年，哈默和钱皮发表《企业再造》，根据他们的定义，业务流程再造就是对企业的业务流程（process）进行根本性的再思考和彻底性的再设计，从而获得在质量、成本、服务和交货期等方面的戏剧性改善。

简而言之，业务流程再造是对业务流程进行战略驱动的重新设计，以达到品质、反应、成本及满意度等方面的竞争性突破，使得企业能最大限度地适应以"顾客、竞争、变化"为特征的现代企业经营环境。

在这个定义中，"根本性""彻底性""戏剧性"和"流程"是应关注的 4 个核心问题。这些主动行为的范围从流程改进到根本性的流程设计。

1. 根本性再思考

根本性思考表明 BPR 所关注的是企业的核心问题，如"我们为什么要做现在的工作？""我们为什么要用现在的方式完成这些工作？""为什么必须由我们而不是由别人来做这份工作？"等。通过对企业运营最根本性的问题的仔细思考，企业可能会发现自己赖以存在或运营的商业假设是过时的甚至是错误的。

2. 彻底性再设计

BPR 对事物进行追根溯源，对既定存在的事物不是进行肤浅的改变或调整性修补完善，而是抛弃所有的陈规陋习并且不考虑一切现有的结构与过程，创造发明完成工作的全新方法，是对企业业务流程的重新构建，而不是改良、增强或调整。

3. 戏剧性改善

BPR 追求的不是一般意义上的业绩提升或略有改善、稍有好转等，而是要使企业的增长产生极大的飞跃和戏剧性的变化。这也是 BPR 工作的特点和取得成功的标志。

4. 业务流程

BPR 关注的要点是企业的业务流程，一切"再造"工作全部是围绕业务流程展开的。"业务流程"是指一组共同为顾客创造价值而又相互关联的活动。只有对价值链的各环节（业务流程）进行有效管理的企业，才有可能真正获得市场上的竞争优势。

9.1.2.2　业务流程分类

业务流程的分类根据研究和分析的目的和方法的不同，有多种分类法。

1. 按流程处理的对象划分

（1）实物流程。

实物流程包括企业运作中的物流、人流和资金流。

（2）信息流程。

这类流程的输入输出成分中均只含有信息类成分。企业运作中的决策流程、制订计划的流程等都是信息流程。

2. 根据哈佛商学院 Mike Porter 的价值链模型划分

（1）为企业增加价值的基本活动。

原材料储运、生产制造、产成品储运、市场营销和售后服务都属于为企业增加价值的基本活动。

（2）支持目前和未来的基本活动的辅助活动。

采购、技术开发、人力资源管理、基础设施建设都属于支持目前和未来的基本活动的辅助活动。因此，企业的业务流程可以分为基本流程和辅助流程。

3. 按流程的规模和范围划分

（1）战略流程。

组织通过战略流程，规划和开拓企业的未来。战略流程包括战略规划、产品服务开发，以及新流程的开发等。

（2）经营流程。

通过经营流程，组织实现其日常功能，如"赢得"顾客、满足顾客、顾客支持、现金与收支管理、财务报告等。

（3）保障流程。

保障流程是为战略流程和经营流程的顺利实施提供保障的流程，如人力资源管理、管理会计、管理信息系统等。

9.1.2.3　业务流程再造的本质

流程再造的基本内涵是以顾客为导向，围绕作业过程，通过组织变通、员工授权和正确运用信息技术，达到适应快速变动的环境的目的。其核心是"过程"观点和"再造"观点。"过程"观点，即整合具体业务活动，跨越不同职能部门的分界线，以求实现管理作业过程重建；"再造"观点，即打破旧的按职能形成的管理流程，以顾客需求为导向再造新的管理流程，从而提高流程的效率。

9.1.2.4 BPR 产生的背景和动力

随着全球经济一体化进程的不断加速，信息技术的迅速发展与广泛应用，人类社会从工业经济时代进入知识经济时代。

1. 影响现代企业生存和发展的三股力量

在知识经济时代，企业所处的商业环境发生了根本性的变化：顾客需求瞬息万变、技术创新不断加速、产品生命周期不断缩短、市场竞争日趋激烈，这一切构成了影响现代企业生存和发展的三股力量。

（1）顾客至上。

商品的丰富导致市场由卖方市场转变为买方市场，在市场中顾客起决定作用。通过互联网，消费者"足不出户"便可获取大量商业信息。无论是消费品或工业品，购买需求越来越个性化，每个顾客都希望产品符合自己的需要，交货的时间能配合自己的生产计划和工作时间，支付条件能使自己感到方便。因此，怎样使顾客满意，就成为企业的奋斗目标和一切工作的归宿。

（2）竞争加剧。

现代竞争不仅要靠价格，还要靠质量、靠产品的品种、靠交货速度和销售前后的服务。换言之，现在不仅存在更多的竞争，而且存在多样的竞争。

（3）变化是常态。

顾客和竞争在变化，而变化本身的性质也在变化，变化不仅无所不在，而且持续不断。随着经济的全球化发展，各公司面对一大批竞争对手，而且每一个竞争对手都有可能把产品革命和服务创新带到市场上来。技术的迅速变化也促进了革新，产品生命周期在缩短。变化对思想观念提出了巨大的挑战，企业稍有不慎便会被淘汰出局。

这三股力量带来的挑战要求企业建立起能对外部环境变化做出灵活反应，以顾客需求为中心的管理机制和组织机构。越来越多的企业从关注内部管理转移到关注企业与环境的适应性方面来，旨在通过变革管理，提高企业的整体水平和综合竞争能力，赢得市场竞争的主动权。BPR 正是顺应新的经济格局以及竞争热点的变化而出现的企业管理变革的新思想，被企业界寄予了厚望。

2. 信息技术的发展

（1）多种基于信息技术的先进的制造技术和现代管理系统日臻完善。

柔性制造系统、精益制造、准时制造和全面质量管理等多种基于信息技术的先进的制造技术和现代管理系统日臻完善，为 BPR 打造了实施基础。它们提倡的以顾客为中心、团队、自我负责和质量第一的思想，也使高效率、高质量地提供产品与服务，快速响应市场变化，满足顾客多样化和个性化需求成为可能。

（2）利用信息技术能够有效地帮助企业顺利实施 BPR。

①利用信息技术可以从根本上改变组织收集信息、处理信息和利用信息的方式，加快信息传递的速度，实现信息的充分共享，降低信息使用成本。

②利用信息技术可以有机地整合企业内部各个职能部门，将企业变成一个协同工作的整体，提高企业决策的速度和整体的应变能力。

③利用信息技术可以大大提高员工的工作能力和工作效率，有效增加管理幅度，减少中间管理层次，使组织结构趋于扁平化。

④利用信息技术的强大功能，还可以将许多程序化工作交给计算机系统来完成，缩小业务部门规模，实现业务部门的"精、干、高"。

⑤利用高效的信息处理技术，还可以将传统的串行工作方式变为并行工作方式，提高企业经营系统的反应速度，提高企业对环境的适应能力。

总之，企业利用信息技术能创造全新的工作方式，创造全新的流程组织，优化流程结构。

（3）不少企业没有将信息技术有效应用于企业管理。

很多企业运用信息技术却无法使其充分释放潜能或信息技术应用失败，这也是促使企业重视 BPR 的重要原因。信息技术的快速进步为在工作中应用新方法和创新提供了契机。但企业在信息技术方面的投资，却不尽人意，消耗了大量的资金却未能实现预期的效益。

致使信息技术未能发挥其潜力的原因很多，其中之一就是将信息技术用在了老的流程上，没有改变原有的工作方式。公司只是追求自动化处理原有的工作任务，以达到提高效率的目的。在顾客服务过程中，自动化有时也会引起问题。企业虽然发现这些流程中有需要改进的地方，但往往由于计算机系统的改变花费资金太大和时间太长搁置一边，信息技术因此常常成为组织僵化的原因。这类企业应该首先将精力集中在工作业务如何完成上，然后再在此基础上考虑如何应用信息技术达成目标。

哈默曾警告人们不要在"土路"上铺设信息技术，建议组织从充分利用信息技术提供的机会的角度重新认识自己的业务。他一再强调：组织在引入信息技术之前，首先应保证流程的正确无误和对新技术的适应。

3. BPR 的思想基础

许多研究人员对业务流程再造进行了研究和实践。信息技术专家 Davenport 提出了业务流程创新（business process innovation，BPI）的概念。他认为流程创新是一种革命的新方法，这种方法通过使用信息技术和人力资源管理技术对企业的流程进行创新，可以极大地改善企业的成本、时间及质量等指标。管理专家 Morrow 等人提出了业务流程再设的概念。这种方法就是通过检查和简化企业关键流程中的活动和信息流，达到降低成本、提高质量和增大柔性的目的。决策专家 Kaplan 等人提出了核心流程再设计（core process redesign，CPR）的概念。CPR 方法就是对企业运营进行根本性的再思考，对其工作流程、决策、组织和信息系统同时以集成的方式进行再设计。组织专家 Loewenthal 提出了组织再造（organization reengineering，OR）的概念。他强调以组织核心竞争力为重点，对业务流程和组织结构进行根本性的再思考和再设计，以实现组织业绩的巨大提高。学者 Grover 等人提出了企业流程变化管理（business process change management，BPCM）的概念。BPCM 是一种战略驱动的组织变革，是对企业流程的改善和重新设计，通过改变管理、信息、技术以及组织结构和人之间的关系来达到企业质量、响应速度、成本、柔性、客户满意度、股票价值以及其他重要的流程业绩方面取得竞争优势的目的。

（1）面向流程的思想。

面向流程的思想是 BPR 的根本基础，其表现形式是在再造过程中以流程为核心，采取面向流程的管理方式。面向流程的思想是 BPR 管理思想最根本的基础，体现出了业务流程必须快捷地满足客户要求的本质特征，真正地表达了 BPR 思想的精髓，也是对传统的面向职能管理方式的异化。

一般情况下，企业的管理方式可以这样描述：客户需求可以使用产品或服务来表示，产品或服务的完成需要企业的生产或服务流程，企业的生产或服务流程需要企业中的各种职能部门来保证。面向职能的管理方式就是从职能部门出发考虑客户需求，而面向流程的管理方式就是从提供产品或服务的各种业务流程出发来考虑客户的各种需求。

面向流程比面向职能更加直接地面对客户需求，对客户的需求变化更加敏感，提高了产品或服务的质量和效率。

①从组织结构来看。

面向职能的管理方式是一种阶层式的结构，人们关心的是部门的职能，而面向流程的管理方式是一种扁平化的结构，人们关心的是流程。

②从运营机制方面来看。

面向职能中的业务流程是被各种职能部门分割的不连续的流程，流程的优化由于条块分割只能达到局部最优，而面向流程中的各种业务流程则是简单、连续的流程，各种流程的性能指标如成本、时间及质量等可以达到全面最优。

③从员工的角度来看。

面向职能管理方式中员工的工作以个人为中心，按照职能安排工作，并且对客户只能进行有限的关注；而在面向流程管理方式中员工的工作则以团队为中心，关注的重点是客户需求。

（2）系统集成的思想。

系统集成的思想在 BPR 实践中的具体体现就是：通过使用信息技术把流程中过细的分工有机地集成在一起，是对传统分工论的异化，它强调在企业中各活动之间应该尽可能地整合在一起，而不是把流程中的活动分解得越细越好。

系统集成的思想包括了多种集成方法，例如：理论集成、流程集成、组织集成、技术集成和企业集成等。

①理论集成。

理论集成表示在 BPR 中要综合使用多种理论、方法和技术，例如：系统工、并行工程理论、流程管理理论、工业工程理论、信息技术以及信息系统等。理论集成就是指在这些理论的基础上，研究如何更加合理、有效地进行活动的集成。

②流程集成。

流程集成就是使用面向流程的思想取代面向职能的思想，以流程为中心，在流程的基础上，组织工作团队和组织结构。企业中有多个流程，这些流程要放在一起综合考虑，以便从整体上提高企业的性能指标。

③组织集成。

组织集成就是针对流程管理的特点，组建跨职能工作团队，建立工作团队之间的协调机制，减少中间管理层以及扁平化组织结构，提高组织对企业外界环境需求的响应速度，简化或取消企业内部的许多管理和控制。

④技术集成。

技术集成是指在 BPR 中信息技术的软件、硬件和人三者之间的集成。这些信息技术包括网络技术、数据库技术和应用技术等。技术集成不仅要求硬件和软件的集成，而且强调技术与人的集成，使技术真正地为人服务，满足使用者的各种需求，以使技术能够真正地发挥作用。

⑤企业集成。

企业集成是指将供应商、客户以及竞争对手等多个企业通过网络和协议连接起来组成虚拟企业。这种集成就是企业间的集成，是对传统经济实体结构的一种模糊化和异化趋势。

9.1.3 业务流程再造的基本原则

BPR 的基本规则是实施 BPR 时应该遵循的规范，是 BPR 理论的表现形式，也是 BPR 取得成功的保障。现代的研究实践表明，在企业内部实行流程优化或再造时，应遵循以下基本原则：

9.1.3.1 面向流程类原则

面向流程在 BPR 中的体现就是面向客户、面向目标和面向具体的业务流程，其思想本质就是面向直接为客户提供服务的流程。面向流程类规则就是面向流程思想在 BPR 过程中的具体表现。

1. 以流程为中心进行管理

该规则是为了简化当前分工过细的复杂的管理方式和庞大的层级组织机构。由于信息技术的广泛应用，许多协调、组织和控制工作可以集中进行，不再需要人为地分解而造成复杂化。管理方式应该尽可能地简化，使企业管理回归到像流水一样的自然状态。这是面向客户、面向流程和面向目标的基本规则。

一个以流程为中心的企业和一个传统的以职能为中心的企业，其根本区别不仅仅是企业运营流程的不同，而更重要的在于维系企业的基本结构不同。

在传统企业中，组成企业的基本结构是职能相对单一的部门，由这些部门分别完成不同的任务。这些任务构成了每一个流程的片段，任务与任务间的脱节和冲突司空见惯。而在一个以流程为中心的企业中，企业的基本组成单位是不同的流程，由一个人或一个团队来完成流程中的所有步骤，大大消除了原来各任务之间存在的冲突和拖延，使流程成为一种可以控制和调整的过程。流程是直接面对客户需求的，随着市场的变化，流程也必须随时变化，因此，以流程为中心的变革是一场持久的变革。一个公司必须持续集中关注它的流程，这样才能与不断变化的企业环境的要求相协调。

面向职能管理模式造成的条块分割阻碍了面向客户规则的应用，而面向流程管理模式则突出了面向客户规则在实际中的应用。面向流程管理模式规则是 BPR 的思想本质之一。

2. 面向客户需求

高层竞争的压力迫使企业努力思考如何建立一种以客户需要为导向的内部运营机制。流程客户是使用流程产出的部门或个人，应将客户纳入流程分析和设计之中。

面向客户需求的规则要求企业的所有工作以客户需求为中心，以客户满意为目的。这个规则也是企业存在的最根本的原因之一。许多企业主管忽视了业务流程面向客户需求这一最根本的原则，把工作精力放到了具体的任务、部门协调等方面，使复杂的业务流程难于满足客户经常变化的需求，常常使企业经营不知不觉地陷入了困境。

以客户需求为导向，意味着企业在判断流程的绩效时，是站在客户的角度考虑问题的。公司的各级人员都必须明确，企业存在的理由是为客户提供价值，而价值是由流程创造的。只有改进为客户创造价值的流程，企业的改革才有意义。所以，任何流程的设计和实施都必须以客户需求为标准。以客户为中心是 BPR 成功的保证。

3. 单点接触客户

该规则是保证满足客户需求、提高服务质量的一种策略方式，是为了改变传统的多点接触客户而实际上又无人负责的局面。BPR 后的流程和客户之间应该只有一个连接点。当流程比较简单时，只有一个普通工作人员与客户接触。当流程比较复杂或者过于分散时，由流程负责人与客户联系。

4. 流程多样化

该规则是指为客户提供产品或服务的流程可以有多种多样的形式，没有必要千篇一律。流程应该具有充分的柔性，可以随着时间和空间的变化而具有最大的环境适应性。

5. 面向目标

该规则所指的目标是企业的成本、时间、质量、客户服务以及环境保护等目标，不是指这些本质目标衍生的其他目标。该规则强调企业的业务流程应该把力量放在主要的目标上，而不要被一些衍生的目标耗费了自己的力量。

9.1.3.2 系统集成类原则

系统集成类原则是指在企业流程的许多活动中广泛应用信息技术、自动化技术，减少活动的数量，缩短流程的客户响应时间。

1. 尽量使用信息技术使流程自动化和不用手工处理

该规则要求信息技术、自动化技术在业务流程中要得到广泛应用，这既是推动 BPR 的触发器，又是实施 BPR 的手段。

2. 使用信息技术协调分散和集中的矛盾

对于业务流程中地理位置分散的活动，该规则要求灵活应用计算机网络技术和数据库技术把这些活动平滑地连接起来，实现信息、软件和其他资源的共享，加强流程中活动之间的合作与协调。

3. 把流程活动的串行结构变为并行结构，广泛采用并行技术

该规则是系统集成和并行思想的综合体现，把由于信息孤立而建立的串行结构转变为共享数据库的并行结构。只有实现了信息共享，活动之间才可以减轻依赖，才可能在流程中实行并行结构。

流程中的活动有三种结构，即串行结构、并行结构和反馈结构。反馈结构活动的集成应使用计算机系统协同工作方式进行协调，把反馈活动集成为并行活动。

在 BPR 之后的企业流程中广泛使用并行技术，可以降低流程的周期，减少流程中串行操作的信息传递和反馈等时间。在使用并行工程时，一定要依靠网络、协作平台及工作流等技术实现信息共享和人员之间的相互协调。

4. 横向集成活动——几个活动合并成一个活动。

该规则要求在 BPR 过程中，打破原有的职能界限和任务划分，尽可能将跨越不同职能部门把由不同专业人员完成的工作任务集成起来，合并成一个可以由一个人或工作团队完成的整合活动。

5. 减少检查、校对和控制

该规则要求尽可能地减少流程中的活动数量，对于检查、校对和控制等活动，能够使用协同工作方式解决就一定要使用协同工作方式来解决。当必须进行控制时，要求控制的收益大于控制耗费的成本，否则就应取消控制活动或改变控制活动的方式。该规则还要求在 BPR 中提倡总量控制和延迟控制，集成检查、校对和控制活动。

6. 操作人员根据自己的知识、经验、专家系统或其他决策工具进行决策

该规则一方面要求将决策权力下放给基层操作人员，另一方面要求信息技术广泛应用到操作人员决策中，将企业的最高层领导、基层操作人员、管理技术以及信息技术集成到一起，缩短信息反馈和制定决策的周期，提高企业流程的响应速度。

9.1.3.3　可靠性类原则

可靠性类原则就是描述流程完成规定任务的能力和概率的一类规则。可靠性规则是流程再造中简化流程的理论基础，是流程再造是否成功的一项关键指标。BPR 要保证流程再造之后的可靠性高于流程再造之前的可靠性，使得再造之后的流程简单、健壮。

1. 减少中间环节或串行变并行

该规则是可靠性的基本要求，也是流程简化的理论依据，是提高流程可靠性的基本手段。

流程作为企业基本的经营与管理活动，是企业资源整合能力的重要基础。为此，在流程设计时注意以下方面：

（1）把地域上分散的资源当作集中的资源对待，即集中调配地域上处于分散的可用资源。

（2）在信息产生之处一次性准确获取原始信息，并将信息处理工作纳入产生这些信息的实际工作中去。

（3）在流程中实施并行工程：一是让后续过程的有关人员参与流程前端过程，如果没有必要参与实际的活动，也可以将前端的信息及时传递给后续过程参与者，从而使后端参与者提前做好相关准备。二是保持平行作业行为之间的连接与即时沟通，而不必去注重在最后对这些作业行为结果的集中整合。

（4）从产业的整合中获取竞争优势。

2. 变事后管理为事前管理，减少不必要的审核、检查和控制等活动

该规则要求活动本身的完成应该尽量满足可靠性的要求，把各种可能发生的问题都放在完成活动本身时解决，减少不必要的为了保证活动或流程本身的完成而不是流程目标所要求的活动。

3. 尽量删除流程中不增值的活动

该规则所指的不增值活动包括三方面：不提供或不接收信息的活动、产生超过现实需要的活动、由于流程断裂而产生的协调活动。该规则可以简化流程和提高流程可靠性。

价值增值强调流程的活动应尽量增加对顾客的价值。通过流程的重新设计，减少无意义的节点活动，规范剩余节点中的具体活动内容，从而减少失误；尽量减少对内部客户和外部客户不增值的活动，减少工作过程中的非工作时间。

4. 删除冗余的处理和冗余的信息集

该规则要求信息的来源和处理不能出现在多处，否则会造成信息之间的不一致，使得流程中信息的可靠性降低，应该使信息来源和信息处理都在同一个位置。

5. 在活动合并中，用通路代替边界

该规则要求将中间过程尽可能地删除或集成，取消无效的中间过程。

9.1.3.4　组织再造类原则

流程再造必然引起人力资源的重新配置和管理方式的改变，因此，不可避免地引起组织再造，组织再造反过来促使流程再造顺利进行。为了适应再造后流程的变化，企业组织管理必须依照一定的管理思想和理论，组织再造类原则就是这些思想和理论的具体表现。

1. 基层工作单位不是个人而是自我管理的工作团队

因为流程再造以后的活动比现在的活动在范围上、深度上均要广得多，已经超出了一个人的工作能力范围，所以必须有一个自我管理、分工协作的工作团队来完成这种再造后的集成活动。工作团队就是指一个具有共同目标、由不同专长的人组成的小组。这是一个高度自治、分工协作且相互职责可述的工作单元。

2. 企业组织结构趋于扁平化，减少中层管理人员

扁平化的组织结构是相对于传统的层次状的组织结构而言的，是从管理跨度的角度来考虑的。层次状结构的管理层次较多而管理幅度较窄，扁平化结构的管理层次较少而管理幅度较宽。随着社会的进步，人的素质大幅度地提高并组建了

工作团队，由于信息技术的广泛应用，中层管理人员的存在逐步失去了合理性，因此应该尽可能地减少中层管理人员。

3. 员工工作内容的丰富化、多元化

该规则要求在再造后的组织中应该淡化不同类型工作之间的界限，拓宽员工的视野和丰富员工的工作内容，员工有更多的时间用在增值的工作上，可以从事流程中更大部分的工作，工作对员工素质要求更高。

在流程再造过程中，不可避免地会涉及职责的调整，同时很有可能会涉及组织结构的变更。因此，如何根据流程优化的结果进行职责调整非常重要。基于流程的职责界定和组织结构调整，应该注意：

（1）使需要得到流程产出的人完成流程过程。

（2）尽可能使用同一个岗位完成一项完整的工作。

（3）使决策点尽可能靠近需要进行决策的地点。

（4）明确定义流程各节点之间的职责相互关系和工作协作关系。

4. 员工的工作目标由让上级满意转移到让客户满意

在流程再造中，流程中员工的工作目标是为了满足客户的需要，所关心的是流程的结果而不是在让上级满意的流程中付出的工作量。这也是面向流程、面向客户规则在组织管理、绩效评估中的体现。

5. 员工绩效衡量标准由工作量转变为创造价值

因为整个流程完成以后才会产生可度量的价值，而流程中每一个步骤的效率与绩效和整个流程的效率与绩效是不成比例的。因此，应该着重衡量员工所创造的价值，而不是投入流程活动的工作量。

6. 由培训到教育

在不断变化的环境中，不可能教会员工可能发生的每一种情况如何处理，只能教会他们如何洞察和理解新情况，如何判断和处理新问题。教育就是教人"为什么这样做"，提高员工的洞察力、理解力和判断力，把员工培养成智能型的复合人才，而不是简单地培训员工"如何做"。

7. 由监督控制到指导协调

再造后的流程，员工的素质大大提高、中间管理层减少、组成了工作团队、鼓励员工自主决策、流程更加简单可靠，而且管理者和操作者之间的界限趋于模糊，因此，管理者的角色不再是传统组织中的监督控制角色，而是指导协调和处理非常事件的角色。

由于流程优化可能会涉及一些管理思路的转变，涉及职责的重新划分，涉及公司组织结构的调整，涉及人事变动甚至中高层领导人事的变动，如果没有高层领导的强力支持，流程再造的实施将步履维艰。

8. 流程持续改进

企业外部环境、企业规模、业务范围的不断变化，要求对有关流程进行相应的调整。

9.1.4 企业业务流程优化与再造的过程与方法

9.1.4.1 项目启动

1. 高层共识

（1）发起人及其职责。

项目启动阶段，首先要保证企业高层领导能够达成共识。一般而言，企业应该先有一个发起人（通常为公司总裁或副总裁）。发起人意识到企业的管理危机，并游说公司高层领导同意实施流程优化（再造）项目。

实施流程优化（再造）项目需要投入相当多的资源，而且经常会涉及一些关系公司全局性的问题。因此，该项目的发起人在公司应有极大的权力和威信，事实上，经常是公司的 CEO 充当发起人。

因此，发起人的责任如下：

- 传递改造决心给企业所有人员；
- 建立改造的规范；
- 指派项目经理，并给予执行权力；
- 核定企业流程改造目标，树立远景；
- 塑造流程再造的企业文化；
- 确保参与成员对改造计划的认同；
- 调整评估与奖励制度，以配合新制定的企业流程目标；
- 领导流程优化项目的决策委员会，对一些重大的变革进行决策。

（2）高层达成共识。

流程再造项目的实施必须取得企业高层领导的全力支持，否则将困难重重。因为，企业高层领导对公司战略的目标与实施、对全局问题的把握比普通员工更清楚，同时他们的权威身份使他们能调动更多的资源。同时，由于流程优化（再造）的过程经常会涉及整个公司，超越了个别部门的职责范围，在一个部门中根本不可能实施。

（3）本阶段主要输出。

本阶段主要输出为高层领导一致同意开展流程优化（再造）的承诺。承诺的达成应该是首先召开高层会晤，然后在研讨会会议记录的基础上加以整理形成相关意见，最后在符合共同意见的纸质文档上签字。

例如，天华电动自行车厂计划实施流程再造项目。由于处理高层会晤过程中涉及的问题需要更多数据的支撑，刘工决定在正式的高层会晤之前，将会议流程制定出来，交由指定部门人员进行调查。然后，将调查结果打印装订出来并进行正式的高层会晤。

经过对一系列问题的深入研究，天华电动自行车厂的高层领导达成了一致意见，决定实施企业业务流程再造。

2. 成立项目领导小组

在取得高层领导的共识之后，为了顺利推进流程优化（再造）项目的实施，一般需要成立一个正式的项目领导小组，由该小组来负责对该项目的决策，并对项目的开展进行总体协调。

（1）项目领导小组的构成与职责。

流程优化（再造）项目领导小组是该项目的决策委员会，通常由 5~10 人组成，成员包括企业高层经理、企业重要业务部门负责人、企业某方面管理权威人士、项目经理、咨询顾问。

（2）部分成员及其职责。

项目经理是企业流程优化（再造）项目具体负责人，是企业流程优化执行小组的领导者，可以由企业副总或某部门经理兼任，也可安排一位专职人员担任。

项目经理主要负责流程优化项目的总体策划、提出优化顺序、推动项目进程、协调各部门、提出所需资源、定期汇报等工作，另外要再配备一位日常联络员配合其工作。

（3）本阶段主要输出。

本阶段主要输出成果为经过清晰界定的小组成员职责。

3. 项目建议书

在正式实施流程再造前，项目领导小组应进行流程再造的需求分析，评估再造所需资源，确定再造目标，编制项目需求建议书。此阶段工作可以让领导小组成员清楚实施流程变革需要进行哪些方面的准备，目前自有资源是否能够满足需要，还需要从外部获取哪些资源，将在哪些范围内进行等。

（1）确定再造需求。

确定再造需求主要包括如下工作：

- 实施流程优化（再造）的原因是什么？（市场变化？科技进步？知识结构变化？）
- 流程优化（再造）的范围是什么？（是所有部门还是某个局部？是某个业务领域还是整个公司？是彻底的业务流程重新设计还是在现有流程上的改进优化？）
- 流程优化（再造）的目标是什么？（怎样评价流程再造的成果？怎样才算结束？）
- 确定改造的方法和模式。
- 流程改造后是否进一步电子化？流程再造会对现有内部网络管理体系带来怎样的冲击？

（2）资源评估。

资源评估是为了分析企业开展流程优化（再造）时需要哪些资源，这些资源可以在哪里得到，包括人员技能、人员构成、授权、资金预算、经验等。

（3）风险管理计划。

制订风险管理计划是为了减少前期准备不足导致的混乱，包括初步估计风险发生的可能范围、发生概率、可能影响以及风险是否可以防范、防范措施等。

（4）编制工作计划。

可以根据整个流程优化项目的工作过程，从粗到细地制订各阶段的行动计划，以甘特图的形式表示时间的起止阶段（如图9.4所示）。

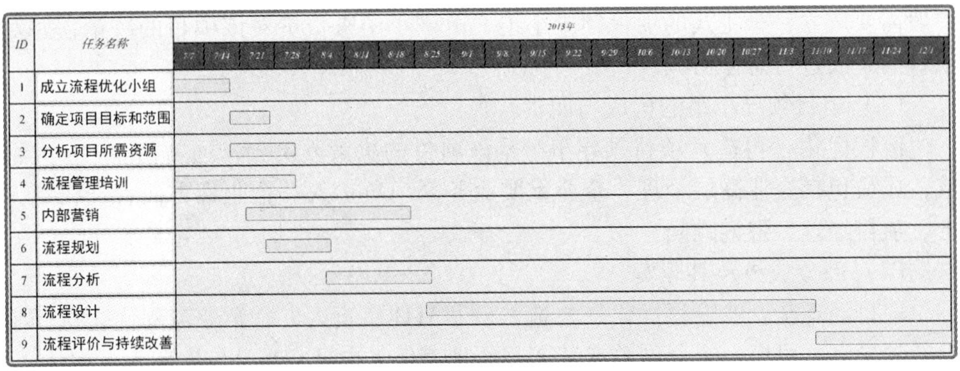

图 9.4　流程优化项目总体工作计划

（5）本阶段主要输出。

本阶段主要输出为项目建议书（明确的再造需求及各相关计划）。

4. 培训与内部营销

流程管理是一项比较新颖的理论，发展的历史也相对较短，目前大多数企业员工对此了解不多，更缺乏这方面的实际操作经验，因此需要对企业主要业务骨干进行相关业务知识培训以保证成功实施流程优化。

对于员工的流程管理知识培训多由流程管理咨询顾问或公司内部的流程管理专家来进行授课。在设计流程再造项目小组训练课程前，应对目前小组成员技能与资源做评估，了解哪些方面是企业尚未具备的。一般需要进行两类培训：一类是流程管理理念方面的培训，面向全体员工特别是业务骨干；另一类是流程实施工具与技术、团队管理知识培训，面向流程优化项目小组成员。

正式实施流程优化前，一般需要对公司员工进行流程优化的培训与宣传。内部营销是指为让公司内部员工接受流程优化的理念或方法而进行的各种宣传等相关活动。

★小提示：

如何实施内部营销

实施内部营销的主要方式：

以企业 CEO 的名义发布关于企业业务流程优化的宣言，以表示高层领导对该项目的强烈支持。

在企业内部广泛宣传实施流程优化对企业的紧迫性和重要意义，以及对广大员工可能的影响，使大家对流程管理有初步的认识。比如通过将公司关键业务指标与标杆公司指标进行对比，发现公司与目标公司之间的差距。

描述企业远景，勾画出企业未来发展的远大理想和宏伟蓝图，并同时指出企业流程再造的目标对实现远景的意义。

在企业广泛发动对自己工作业务的思考：我工作的客观对象是谁？哪些人接受了我的工作产出？客户对我工作内容的需求是什么？我是否满足了客户的需求？我如何开展工作可以更好地满足客户需求？这种思考方式将使员工发现自己工作中的不足，使他们产生进行流程优化的内在动力。

9.1.4.2 流程规划

1. 流程总体识别

流程总体识别是为了系统地发现与识别企业目前的业务现状、工作流程，绘制企业流程总体框架。从总体框架上可以看出企业流程与战略、流程与流程之间的逻辑关系，为流程改进提供基础。在进行流程总体识别时主要做以下三项重点工作。

（1）收集分析相关资料。

企业的价值链与客户、供应商的价值链紧密相关，并受到竞争对手价值链的重要影响，特别是对产业的整合常常能给企业带来巨大的竞争优势，因此在进行流程规划和分析的时候，收集和分析这些资料，可以从中寻找价值增值的机会，为流程规划和优化提供切入点。

①行业与客户资料。

行业与客户资料包括：

- 国际国内行业基本状况与未来发展方向；行业规模、市场增长率和发展状况；
- 行业主要客户的分布；企业主要客户的基本资料；
- 客户需求分析；客户购买的决策过程、客户产品的使用过程、客户对产品的价值实现等；
- 客户其他相关流程管理资料；
- 行业内其他相关资料等。

②主要竞争对手资料。

主要竞争对手资料包括竞争对手的各项绩效指标、竞争对手流程等。

③其他行业的标杆数据及卓越案例。

对其他行业，企业应主要关注那些卓越公司的流程管理办法。它们的管理方式，既可以为本企业在流程优化时提供参考思路，又可以为企业提供一个标杆，作为企业努力的方向。

④企业内部资料。

收集企业内部资料，以便于分析了解企业流程运行现状和运行环境。如公司各部门相关业务流程、管理制度、执行效果、绩效指标、管理机制等。

⑤企业主要供应商管理资料。

收集企业主要供应商的资料，从中发现和寻找与供应商进行流程整合的机会。

（2）流程总体识别。

流程总体识别是为了对整个企业的流程绘制一幅鸟瞰图，从而对流程进行总体把握；在此基础上进行流程分级和核心流程识别，有利于疏通公司内部的流程体系，避免流程遗漏和重复，发现流程之间的内在联系和潜在的改进点。

流程价值链是根据迈克尔·波特的价值链理论演变而来的。该理论将企业的活动分为基本活动和辅助活动等九类，这些活动的过程实际便构成了企业的流程体系（如图9.5所示）。

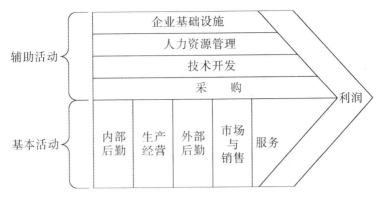

图 9.5　价值链基本模型

不同行业的流程价值链，其基本活动的内容变化比较大，如零售业一般为：商品开发→采购→物流→宣传广告→店面管理→营业→服务。而广告代理业一般为：客户开发→宣传企划→销售→广告制造→广告发布→监控。

有时候，企业在分析企业流程价值链的过程中，也会进一步分析客户与供应商的流程价值链，分析它们之间的内部逻辑关系，从而找到流程优化的机会。事实上，很多具有卓越管理能力的企业，均能从对其客户与供应商的流程整合中获益。

分析价值链，还需要将上下游企业的价值链结合起来分析，这样分析将更为具体、实际、适用。

（3）流程总体识别阶段的产出。

在此阶段的产出包括两个部分，一是得到公司领导层认可的公司流程总体框架，二是经过项目领导小组批准的各流程经理名单。

【参考 9.4】某技术开发企业业务流程价值链分析（如图 9.6 所示）。

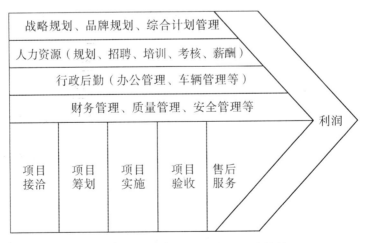

图 9.6　某技术开发企业业务流程价值链

我们如果将图 9.6 中的业务内容看成一个个流程，就可以比较清楚地看出该技术开发企业的流程总体框架。此价值链将流程划分为三类：战略性流程、支持性流程和经营性流程。对于经营性流程则细分为五个阶段：项目接洽、项目筹划、项目实施、项目验收、售后服务。在此基础上进一步深入分析，我们可以对该企业的运行过程有基本的把握。

（4）注意事项

①理解企业的战略和业务分布。

由于企业的战略和业务性质决定了流程的框架和运行方式，流程总体规划需要在既定的战略下进行。

②要先抓住主干流程（一级流程）。

由于流程具有不同的层次（流程的分级），容易将一些二级流程甚至三级流程误以为是一级流程。

③合理处理交叉流程。

由于流程本身可大可小，如何界定流程的起点与终点非常重要，这有利于将那些表面上看来是交叉的流程划分开来。一般可以根据该流程满足企业关系人的何种需要来确定该流程是否是一个完整的流程。

④识别流程时应遵循穷举法。

最后列出的一级流程相互之间应不包含或交叉。

2. 流程分级

流程分级是按照流程的分解层次来进行的，一个复杂的流程可以根据需要进一步对其关键节点进行分析，把这个节点或该节点的某个输入/输出因素作为一个流程来进行研究。

流程分级所要做的主要工作是，根据流程总体识别得到企业的一级流程，根据需要进一步分解为二级、三级、甚至四级流程。

（1）流程分级的主要原则。

对于某个流程是否需要进一步进行分级，以及分级到何种程度，是根据我们对于流程描述与理解的需要来定的。在进行流程分级的过程中，应遵循如下原则：

①完整性原则。

分级后的流程最少包括两项以上的活动流程，这些活动构成一项完整的业务内容，它可以作为一项工作分配给某个岗位或部门。

②独立性原则。

分级后的流程相对独立，不会和其他流程有较多的活动过程交叉；如果分级后的两个流程的客户和客户需求完全相同，则这两个流程应该合并。如很多企业将培训管理流程划分为外部培训、内部培训等，其实客户和客户需求都是一样的，没有必要将培训管理流程再分级。

③清晰化原则。

进行分级后的流程可以清晰地 SIPOC（客户、过程、输入、输出、供应商），则该流程的实施可以满足客户的需要。

④必要性原则。

分级后的流程有助于我们对于上级流程的描述和理解，否则便没有分级的必要。

（2）主要工作输出。

流程分级阶段的产出是企业流程分级表，该表详细列出了企业一级、二级和三级流程。结合企业总体识别和流程分级，可以根据企业总体识别的流程罗列出一级流程来。

一级流程中，有很多可以进一步细分出二级流程。比如：品牌管理流程可以分为品牌定位流程、品牌规划流程、品牌运作流程、品牌评估流程、品牌调整优化流程等。

二级流程根据需要可以进一步分解为三级流程、四级流程（如表 9.1 所示）。

表 9.1　某公司供应链管理流程的三级分解

一级管理流程	二级管理流程	三级管理流程
供应链管理	管理供应过程	供应网络的计划、设计和实施
		计划库存策略和库存水平
		发展和评估供应商
		整合、确保供货网络能力
		实施短期和长期综合生产计划
		备件网络的计划、设计和实施
	生产满足顾客需求的产品	设计和提供产品的性能和能力
		安排生产活动
		向供应网络发出配送信息
		使材料在各生产环节上流转
		启动制造和装配活动
		实施增值的加工步骤
		向顾客发货前对成品进行整合
		维护生产设施
	管理物流活动	物流活动的管理和实施
		接受和处理材料
		仓库及材料中转实施的运营
		包装和装运
		管理整个供应网络中的运输活动

（3）流程分级中的一些注意事项。

①对一级流程的分解，应由 BPR 项目经理、咨询顾问和该流程经理一起完成。

②对于涉及整个供应链的流程（比如市场预测、订单、主生产计划、供应商管理、研发等），则尽可能放在一起联动思考。

③对于一些细小的流程，比如一些行政事务性的流程，则可以根据需要放在三、四级流程中考虑。

④对于某流程是否需要进一步细分，主要看该流程图是否已经比较简单明

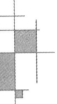

物料管理及 ERP 应用原理与实施

显，不存在绘制、描述或执行等方面的困难，如果存在这些困难，可以进一步对该流程进行分解。

⑤流程分解并非越细越好，太细往往不容易发现流程活动之间整合的机会。

⑥对于分级后的流程，注意它们之间的层次逻辑关系。

9.1.4.3　分析流程属性

分析流程属性时，一般会借助于高端流程图（SIPOC 图）。

★小提示：

分析流程属性的注意事项

分析流程属性一般需要注意：

该流程优化时需要哪些部门参与（由流程的客户和流程流经的部门决定）？

该流程与哪些流程有关？该流程的上级流程是什么？该流程进一步分解的流程是哪些？哪些流程与该流程无关？

该流程是否特别复杂？该流程所涉及的内容是否特别广泛？可能需要多长时间？

该流程是否对公司经营非常重要？

9.1.4.4　流程问题陈述

分析流程之后，可以进一步以流程问题陈述的方式将问题量化。问题陈述时，应不断地在以下方面进行思考：

- 问题是基于观察（事实）还是假设（猜想）？
- 问题陈述本身是否已蕴含发生原因？
- 团队可以通过收集数据来验证和分析问题吗？
- 问题是否太狭窄或太广泛？
- 问题是否暗示了结论？
- 客户是否满意？

★小提示：

进行完整问题陈述时注意的四大原则

1. 问题的宏观阐述

问题陈述应言简意赅地定义问题并使之量化。

2. 输出变量及单位

问题陈述应定义问题的输出（或关键质量点）和测量单位（如何测量）。

3. 数据来源

从哪里获得数据或信息？

4. 对问题的具体描述和量化

对问题的描述与量化需要注意以下方面：

（1）条件。

在什么情况下会出现影响输出变量的不利因素？

（2）程度。

程度是对目前问题严重程度的定量测量。

（3）现状。

现状是与客户关键质量点有关的实施活动。

（4）时间。

时间是指数据收集的时间段。

（5）规范。

规范指客户关键质量点或期望，即客户希望达到什么程度。

【参考9.5】流程问题陈述案例

根据这些原则，我们可以按业务中的某个问题提出相应的流程问题陈述（如表9.2所示），为量化工作打下基础。

表9.2　一个完整的流程问题陈述案例

问题的宏观阐述		只有70%的部件准时发货，造成罚款和丧失销售机会
输出变量及单位		变量Y，准时发货用延误或提前的天数测量
数据来源		装货记录
问题量化	条件	延误交货基本上发生在大客户的大订单上，低价位部件的交货延误远远大于高价位部件
	程度	近6个月的罚款总额到达150 000元，还未包括原材料及销售机会丧失的计算
	现状	测量单位以天计算，目前只有延迟发货的数据；将针对延迟发货的单据做回顾并得出交货日期的数据分布
	时间	延迟交货发生在各个阶段，但近6个月以来按时发货的比例已从90%下降到70%
	规范	货物必须在客户指定的日期内准时抵达

9.1.4.5　流程现状分析

1. 绘制过程流程图

分析过程流程图是我们分析流程现状的重要内容，它具有重要意义。忽略现有流程可能带来高风险。如果未能获取对现有流程及其功能作用所必需的理解，将使新流程与实际中所要实施的作业任务没有多大联系，并使得作业人员常常未能将其工作任务与新流程连贯起来，导致流程再造的初始举措因受挫而中止。

★小提示：

为什么要分析过程流程图

过程流程图为项目小组成员思考问题提供了一个基本框架，可以帮助与会者专注于所讨论的问题而不至于太发散。

过程流程图可以使小组成员根据达成一致的流程图来讨论问题，不至于因为彼此对流程不同的认知造成纷扰。

过程流程图还有利于流程小组各节点成员站在整个流程的角度来看问题，而不是只站在部门角度。

过程流程图是系统分析的重要依据，在未来设计信息系统时，经过优化的过程流程图有利于系统设计。

（1）过程流程图的绘制示例。

例如，某技术开发公司根据业务流程节点，制定如下流程：

机会识别→项目筛选→项目考察→项目洽谈→项目投标→项目签约。

（2）分析流程节点主要活动和输入输出因素

过程流程图描述了流程的主要节点。为了深入分析该流程，我们必须分析该流程每个节点的活动、输入输出因素。

★小提示：

如何确定流程节点

为了确定流程节点，我们需要不断进行下述提问：

①对于每个节点而言，该节点需要做什么活动？

②这些活动哪些是增值的？哪些不是增值的？

③这些活动对于满足客户需求而言都是必需的吗？

④如果缺少这项活动是否会对客户的需要满足造成影响？是否有更好更简单的活动方式可以替代该活动？

⑤为了有效完成该节点的活动，需要输入哪些条件、资源？对于这些条件、资源有哪些具体的要求和标准？这些资源一般包括信息、表格、物料、计划等。

⑥该节点活动顺利完成后，应该输出哪些内容才能满足客户需要？这些内容分别是哪些客户在使用？客户对这些内容的要求和标准是什么？

⑦该节点与其他节点之间的联系是什么？哪些流程的产出对该节点的活动有重要影响？

在绘制了过程流程图后，流程经理和流程小组成员一起组织研讨，分析得到该流程节点的主要活动，以及这些节点活动的输入输出因素（如表9.3）所示。

表9.3　某技术开发公司各流程节点输入输出因素分析

各流程节点	活动	输入	输出
机会识别	信息收集	公司投资计划 上级投资计划	投资人确认计划书
项目筛选	设立项目选择标准 根据标准初步筛选	项目选择标准 投资人确认计划书	符合标准的候选项目
项目考察	组织考察小组 调查甲方资信 评估甲方资信	甲方资信调查	拟投标项目
项目洽谈	约谈客户 购买标书 理解标书 准备投资资料 外联工作	向甲方提交公司资料 理解招标文件 编制资格预审 外联工作	

表9.3(续)

各流程节点	活动	输入	输出
项目投标	标书制作 投标 评标答辩	投标标书 外联工作 项目组织设计	中标通知书
项目签约	合同准备 签约 签订附加协议	银行保函 投标标书 项目组织设计	合同文件

（3）识别流程关键影响因素。

在分析了流程节点活动和输入输出因素后，接下来需要进一步分析、识别流程关键影响因素，关键影响因素是对流程输出影响最大的因素。根据80/20原则，识别流程关键影响因素，有利于在后期进行流程设计和管理时，对这些关键因素进行重点控制，从而起到事半功倍的效果。

2. 定义流程绩效指标

流程绩效可以从多个角度进行评价，如流程产能、流通效率、时间、质量等，一般而言，从客户需要的满足角度来评价流程的绩效才是最佳的。对流程绩效进行评价有利于我们进一步改进流程管理，不过考核需要耗费一定的成本，因而并无必要对所有流程都进行考核。而且，在设置考核指标时，也应该注意该指标数据收集的难易程度，如果数据收集成本太高，则完全没有必要将其作为考核指标。

（1）研究流程绩效标杆。

流程绩效标杆是其他公司在同样或同类流程方面的卓越经验和表现，是公司努力的方向和学习的榜样。研究流程绩效标杆的重要意义在于：能够为公司新流程设计提供管理思路上的指导和参照，使公司节省从头开始的时间和成本；为公司提供流程改进的目标，更容易发现现有流程的缺陷和问题，开阔公司视野，不至于坐井观天；以最佳经验为学习和改进目标，是超越自我的基础。其他公司失败经验也可以为本公司提供教训，少走弯路。

研究流程绩效标杆，可以按照四个步骤进行：

①制订流程绩效标杆搜集计划。

这一步主要回答这样几个问题：准备在该流程的哪些绩效指标方面收集标杆案例？从哪些地方可以得到这些流程绩效标杆？该如何去搜集这些标杆案例？由谁搜集？

根据设置的流程绩效指标，在深入分析企业流程设计要素的基础上，企业可以列出一个需要搜集标杆案例的清单。例如，在培训管理流程中，培训内容与业务相关性评价、培训费用控制、培训效果管理、培训时间安排、培训覆盖率、培训学时数、培训内容对自我实用价值等方面，可以分别作为一个潜在的标杆搜集内容。

②搜集流程绩效标杆。

这一步是流程小组根据流程标杆搜集范围，积极探讨这些标杆可以从哪些企业或个人得到，列出潜在的寻找对象。

③学习标杆流程内。容

在收集到有关流程绩效标杆后，流程小组成员应深入学习这些标杆的内在理念，包括：

- 他们如何定义客户和客户需要的？
- 他们在此流程过程中的输入输出分别是什么？这些输入输出分别有何特点？
- 此流程在考核时需要收集哪些数据、信息？是如何收集、如何传递的？
- 此标杆流程设计时运用了哪些管理工程学思想？
- 此标杆流程对岗位职责是如何描述的？
- 此标杆流程对计划是如何管理的？
- 此标杆流程有哪些模块可供本流程小组或其他有关流程小组参考和学习？
- 在运行此流程时有哪些支持或有关流程？

④分析标杆流程的运行基础。

不同企业的战略、文化、管理基础是不同的，因此每个企业的流程都有其运行的基础。分析标杆流程运行基础可以帮助公司了解该标杆流程能否学习、学习哪些部分、如何学习和运用等。

a. 战略基础

例如戴尔公司的战略基础是直销，对供应链的总体协调和管理能力一流。它所追求的反应速度使其全面介入供应商质量管理过程，但在原材料进入公司时，并不进行质量检测（在供应商那里进行）。

b. 组织基础

组织结构不同，对流程各节点的活动职责划分可能不同；这种结构分析可从母子公司、区域分布（销售网点、工厂布局、研发布局）、各部门职责划分等方面开展。

c. 信息化基础

一些企业流程运行在各自的信息化平台之中，并形成自己的鲜明特色，如果离开这些工具，该流程运行效率降低甚至无法运行，这些需要充分的考虑。

d. 员工能力基础

人才是企业最重要的资源，员工是流程设计和运行的主体。有些企业员工素质整体很高，而有些企业员工素质则可能偏低。在分析标杆流程时应注意该流程运行需要哪些方面的能力和素质，目前本企业员工是否可以达到。

e. 注意事项

- 尽可能以自己经过努力可以达到的企业流程为标杆，不能太脱离本企业的实际情况；
- 在收集流程标杆后，关键是分析此标杆流程的设计及其对公司的指导意义，不要生搬硬套；
- 由于一些卓越企业的很多流程都可能成为标杆流程，在寻找标杆时，注意和其他流程小组合作进行。

（2）设置流程绩效指标。

例如培训管理流程的客户需求就包括培训内容与工作业务的相关性、培训费用控制、培训效果、培训时间安排、培训覆盖率、培训学时数、培训内容相对于自我实用的价值、教师授课水平等多个方面。不过，在设置流程绩效指标时，可能将一些考核比较困难，又可以采取其他措施进行实际控制的内容不作为绩效考核指标，如培训覆盖率（每个员工年度培训小时数）。

在设置了这些流程绩效指标后，应对每个指标进行定义，即每个指标是表示什么意思？测量的是什么？如何测量？由谁测量？测量周期是多少？……比如，培训费用控制一般以全年预算为准，并以季度为考核周期；而培训内容与工作相关性、培训实施效果等则以单次培训的考核记录为基础，进行综合评价得到。

（3）设置指标权重。

在设置了某个流程的多个绩效指标后，可以进一步对各个绩效指标赋予一定的百分比，组成该流程的考核体系。

3. 流程优化进度表

编制流程优化进度表，可以使小组成员明白各项活动的先后顺序和时间要求，可以提前做好有关准备，并增强其责任感。

9.1.4.6　新流程设计

1. 分析流程设计要素

分析流程设计要素是以满足客户需要为导向，分析构成该流程的各个要素及其目前表现，以便为这些要素寻找标杆和后期改进做准备。具体而言，就是要将客户关键质量点分解为设计中的流程过程、功能和设计要求。

对流程设计要素的分析，始于对该流程设立的目的和最终实现的功能分析。在充分分析该流程客户的需要基础上，考察每个流程要素是否对满足客户需要有价值，以及如何将这些设计要素整合以最有利于满足客户的需要（如表9.4所示）。

表9.4　分析流程设计要素内容表

流程设计要素	分析具体内容
产品和服务	现在产品和服务是否能满足客户需要？在哪些方面可以满足？ 客户的哪些需要无法满足？ 产品和服务与设定的目标还相差多少？ 如何评价产品和服务对客户需要的满足程度？
原材料	原材料是如何影响客户需要的？在这个过程中，原材料应达到怎样的质量标准才能满足客户需要，同时对公司又有最佳的性价比？ 原材料供应商是否可以满足公司的需要和战略？ 是否需要进行供应商队伍的优化？ 对原材料供应商管理需要进行哪些改进？ 如何对原材料的质量好坏进行评价？ 对供应商的绩效考核是如何进行的？

流程设计要素	分析具体内容
流程过程	该流程目前有哪些主要过程？ 对这些过程有没有相应的监控要点，谁来监控？ 采取哪些监控措施？ 谁对监控要点负责？怎么考核？ 这些活动是由手工还是信息系统支持的？效果如何？
组织结构与岗位设置	目前该流程流经哪些部门？ 这些部门的有关岗位做了什么活动？活动间的关系如何？ 该部门与此流程有关岗位的其他职责和这些活动的关联性如何？ 在这个流程中，有没有专门设置某个关键岗位？ 如果有，这个岗位的职责是如何界定的？ 对这些活动成果的好坏是否有评价指标？ 是否将这些指标纳入了岗位绩效指标？
人员	该流程对人员的能力素质要求是什么？ 目前人员的能力是否适应？ 人员的工作习惯对该流程的运行有何影响？
计划管理	该流程目前有哪些相关计划？ 这些计划管理是如何进行的？ 计划由谁制订、审批？ 计划的内容是什么？ 谁应该遵照执行这些计划？
报表	这个流程目前输入输出哪些报表？ 这些报表谁来提交？ 提交给谁？ 这些报表的编制是否规范？ 报表的内容是否完整？ 传递方式如何？ 是纸质报表还是线上报表？ 报表的好坏对客户的哪些关键质量点影响较大？ 接收者能采取哪些措施来保证流程运营？ 还有没有其他相关的报表？
制度 （流程说明书）	制度体系是否健全？ 是否有规范的格式？ 流程说明书是否有科学的查询方法？ 是否可以跟踪历次的修改记录？ 流程说明书需要经过哪些部门的会签？ 该流程有哪些相关制度？ 该流程优化后对这些制度有影响吗？
信息系统	目前公司使用了哪些信息系统？ 该流程是否进行了信息化？ 该流程与公司目前哪些信息化流程紧密相关？ 从哪些信息化流程提取数据或向哪些信息化流程提供数据？ 目前的信息系统使用方便程度如何？如何评价？

表9.4(续)

流程设计要素	分析具体内容
设备与工具	设备与工具是如何在流程中影响输出的？ 目前设备与工具的性能是否稳定？ 它们的使用是否对客户服务的质量、成本等方面构成负面影响？
其他基础设施	还有其他的哪些基础设施影响该流程的运行？ 这些基础设施是如何影响流程运行的？ 能否对这些基础设施运行现状进行量化评价？

2. 分析流程模块

流程模块借用了产品设计模块化的思想，将流程分解成数个独立的模块步骤，并且找出可以用在其他流程上或后期进行改进优化的工作步骤、报表、信息等。流程模块实际上是流程要素的一些经典组合，经过统一的规范后，可以在多个流程中使用。

流程模块化要求流程小组合理地对流程步骤进行划分，并对那些可以共享的部分（步骤、报表、信息、职责描述、计划系统等流程设计要素）进行模块化分析。在这个过程中，需要不断和其他有关流程小组进行深入的沟通和分析，找到有关流程对该模块的共同要求。

分析流程通用模块，主要包括两个方面的内容：

一是目前有哪些流程模块可以用在此流程中？这些模块各整合了哪些方面的信息？如何有效地将这些模块应用在该流程中？

二是该流程是否可以进行模块化设计？如果此流程可以形成一个通用模块，该模块要解决的问题是什么？应包括哪些方面的基本信息？应如何进行设计？可以在哪些流程中使用？

对于流程小组的某个模块化设计，是否可以由公司流程模块体系的组成部门负责，如项目经理、咨询顾问和流程经理共同确定？

新流程的设计有三个重要基础：客户关键质量点、标杆流程的绩效表现、公司现有流程能力。其中，公司现有流程能力是我们设计流程的起点，评估流程设计能力是为了设计具有本企业特色的最符合本企业需要的流程。

3. 设计新流程

在分析流程设计要素和评估新流程设计能力后，便开始设计新流程。在这个过程中的输出是设计好的新流程和流程说明书。

（1）制定新流程设计思想。

新流程设计思想是我们在设计新流程时应该贯彻的基本原则和要求。这些思想是该流程各种要素的最优组合方式，是实现流程绩效目标的基础。

新流程设计思想需要考虑的内容：

- 流程客户以及客户关键质量点，确定公司对客户需要满足的优先原则；
- 流程绩效指标，进行流程绩效指标的定义和权重分配；
- 实现客户需要所必需的过程和功能，通过质量功能展开将客户需要转化为流程过程；

- 流程的关键控制点和控制要求、方法；
- 流程各节点并行、串行方式；
- 需要清除的非增值业务和活动内容清单；
- 需要简化的活动内容清单；
- 需要新增加的活动内容清单；
- 流程对有关设备、工具的要求和改进计划、建议；
- 流程的输入输出因素及其有关要求；
- 流程的关键岗位及其职责定位；
- 流程对组织结构的调整要求；
- 流程中信息的传递方式；
- 流程对计划、报表的要求及其传递方式；
- 需要实施信息化的内容和步骤；
- 标杆流程中可供借鉴的原理和方法；
- 该流程在设计时应注意的关联流程，包括这些流程的优化时间、优化思想，以及这些流程对该流程的影响。

（2）研究备选方案。

在进行流程要素分析时会发现，有不同的过程和活动方式组合可以满足客户需要。不过，不同过程或活动对有关资源如时间、成本、产出、信息系统等方面的满足情况可能是不同的。对于流程小组而言，并不是要求设计一个与标杆流程完全相同的流程，而是要求设计在公司现有资源约束下的最佳流程。这要求流程小组在进行流程设计时，在充分分析流程设计要素的基础上，研究各类备选方案。

（3）选择新的流程。

选择新的流程是对各种备选方案进行分析和确认，设计新的过程流程图和流程配套设施的过程。过程流程图是表达新设计思想、完成流程配套设施的重要基础，具有直观、信息量大等优点；而流程配套设施是保证流程正常运行的必要条件。

企业资源管理研究中心提出了流程的七方配套设施落实方案，都是关于流程配套设施的（如表9.5所示）。

表9.5　流程配套设施设计事项

序号	七方配套设施	具体要求
1	组织结构	一些范围和规模很大的流程变革可能涉及公司组织结构的较大变化，可能会撤销或成立一些部门，或者部门的职责需要进行较大的调整。此时，应深入分析现有组织结构是否支持该流程的运行，有没有必要对现有组织结构进行较大变化。在进行流程优化后，应对组织结构及其职责进行调整

表9.5(续)

序号	七方配套设施	具体要求
2	岗位和职责	在设计新流程时,可能会对该流程的一些关键岗位或部分职责进行调整,有的流程专门设置了流程经理,有的需要对现有岗位的职责进行拓展和增加,如上例合理化建议流程优化时,需要对流程节点文员的岗位职责进行明确界定和说明
3	计划	在设计新流程时,应注意新流程所涉及的计划的重新规范。例如,某公司的市场预测与订单管理流程都优化后,提出按周来进行滚动预测,从而原按月进行的计划管理模式需要做重大变革
4	关键输入输出变量	流程的输入、输出关键变量可能包括设备、工作计划、标准、表单、总结报告等,在这里主要是指一些管理标准、表单等文件格式规定(设备的具体规定在其他文件中体现)。在分析设计流程配套设施时,应分析有哪些关键变量,这些关键变量该如何规定和细化,并完成具体设计
5	流程绩效考核方式	设计流程时应分析其客户和客户需要,以及流程绩效指标的设置。在设置了这些指标后,应具体说明这些指标是如何进行考核的?由谁执行?考核对象是谁?是否需要纳入公司绩效指标体系中?
6	信息化支撑系统	在进行流程设计时,应深入分析新流程操作方式是否可以在现有信息化系统中运行?需要进行哪些调整?是否需要在现有系统上开发一个新的流程甚至设计一个新的系统来支持该流程及相关流程的运作?如果需要开发新的系统,可能需要耗费多长时间?投入多少人力、物力?新的系统能否和现有系统兼容?
7	流程说明书(制度)	在完成了流程图和配套设施的设置后,为了进一步系统地整合新流程的设计思想,方便流程执行者的具体操作,需要编制流程说明书

(4)编制流程说明书。

流程说明书是流程设计思想的集成,是流程操作者在实施该流程时的指导和规范。流程说明书一般以制度的形式正式下发,通过公司制度的约束力,将流程的设计思想固化,并使执行部门形成规范和习惯。

第一,封面部分。

封面一般包括:

公司名称:可以用全称或简称。

文件名称:一般用"××流程管理办法""××流程说明""××流程手册"来表示。

流程编号:流程文件是公司文件体系的重要组成部分,因此流程的编码也应在公司文件体系编码架构之下。流程编号是该流程在公司流程体系中的编号,可以用"2-4-4"编码方法,即"××-××××-××××+版本号"。各阶编号含义如表9.6所示。

表9.6 各阶编号的含义

×	×	—	×	×	×	×	—	×	×	×	×
流程适用范围	文件体系代码	—	部门或有关资讯代码				—	流程文件特性分类	流程流水号		

版本号可以用"V00""V01""V02"……来表达（初始发布为V00）。

例如：A3-C235-D012V01表示A分公司3文件体系，C235部门，D类流程012号流程第01版。

流程主要内容概述：简要说明此流程文件所规定的内容。

发布日期：此流程文件正式发布的日期（一般发布日期为正式实施日期；有些企业可能规定正式实施前有三个或半年的试运行期）。

制定者：该流程文件的编制者及其所在部门和联系方式，以便在遇到问题时可以找其咨询。

审批者：该流程具体是谁审批的。

版本号：说明此流程版本号，一般版本号在流程编号中体现出来。

历次修改变动部分内容和变动原因：说明该流程历次版本变动的时间、主要变动内容、变动原因，以便使流程说明文件有追溯性。

第二，正文。

正文一般包括以下内容：

目的：正文开头先说明编制此流程说明文件的目的，一般以"为了规范（或实现）×××，特制定此管理办法"开头。

流程的客户及需要：很多公司在流程说明中都没有这一项，有这部分内容可以增加阅读者对流程说明文件的理解。

范围：说明此流程文件适用的范围，是在整个集团，还是某子公司，或者在某个或几个部门。

流程编制原则：简要说明在设计流程时遵循的一些基本准则（满足客户需要是首要原则，这里主要指有关的管理原则）。

名词定义：对该流程中出现的一些关键名词进行界定，以便阅读者能在一些关键定义上达成共识，不至于因对一些概念的理解差异而导致误解。

关联文件：说明此流程文件的关联文件名称和编号（也可以放在附件中说明）。

权责：对流程中一些关键部门的职责进行界定。也可以在具体的节点活动过程中进行描述。

流程节点活动：具体说明流程的各个节点包括哪些活动，是谁承担，这些活动应该如何操作及注意事项；这些节点的主要输入、输出报表（这些报表可以参见附件"×××"的形式出现）。

记录保存：该流程文件的制定部门、解释部门、存档部门、发布与实施日期。

第三，附件。

附件主要包括以下部分内容：

过程流程图：过程流程图是该文件的核心内容，该文件围绕过程流程来编写。由于阅读习惯，将其作为附件。

该过程流程图各节点输入、输出的各种重要报表。

新流程设计后续工作

新流程设计完毕后，一般需要进行一段时间的试运行。目的是检验该流程优化后是否真正有效满足客户需要，并可以根据新出现的情况和始料未及的问题对设计方案进行修订。在试运行阶段，对于流程优化小组（流程设计者）和流程执行者（包括流程操作者和流程考核者，流程执行者中的很多人可能本身也是流程设计小组中的一员）都非常重要。

对于设计者而言，这是发现设计缺陷并继续改进的大好机会；对于操作者而言，这是尽快熟悉新的流程、改变现有操作方式的有利时机；对于流程考核者而言，这是发现考核指标设计是否合理、如何科学收集数据的过程。

9.2 企业建模

企业完成了业务流程再造（BPR）工程之后，将在新业务流程的基础上构架系统模型。ERP 系统通常按模块进行功能划分，如财务管理、生产管理、基础管理、成本管理、人力资源管理、设备管理、客户关系管理、知识管理等。而事实上这些模块的设计，是通过 ERP 的系统分析方法来进行的。有效的 ERP 系统分析方法，可以为企业在物流层面、信息流层面、资金流层面进行全新的系统设计，为未来成功实施 ERP 系统打下基础。

9.2.1 ERP 系统分析方法

9.2.1.1 模型驱动方法

ERP 系统主要是通过模型驱动的分析方法对各部分模块进行功能设计的。所谓模型驱动是指通过图形方式来体现系统结构，进而表达出系统整体设计构想的系统分析与设计方法。模型驱动分析法主要包括结构化分析方法、信息工程分析方法、面向对象分析方法。

1. 结构化分析方法

结构化分析方法是一种以模型驱动、以过程为中心的模型分析方法。这种方法是通过对现有的系统进行分析，进而定义新系统的需求分析方法，主要强调对企业经营管理过程中数据的动态分析。利用结构化分析方法在对系统内部不断传递的信息流进分析的同时，创造出完整的、系统的组织结构流程，这有助于对系统进行全面分析，并有利于设计出更适应业务需求的系统模型。结构化分析方法所依赖的基本数据模型是数据流图（DFD）。

2. 信息工程（IE）分析方法

信息工程分析方法是一种以模型驱动、以数据为中心的分析方法。这种方法强调信息在企业资源中的重要性，要求在系统设计之前首先要进行数据的分析和研究，偏重于对企业业务中静态数据相互关联的分析。信息工程分析方法在充分研究系统中各部分数据相互关系的基础上，将系统对象划分为若干个具有相同特性的实体集，并通过"联系"表现各个部分的相互关系，最终建立不同属性的实体集以及有着相互联系的整体。信息工程分析方法的基本模型是实体关系图（ERD）。

3. 面向对象（OO）分析方法

面向对象分析方法是一种以模型驱动的、将过程和数据集成到"对象"结构中的分析方法。这种分析方法兼顾了过程和数据在企业流程中的重要性，很大程度上提高了系统的可复用性和可维护性，是一种建立在新型对象关系数据库平台及面向对象开发语言基础上的新兴的系统分析方法。面向对象分析方法是以使用统一建模语言（UML）建立模型为基础的。

9.2.1.2 原型分析方法

在面对一个客户和系统分析人员都不太了解的系统时，我们可以采用原型分析法来进行系统模型的结构分析。原型分析法是一种动态定义需求的分析方法，它不断地根据客户的新增需求及分析人员对系统的深入理解来完善最初构造的原始系统模型。

通过构造一个可完成简单核心功能的原始模型系统，来引发客户对系统的新增需求和分析人员对系统方案迭代改进。这种方法假设用户在使用最终系统之前对系统的具体需求和整体结构是不完全了解的，因此在系统分析与设计过程中强调最终用户的参与以及分析人员与客户的信息沟通。

然而，在原始系统模型改进的过程中，要求系统分析人员多与客户进行沟通，对客户的需求加以控制，以避免系统的功能性与复杂性过度膨胀而失去控制。另外值得注意的是，在采用原型分析法时，不要过分地注重原始模型系统的外部特性，而应该注重系统模块的基本功能；同时，不要过早投入到系统开发与实施中去，也许客户的新需求会改变整个系统的结构。因此，原型分析法更需要严格的软件生命周期。与模型驱动分析方法不同的是，原型分析法并没有一个系统的、成熟的、可以借鉴的案例，其实施案例大多是针对客户个性化需求进行分析设计的。因而在系统分析与实施过程中，就更加需要一份详细且完整的记录特殊功能的系统分析说明书，这可以为以后系统维护工作中遇到的特殊问题做好准备，以减轻很多不必要的分析工作。

9.2.2 需求建模

大多数软件的生命周期是从项目计划制订和需求分析定义开始的，ERP系统的设计开发也是从需求计划的提出和可行性分析开始的。

通常企业的管理信息系统是基于某个部门的功能而建立的，只是为了解决某个问题，相互之间缺乏必要的联系，无法使企业内部的多个管理系统共同运作，以实现集中化管理的优势。随着企业的发展，管理者就会发现企业需要变化以适应市场，原有支离破碎的管理模式不足以满足现代管理需求，企业流程再造势在必行。管理者必须从企业整体经营管理业务的角度，重新审视经营管理需求，再造新的业务模型（BPR）。

BPR 是需求工程中最初始的阶段，也是整个项目的初始阶段。企业只有完成了 BPR 工作，才有可能建立起具有真正意义的系统需求模型。因此，可以在某种意义上说 BRP 是需求建模的先决条件。然而，需求建模又会对 BPR 产生相当大的促进作用。需求建模阶段分析的很多问题有些是可以通过 ERP 系统来解决的，而也会有相当一部分问题只能通过改变企业自身流程来解决。同时，企业管理的新需求往往会引发其对自身流程的改造，以适应先进的 ERP 管理思想。由此可见，BPR 与需求建模是 ERP 系统建立初期不可缺少又不可分割的两个重要部分。

值得注意的是，BPR 的主要目的在于：了解目标企业的结构及机制，建立适合 ERP 管理思想以及信息系统的业务模型。同样，需求建模的主要目的在于：分析企业业务流程和功能需求，建立起适合企业的系统实施方案和整体项目计划。整个过程并不需要涉及具体的技术，技术的实现细节是在后面的分析、设计阶段才需要考虑的事情。在保证需求和技术无关的同时，还要注意不要过分深入细节。因为在这个阶段中，最重要的事情是要了解业务流程的全貌、确定系统的功能需求，深入细节必然会造成时间和精力的不必要浪费。

9.2.2.1 需求建模方法

在需求建模的整个过程中，最重要的部分是如何获取客户真正的需求，并对客户需求做出正确的分析和判断。这一阶段的主要任务是了解现行系统的概况，对所要处理的组织对象进行详细调研，确定新系统的功能和特性，收集支持系统目标的基础数据及处理方法。了解客户对新系统的业务处理需求和围绕业务的相应数据的需求，以及客户对数据安全性和完整性方面的需求，是需求调研和需求建模过程中的主要工作。

1. 需求调研的主要方法

整个系统的实施，要考虑到 ERP 系统用户和系统目标。需求调研可采用的调查方法有：对现有文档、图表、数据进行抽样；调研和实地访问；观察工作环境；调查表；面谈；原型设计。

实证研究是使用研究、面谈、调查表、抽样以及其他技术来搜集关于问题需求和偏好信息的过程。实证研究的工具最终被用于记录事实和从事实分析中得出结论。实证研究和需求分析的联系非常紧密，并且经常交错在一起。如果发现实证研究过程中获取的需求出现问题，分析人员可以按照时间顺序对这些问题进行专门研究。

（1）现行系统调研。

进行系统需求调研，要先了解客户现行系统的运行情况和使用情况，对现有系统流程进行调研分析。通过调研，确定在现行系统中的功能和特性，哪些是值得在新系统中保留和借鉴的，哪些是需要在新系统中提升和改进的，哪些是要在新系统中摒弃和修正的。调研人员可以通过对现行系统的实际操作和使用来了解系统性能，可以通过对使用现行系统的业务人员和 IT 人员进行询问和调查来了解系统性能。

很多 ERP 研发公司常常会过度强调本公司产品在功能和特性上的优势（比如

功能模块的数量，使用了某种新技术等），却忽视了客户现行系统调研的重要性。其实，ERP 系统并没有好与坏之分，只有是不是真正适合企业发展需要的区别。所以，ERP 研发公司应当注意多了解客户对现行系统的满意程度，从侧面获取客户对系统的更直接需求，争取用最少的投入获取客户最大程度的满意。

（2）问卷调查。

大范围需求获取可以通过问卷调查反馈的方式来进行。通过问卷调查表获取问题反馈，可以大体上把握客户的整体需求。客户反馈集中的问题就是系统分析的重点，集中解决这些问题就会得到更多用户的支持。同时，问卷调查反馈也是最简单可行的需求获取方式之一。调查前通过充分的准备，确定要从客户问卷中获取哪些反馈信息。问卷应尽量将问题细化，这样既有利于对反馈信息进行整理、分析，又有利于客户配合，以及提高客户反馈信息的可靠性。

问卷调查反馈是建立在客户配合的基础上的，对客户的反馈信息进行整理、分析，要考虑到客户的人员素质和技术水平，所以对客户反馈信息进行去伪存真是必要的。同时，这种方式也只能概括地获得客户需求，很难获得真实可信的需求细节信息。因而，问卷调查反馈可以帮助我们找到解决问题的方向，可以帮助我们确定进一步获取客户需求的决定因素。

（3）深入实际工作进行考察。

要想清楚地知道客户的需求，就必须先了解客户的业务流程。而深入实际工作进行考察，则可以更为直观地获取客户需求。企业中的大部分业务人员对于当前系统的功能和使用状况的描述往往是很模糊的，同时他们对于自己所期望的系统功能的描述也是不明确的。因此，对于需求调研人员来说，直接深入到企业实际工作中去考察企业的业务流程，并从中归结出基本的系统功能和使用上的要求，要比通过与业务人员的沟通来获取系统需求容易得多。对有经验的需求调研人员而言，亲自深入到业务流程中考察是更可靠的系统需求来源。

搞清哪些业务或数据是待开发的系统所需要的，这些业务或数据在现有工作流程和新系统中是以何种形式出现的，以及各个业务问题是通过何种方式来衔接的……这些都是需求调研人员在深入企业实际工作考察中所要做的工作。

需求调研人员首先要确定系统所涉及的部门，了解相关部门的基本业务。其次，要在系统所有相关业务的基本范围内展开调研。以部门职责为基础，搞清各种现有业务及流程的数据来源和去向；以业务为主线，搞清每个业务、每个环节的流程关系、涉及的部门、输入和输出项；以数据为主线，搞清数据采集方式、数据流向、数据之间的内在联系。

（4）客户信息交流。

每个企业都有各自的特色业务、模式和流程，这些方面往往也是客户提出个性需求的主要依据。ERP 系统是对企业进行全面信息化管理的系统方案，是针对企业全方位业务与流程的解决办法。需求调研人员不可能了解所有的业务知识，也不可能清楚各个方面的业务流程。因此，需求调研人员在面对客户提出个性需求的时候，或者调研过程中涉及自己并不太了解的业务知识或业务流程的时候，还是要考虑采用与业务人员及项目小组成员进行交流来获取客户需求的方法。需求调研人员要充分利用各方面的有利资源来解决客户提出的问题。

需求调研人员在与客户进行信息交流时要注意方式和方法，要尽量只去获取客户在功能上或使用上的要求，而不要提过于技术化的问题。需求调研人员可以直接询问客户需要实现什么功能，以什么样的形式来输出什么样的数据，至于具体怎样去实现功能，怎样得到客户需要的数据，通过什么方式来输出都是需求调研和系统分析人员自己需要考虑的问题。

需求调研人员在与客户交流时要有针对性，在系统整体功能的把握上，需要与企业的高层领导人员探讨；在研究系统某一部分的功能时，要与主管部门的项目组成员（部门业务骨干等）进行协商；研究系统单一模块的具体功能时，则应与基层的业务人员进行详细有效地沟通。

无论采取哪一种需求获取的方法，都要经过分析才能最终得到完整的系统需求模型。在一个系统项目的需求调研过程中，我们要综合考虑各种方法，争取获得最全面、准确的客户需求信息。

2. 需求调研的基本策略

需求调研对系统的整体把握有着至关重要的作用，是系统项目后期工作顺利进行的基础。在进行需求调研时要掌握一定的基本原则：

（1）明确用户的软件开发目标，确定系统基本范围。

在进行详细的需求调研之前，调研人员要清楚客户使用 ERP 系统的主要目的是提高现有的工作效率或转变当前的管理模式，还是对企业的业务流程进行重新整合以求达到更好的资源配比效率，这一点是非常关键的。因为对于并不希望进行业务重组的客户来讲，如果新系统的工作流程变动过大的话，很容易引起客户，尤其是系统直接使用人员的逆反和抵触心理，这对于系统的后期开发和实施是极大的障碍和隐患。

如果可以清楚掌握客户对系统的基本要求，就可以针对客户需求进行系统开发和实施。在更有效地提升客户满意度的同时，可以更有针对性地安排系统工作流程以达到提高系统开发和实施效率的目的。

（2）从客户角度出发，确定以客户需求为主导的思想。

客户需求调研应该以顾客为主导，而不是以项目为主导。需求调研人员要尽量理解客户用于表述他们需求的思维过程，充分研究客户执行任务时做出决策的过程，并提出潜在的逻辑关系。项目人员要时刻记住，满足客户需求是最重要的系统目标。也许系统在技术和功能上并不是先进、一流的，但是只要达到客户的功能和特性要求就是成功的项目案例。

（3）控制需求膨胀，避免客户需求盲目扩张。

在需求调研阶段，客户的需求往往是无休止的。他们会从业务角度和性能角度提出若干要求，却往往忽视技术上的可行性。用户提出的需求用现有技术能否实现，是调研人员需要面对的现实问题。如果在需求调研阶段接受了客户的要求，而到系统实施阶段才告诉客户那是实现不了的，那么客户不论是对系统的满意度，还是对系统的信任度都将大打折扣。

另外，不同部门、不同层次的客户经常会基于各自不同的业务提出不同的需求。而调研人员所要做的就是从项目整体的角度出发，考虑项目整体的开发和实施过程，以及整个项目的经济成本和时间成本。对于那些项目范围以外的或对系统功能影响不大的需求，我们要酌情考虑它们的必要性。不要因为去实现一个在客户看来很简单、很微小，而事实上对于系统分析和开发人员来说却是很棘手的功能，而延误了整个系统开发和实施的进程。

9.2.2.2 需求建模过程

需求建模阶段的主要工作是在项目小组的共同研究探讨下确定项目范围（scope）和高阶需求（high level）。在项目范围确定的过程中，应当注意要在"资源支持"和"通过审批"的前提下进行；在高阶需求的讨论过程中，应当尽量保证系统概貌和建立需求模型的效率，并且要得到项目小组成员的一致通过。

1. 项目可行性分析

项目可行性分析是在 ERP 系统需求建模中确定系统基本目标、把握系统整体思路、组织系统全局结构的重要阶段。

通过系统需求调研的前期工作，已经对客户的需求以及系统的总体功能有了初步的概念。

在需求建模的初始阶段，项目小组需要根据调研的结果确定项目的涉及范围及对该项目起决定作用的因素，以确定项目在分析、实施、维护过程中需要做的主要工作和将要面临的一些瓶颈问题。

接下来，项目小组要全面分析问题所涉及的领域并深入理解和研究解决问题的决定因素；通过分析与研究，初步确定解决这些问题的主要方式和基本方法。这一阶段主要的任务是确定系统的主要功能并分析评估系统创建、实施过程中的风险与价值。这个阶段中的工作主要有：列出项目涉及的问题、研究问题涉及的领域、评估项目的价值及风险、分析问题及业务流程、制定系统改进目标、制订项目计划。

2. 系统项目建立

系统需求分析阶段是整个需求建模过程中最为重要的一个部分。在这一阶段中，系统分析员要以系统用户的观点而不是技术实施人员的观点去重新审视系统的整体模型。系统分析员要在更为详细、具体地了解客户需求的基础上，确定系统需求的类型以及实现系统功能的基本方式，并最终建立起系统整体功能的概念模型。

（1）系统需求的划分。

系统需求划分是在确定系统改进目标的基础上，将影响系统实施的诸多问题，转化为对系统不同期望类型的需求。该步骤是系统需求调研的后续，是项目可行性分析之后对系统需求的再次深入研究。系统需求划分的主要目的是分析研究客户对系统的需求，明确系统开发和实施工作的重点和难点，同时为制订项目整体规划打下基础。这部分工作在最大限度提升客户对系统的满意度的同时，也尽可能地提高了项目开发与实施的整体工作效率。

一般习惯使用质量功能调配技术（QFD）将系统的特性或属性与对客户的重

要性联系起来，以明确哪些是客户最为关注的特性，最终确定客户对系统需求的类型。质量功能调配技术（QFD）将系统需求分为三类：

①期望需求。

期望需求即客户默认的或许没有明确提出的基本需求，如若缺少了这方面的功能会让他们感到不满意。

②普通需求。

普通需求即客户在购买或开发该系统时提出的、必须要拥有的系统需求。

③兴奋需求。

兴奋需求即客户并没提及的功能上或者使用上的需求，但是一旦系统中满足了该方面的需求会给客户带去惊喜。

很多时候为了简化需求分类的复杂程度，我们可以简单地将客户对系统的需求划分为功能性需求和非功能性需求。其中，功能性需求是客户对系统功能的基本要求，它经常以满足系统改进目标所需的输入、输出及数据的存储过程等形式定义；非功能性需求是客户对提高系统满意度的需求，如操作体验方面的低延时响应、扁平化风格界面等。

（2）需求模型的建立。

在进行初步的需求模型划分之后，项目小组可以确定出需求模型的决策层次、控制层次、执行层次三个需求层次。

①决策层需求。

决策层需求指企业经营状况的全面表达，即企业资源状态的结构化和量化表达。调研的重点包括资源的结构化和量化特征、计划制订决策等。

②控制层需求。

控制层需求主要考虑业务、业务环节及业务环节之间的关系与控制。调研的重点是业务环节的确认、业务环节间的驱动制约关系等。

③执行层需求。

执行层需求指业务环节执行结果的反馈。调研的重点是业务执行结果的表达形式及反馈能力。

在对系统需求层次进行划分之后，接下来的工作就是要建立基本的需求概念模型。良好的需求概念模型应包括以下几个特点：实现的独立性、高度抽象化、形式化、可构造性、利于分解、可追踪性、可执行性、最小冗余性。

以目标系统的决策层需求为基本准则，以控制层需求为主导，以执行层需求为功能主体，创建基本的需求概念模型是整个系统需求分析阶段工作的重心。系统流程图是展现系统功能的主要表达方式，也是系统需求模型的最终体现方式。基本的系统流程图将整个系统按照各个层次的不同需求划分出不同的功能模块，并且通过箭头连线表示出各个模块间的相互关系。

如图 9.7 所示的 ERP 系统流程图就是一个系统需求概念模型的简单实例，通过它可以理解 ERP 系统基本的模块关系。

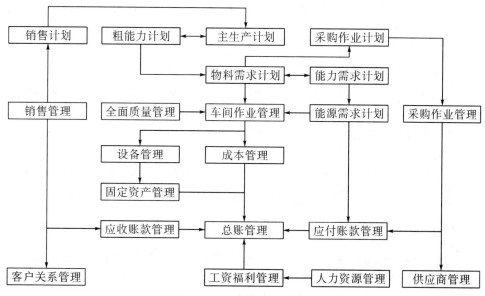

图 9.7 ERP 系统需求概念模型

（3）功能模块的创建。

在这一部分的工作中，系统分析人员需要在充分理解功能需求的基础上，根据客户的系统需求设计出系统的基本功能模块和模块间的接口，建立起基本的功能模型。在功能模块的划分和系统模块的概念设计过程中，系统分析员不能简单地以客户的功能需求为基本依据，而是要充分考虑到系统模块的可复用性和模块间的无缝连接。在以后的工作中，系统分析员还要继续跟踪客户系统的功能需求，并通过不断满足系统的非功能性需求来逐步完善需求模型。

在确定系统整体功能模块的初步模型之后，下一步的工作就是将其逐步细化，根据各部的功能进一步划分出具体的功能模块，确定出二级功能模块结构。如果说初步的模型是项目整体的规划的话，二级甚至三级功能模块结构就是某一部分业务流程的具体体现和规划的过程。

（4）项目流程的建立。

这一部分的主要工作是按照业务需求的重要程度，确定开发需求的先后顺序，调整系统实施的整体步骤。在整个系统中处于核心地位的功能模块，应该作为系统实施的关键路径上的工作。满足客户强烈需求的系统功能的实施工作包应该先于其他部分的工作进行。

在此必须要再次强调，整个系统项目流程建立的过程是非技术化的，只注重系统的功能和流程，不要过分地追求细节问题的解决时限，而要把握项目整体的阶段划分和工程进展。

项目流程控制的主要方法也是模型化的，常用的是甘特图（Gantt）和计划评审技术图（program/project evaluation and review technique，PERT）、单代号网络图、双代号网络图、关键路径图等。

3. 决策方案分析

经过需求调研及需求分析，系统的需求模型以及系统整体结构已经基本确定。在确定了系统改进目标和系统主要功能之后，项目实施将进入制定具体候选方案、评选候选方案、确定项目实施方案的阶段，同时要确定系统整体及各部分功能的具体实现方案。每个项目都会有不止一个候选方案。在这个阶段中，要确定每个方案的具体实施办法，同时将多个方案进行对比分析。

候选方案确定后，接下来需要对每个候选方案进行可行性分析。方案可行性分析可以从技术、运行、经济、时间四个方面同时进行。在最终确定最优方案之前，还需要对所有候选方案进行可行性比较的综合分析，以选出在几个可行性方面整体最优的候选方案。

根据最优方案制订项目实施计划是需求建模的最后一步工作。项目经理和客户确认后，就宣告了项目的前期工作全部结束，可以正式转入实施阶段。

9.2.3　数据建模

数据建模是在需求分析的基础上，按照需求模型中的信息要求对用户信息加以分类、聚集和概括，建立信息模型并将其转化为逻辑结构，继而通过特定的数据平台将逻辑结构转化为物理结构，最终实现数据的合理存储。

9.2.3.1　数据模型

数据模型是实现现实世界数据特征的模拟和抽象。数据模型的基本要求是，能够比较真实地模拟现实世界，容易理解，便于在信息系统上实现。

1. 数据模型要素与概念

数据模型的建立，是对系统的数据进行组织，并最终形成数据库的过程。因此，数据建模又称数据库建模。

（1）数据模型的基本要素。

①数据结构是现实事物的抽象集合，是对系统静态特征的描述。数据结构包括与数据类型、内容、性质相关的对象和数据间联系相关的对象。

②数据操作是模型中对象实例的操作及其操作规则的集合，是对系统动态特征的描述。数据操作主要包括对数据库的检索和更新（插入、修改、删除）两大类操作。

③数据约束条件是模型中数据完整性规则的集合，是给定数据模型中数据及其联系的制约条件和依存规则，可以细分为实体完整性规则、参照完整性规则和用户定义完整性规则。

（2）数据模型的相关概念。

①实体：实体是收集信息、存储数据的客观事物的类。

②实例：实例是实体的具体值。

③属性：属性是对实体的特性或性质的描述。

● 简单属性和复合属性

简单属性是原子的，不可再分的；复合属性则可以再细分为其他的简单属性。

● 单值属性和多值属性

对于一个特定的实体，单值属性只能有一个单独的属性值，而多值属性可以对应一组属性值。

- NULL 属性和派生属性

NULL 属性表示实体的属性值是未知的或并不存在的；派生属性是由实体的其他基本属性推导出来的属性。

- 属性的取值范围

属性的取值范围称为属性域，关系是实体间以及实体内部各个属性间的相互联系。

2. 数据模型设计步骤

数据建模的过程可以分为三个阶段，即概念数据模型、逻辑数据模型和物理数据模型。

（1）概念数据模型。

概念数据模型是设计人员以用户的观点对用户的信息进行抽象和描述，是从现实世界到信息世界的第一层抽象。概念数据模型设计的主要方法是分类、聚集和概括。概念数据模型强调系统功能的表达，易于用户理解，是系统设计人员与用户进行交流的初步模型，以实体关系图为典型代表。

（2）逻辑数据模型。

将概念数据模型转化为与数据库系统类型所支持的数据模型相符合的逻辑结构，就是逻辑数据模型。逻辑数据模型有层次模型、网状模型、关系模型和面向对象模型。关系模型为目前最常用的数据模型，以二维表的形式来表现实体间的相互关系，具有低冗余、数据一致性的特点；面向对象模型则以现实世界中对象或实例内部及对象间的相互约束和相互联系的逻辑来组织，具有可以表达和管理任意复杂结构对象的能力，并且允许模式演变。

（3）物理数据模型。

物理数据模型根据逻辑数据模型选定的数据结构及相应的特定数据库系统，设计出依赖于特定的数据库系统的数据存储结构和存取方法。在关系模式结构的物理结构设计中，存取方法主要可以分为 B+树索引存取方法、聚簇存取方法和 HASH 存取方法三种。而在数据存储结构和存取方法的选择过程中，逻辑结构设计人员要综合考虑存取时间、存取空间利用率、存取效率以及维护代价等多个方面的要求，通过权衡各个方面因素以寻求一个最优的解决方案。

★小提示：

现实工作中数据库模型设计步骤

虽然理论上数据库模型设计的步骤应该是：概念数据模型→逻辑数据模型→物理数据模型。不过，在大多数 ERP 系统实施过程中，数据库逻辑类型甚至具体采用的数据库品牌都是提前确知的（例如在规划之初，已经确知将使用关系型 MySQL 或 SQLServer 数据库），因此进行数据模型设计时，可以直接从概念数据模型到物理数据模型，简化掉其中逻辑数据模型的设计步骤。

9.2.3.2　实体关系图

概念数据模型是最基本的数据库模型，它是从用户的观点和角度对数据和信息进行建模的，是对现实世界的第一层抽象。概念数据模型主要用于数据库设计，其主要代表是实体关系模型，简称 E-R 模型。E-R 模型主要体现了实体及实体间的相互关系以及实体和关系的不同属性。而 E-R 模型的基本用例就是实体关系图（entity relationship model diagram，E-R 模型、E-R 图或 ERD）。

用户视图可以理解为关系数据库的雏形，而关系数据库则是以关系模型为基础的数据库，它利用关系描述现实世界。一个关系既可用来描述一个实体及其属性，也可用来描述实体间的一种联系。关系模式是用来定义关系的，一个关系数据库包含一组关系，定义这组关系的关系模式的全体就构成了该库的模式。

关系实质就是一张二维表，它是所有属性的笛卡尔积的一个子集。从笛卡尔积中选取哪些元组构成该关系，通常是由现实世界赋予该关系的元组语义来确定的。关系之间存在着数据依赖，它是通过一个关系中属性间值的相等与否体现出来的数据间的相互关系，是现实世界属性间相互联系的抽象，是数据内在的性质。

比如，一个专业有若干学生，而通常一个学生只属于一个专业；一个系有多个专业，而一个专业只属于一个系；一个学院有多个系，而一个系只属于一个学院；一个系只有一名系主任；一个学生可以选修多门课程；每个学生每门所学课程都有一个成绩。

两个不同实体集间的关系有（见图 9.8）：

- 一对一；
- 一对多；
- 多对多。

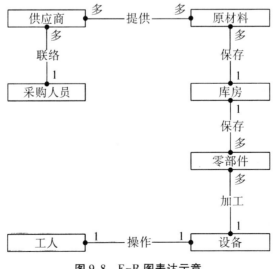

图 9.8　E-R 图表达示意

9.2.3.3　数据字典

数据字典（data dictionary）是存储在数据库中的所有对象及其信息的知识库，存储了数据库用户及其权限、数据库对象以及基本表的约束条件、统计分析数据库的视图等信息。同时，数据字典对于 ERP 系统本身及其使用过程都有着重要的意义。

1. 数据字典的基本结构

通常将存储在数据字典中的数据称为元数据，元数据用来描述数据的基本属性。系统对数据库的访问是根据数据字典中元数据所提供的信息来访问具体数据的，同时也可以通过元数据来了解数据库对象的信息。数据字典通常包括数据项、数据结构、数据流、数据存储和处理过程五个部分。

（1）数据项。

数据项是数据的最基本单位，是不可再分割的。它描述了数据的基本属性，如字段的类型、长度、取值范围等。

（2）数据结构。

数据结构反映了数据间的组合关系。数据结构可以由若干个元数据或者若干个数据结构组成，也可以由两者混合构成。

（3）数据流。

数据流表述了数据结构在系统内的传输路径，包括数据流来源、数据流去向、平均流量、高峰流量等。

（4）数据存储。

数据存储记录着数据结构存取的信息，包括输入数据流、输出数据流、数据量、存取频度、存取方式等。

（5）处理过程。

处理过程的具体处理逻辑一般使用判定表或判定树来描述，在数据字典中只记录处理过程的描述性信息，如处理的功能以及处理的要求。其中，处理要求包括频度、相应时间、处理时间、数据量等。

2. 数据字典的重要性

对于一个庞大的 ERP 系统来讲，数据字典的重要性是显而易见的。不论是在系统的开发阶段、实施阶段以及后期的维护阶段，数据字典都对项目人员起着至关重要的指导意义。大型的 ERP 系统不可能由少数的开发人员来完成，而每一个人也不可能了解整个系统的数据结构。因而，在进行不同模块的开发，甚至同一模块内部不同部分的开发时，数据字典的建立可以使开发人员有清楚、统一的数据结构，以避免在模块或部分衔接上的各种冲突。同样在实施阶段，对于项目实施人员和系统初始化人员来说，数据字典为他们制定了初始数据录入和使用的规范，降低了在系统使用过程中出错的概率。数据字典也是系统维护人员对系统进行后期维护，以及对系统问题进行修订的主要依据。

9.2.4　过程建模

数据建模关系实体本身的特性是静止的数据；而过程建模显示了数据将如何被收集和使用，是变动的数据，过程建模即绘制数据流图。

9.2.4.1　数据流和数据流图

数据流不同于物流、资金流和管理流，数据流是 ERP 系统中数据传递的唯一表示。在系统分析过程中，需要将企业的业务流程转化为一个由逻辑模型表示的数据流图。

要表达系统中计算机的所有工作，就要利用数据流图中的各要素来完成。

1. 数据流的概念

数据流既可以表示到达一个过程的数据输入，也可以表示来自一个过程的数据输出。过程不仅响应输入，而且产生输出。每个过程至少有一个输入数据流和一个输出数据流。

数据流负责系统与环境间的通信，或者系统内部过程间的通信。无论多少物理文档，一起传输的数据都应表示成为单一的数据流，作为一个整体进行传递。

数据流由具体的数据属性构成，或者由其他数据流构成。数据流也用于表示在文件或数据库（DFD 中的数据存储）中对数据的增加、删除、修改、查询。

2. 数据流图的特点

数据流图是描述数据通过系统的流程以及系统实施的工作或处理过程的工具，又称为过程模型。其特点为：

（1）数据流图中的过程可以并行操作。

几个过程同时执行，与企业工作方式一致。

（2）数据流图显示了数据通过系统的流程。

箭头表示数据流通的通路，循环和分支一般不画出。

（3）数据流图可以展示不同时间间隔的动态过程。

数据流图可以包括每小时、每天、每月、每年以及随时发生的过程。

3. 数据流图的符号要素

数据流图之所以容易阅读，是因为数据流图中只有三种符号和一种连接，即过程（中心处理）、外部项（外部代理）、数据存储和数据流，各符号的具体画法如图 9.9 所示。

（1）过程（中心处理）。

过程表示需要完成的工作，对输入进行分析加工，产出结果。

（2）外部项（外部代理、外部实体、业务实体、外部环境）。

外部项表示当前系统的边界，即信息的提供者和接受者。

（3）数据存储。

数据存储表示文件或数据库，用以存储各类信息数据。

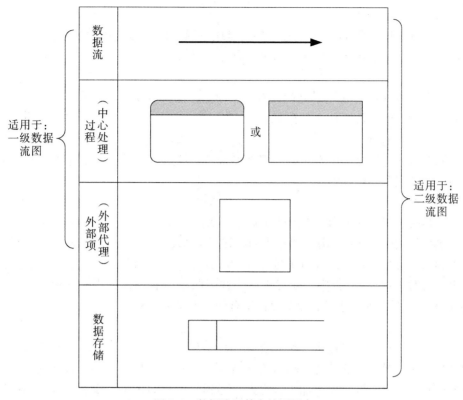

图 9.9　数据流图基本符号要素

（4）数据流。

数据流表示数据的输入和输出。数据流是过程处理的对象，是过程的投入和产出，一般以箭头表示。

4. 数据流图常见错误

数据流图的绘制有许多严格的规则要求。数据流作为过程的投入和产出，数据流守恒的原则贯穿整个 ERP 系统。数据流在数据流图中的绘制规则及常见的非法数据流如图 9.10 所示。

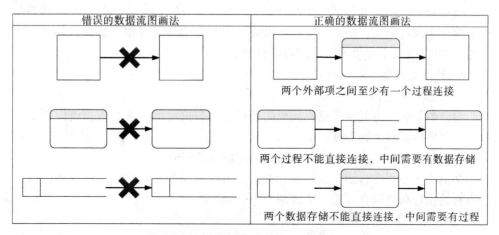

图 9.10　常见的错误数据流画法

（1）外部项直连。

两个外部项（外部实体）之间没有处理过程，而直接使用数据流箭头连接，既然没有数据用于传输，那么连这个线有什么意义呢？

（2）过程直连。

两个过程（中心处理）之间没有数据存储，而直接使用数据流箭头连接，那么它们之间到底在传输什么数据呢？

（3）数据存储直连。

两个数据存储之间没有过程，那么怎么可能把第一个数据存储里的数据传输到另一个数据存储中呢？

（4）黑洞。

对某一过程（中心处理），只有输入（数据存储）没有输出（数据存储）称为"黑洞"。黑洞经常是由于建模人员的疏忽造成的，他们忘记了输出流。任何输入到某一过程的数据流经过了过程（中心处理）的分析加工，都会产生相应的输出流（数据存储）。否则，就像黑洞一样吸收了所有输入，没有任何产出，使得过程（中心处理）进行的加工分析没有任何意义。

（5）白洞。

对某一过程，只有输出（数据存储）没有输入（数据存储），称为"白洞"。白洞是由于建模人员的疏忽，输入流（数据存储）被遗忘，这样使过程缺少了处理的源对象，没有源对象可加工，更无法得到分析后的结果。没有输入，那么输出从何而来？

（6）灰洞。

对某一过程，其输入（数据存储）不足以产生输出（数据存储），称为"灰洞"。这是一类最常见的错误，建模人员疏忽了某些输入（数据存储），这样会导致该过程的输出（数据存储）有悖于系统原本的设想，因为输入到该过程的数据流不足以产生系统设想的结果，缺少部分条件必然会导致结果的偏差，使得该过程的工作没有达到预期的效果。

例如，数据存储——生产订单的生成需要通过物料需求计划（MRP）过程产生，其源数据存储应该包括主生产计划（MPS）、物料清单（BOM）、库存状态与当前库存余额等信息，缺一不可；如果缺失了其中的某个数据存储项，那么就无法通过 MRP 过程生成生产订单的数据存储。

5. 数据流类型

（1）组合数据流。

组合数据流是由其他数据流构成的数据流。数据流的合并使数据流图便于阅读。合并数据流有两种方式：

①由于数据流内容相似，所以可合并相似的数据流。

②由于很多用户自定义的报告和查询在系统实现和使用之前无法预测，所以将所有的报告和查询合并为一个或两个组合数据流。

（2）控制流。

ERP 系统的系统分析员不仅要处理数据流，而且需要对控制流加以区分。控制流就是触发一个过程的条件或非数据事件。一旦该条件达到预先定义的值，系统将自动启动该过程。控制流是系统工作时的一个监督控制条件。例如：定时生成报表、库存不足预警等。

因为数据流是过程的输入和输出，所以所有的数据流都必须以一个过程开始或结束。把一个数据存储到一个过程的数据流表示数据被读取，数据流的名称要清楚地表示读取了什么数据。从一个过程到一个数据存储的数据流表示数据在数据存储中进行创建、修改、删除等改动操作。

（3）分支流、合并流。

分支数据流表示一个数据流的全部或者部分具有不同的目的地。合并数据流表示不同来源的数据流具有相同的目的地，可以合并为一个数据流进行处理。

对于输入流和输出流来说，都有分支数据流、合并数据流之分。对于分支数据流和合并数据流来说，都有"与""互斥或"之分。

"与"表示每次执行过程时，必须输入（输出）全部的分支数据流（合并数据流）。

"互斥或"表示每次执行过程时，必须只输入（输出）分支数据流（合并数据流）中的一个。

（4）数据流守恒。

数据流守恒要求任何一个数据流只包括过程真正需要的数据内容。通过逻辑数据流图实现数据流守恒，对实现业务流程重组（BPR）具有重要意义。我们必须准确定义每个数据流的数据成分，以实现数据流守恒。数据成分以数据结构的形式表示。

数据属性是对最终用户和业务有意义的最小数据块。例如，数据流"报价单"的数据属性包括"报价单编号""报价单日期""客户编号""产品编号""产品单价""产品数量"等。数据属性组成数据结构。

数据结构是数据属性的特定排列，定义了一个数据流的组织结构。数据结构的描述类型如下：

①一个序列，即一组依次出现的数据属性；

②从一组数据属性选择一个或多个属性；

③一个或多个属性的重复。

9.2.4.2　过程建模的基本概念

1. 过程建模中的系统与过程相关概念

（1）系统。

系统是一个组织有序的想法或结构，在最简单的系统形式中，系统就是一个过程。

我们将 ERP 系统看作一个单纯基于输入、输出和系统本身的过程。过程符号定义了系统的边界，其内部是系统，外部是环境，输入和输出就是系统和环境相互交换信息。由于客观环境不断变化，还需要一个反馈和控制机制，使系统根据客观环境的变化不断进行自我调整。例如，若将一个企业作为一个系统，其客户、供应商、同行业竞争者、政府则构成其系统环。输入包括原材料、设备、工人、经费、销售订单；输出包括产品或服务等。

（2）功能。

功能是一整套与企业自身相关的活动和正在进行的活动。功能没有开始也没有结束，只是不断地按照需要进行工作。例如，将制造业的 ERP 系统依据功能划分为报价管理、销售管理、采购管理、财务管理、库存管理、客户管理、系统管理等。每个功能都包括若干个负责完成特定任务的过程。

（3）事件。

事件是必须作为一个整体完成的逻辑单位工作。事件由离散的输入触发，结束于过程与相应的输出响应之时。

功能由响应事件的过程组成。任何一个事件都有一个触发器和响应，用事件的输入输出定义。使用现代结构化分析技术，系统最终被分解为业务事件。每个业务事件由响应该事件的一个过程表示。事件过程的命名规则：处理、响应、生成。例如，处理客户资料修改、响应产品价格查询、生成销售订单。

（4）过程。

过程是根据输入数据流或条件进行的工作，或者响应输入数据流或条件的工作。任何 ERP 系统都是由多个相互关联的过程构成的，过程是 ERP 系统的基本组成部分。ERP 系统中的过程通过响应业务事件和条件来处理数据流，进而形成有用信息。ERP 系统根据功能分解为多个不同的子系统，因而也就有不同的过程来分析处理不同功能的事件，行使不同的作用。

（5）基本过程。

基本过程是为了完成对一个事件的响应而需要的离散且详细的任务和活动，处于整个过程模型中的最底层。事件过程可以进一步分解为基本过程，从而详细说明系统如何响应事件。基本过程的命名规则：一个动词和该动词所实施的工作组成的动宾短语。例如，审核报价单、检查客户信用度、修改销售订单等。

（6）逻辑过程。

逻辑过程是无论使用任何技术都必须要进行的工作。任何一个逻辑过程都可以由一个或多个物理过程实现。逻辑过程与如何实现无关，而只需要指出必要的工作。逻辑过程的命名规则由过程在数据流图中的位置和描述的过程类型决定。

逻辑过程模型忽略了一些仅仅是移动数据而不做任何其他工作的过程。只保留以下逻辑过程：

- 执行计算，例如算成本。
- 做出决策，例如决定是否订购某供应商原料。
- 排序、过滤、总结数据，例如处理呆账、坏账。
- 组织数据成为有用信息，例如打印出报表。
- 触发其他过程，例如出货后，销售订单状态改变，同时增加一条出货记录。
- 使用存储的数据，例如增加、删除、修改、查询记录。

2. 过程分解

（1）过程分解的概念。

过程分解是一种将系统分解成组件子系统、过程、子过程的技术。每个层次的抽象都揭示了整个系统以及各个子系统所期望的功能细节。对于一个整体的系统来说，我们想要依据整体功能对系统进行全面理解，显然是一件很困难的事情。因此，系统分析中应使用分解技术，按照功能作用将系统分解成若干子系统，进而根据详细功能再分解成更小的子系统，以此类推，直至确定了整个系统的可管理子集，最终达到从细节的层次了解系统整体结构的目的。

（2）分解图表。

分解图表显示了某一个系统自顶向下的功能分解和结构，它可以用表格（如表9.7和表9.8所示）或树状图形的方式来表达。在信息工程理论中，通过信息资源规划中"职能域—业务过程—业务活动"这样的层次结构来把握企业功能，称为企业模型（enterprise model）或业务模型（business model）。

业务模型的建立可分为三步：

第一步，企业的职能域模型；

第二步，扩展上述模型，识别定义每个职能域的业务过程；

第三步，继续扩展上述模型，列出每个过程的各项业务活动。

建立正确的业务模型，是一项复杂而又细致的认识活动。企业高层领导和各级管理人员分析企业的现行业务和长远目标；按照企业内部各个业务的逻辑关系，将其划分为若干职能区域，弄清楚各职能区域中所包含的全部业务过程；再将各个业务过程细分为一些业务活动。

在进行 ERP 系统的逻辑过程建模时，首先依据功能将 ERP 系统划分为多个职能域子系统。其次，通过分析各个职能域子系统功能的实现顺序和实现机制，将每个子系统细分为若干具体的业务过程。最后，根据业务过程的工作职责，分别详细描述各个业务过程的业务活动。

职能域和业务过程的确定，应该独立于当前的组织机构。因此，为强调这一点，应称其为"逻辑职能域"（logical functional area）。组织机构可能变化，但企业仍然会执行同样的职能和过程。有的企业的组织机构形式每隔几年就改变一次，但一些主要的业务过程却是保持不变的。职能域与业务过程的确定，主要应该考虑独立于当前组织机构的职能，因而会有这样两种情况：

①经逻辑分析而得出的职能模型中可能包括这样的职能域，它横跨两个或多个现行系统的业务部门；

②对现行系统所列出的业务过程可能会有这样的一些过程，它们分别属于不同的职能域，但功能相同或相近。

本质上说，分解图表是一种用于更详细的过程建模（数据流图）的规划工具。分解图表的规划规则：

● 分解图中的任何一个过程，或者是父过程，或者是子过程，或者既是父过程，又是子过程。

● 每个父过程必须包括两个或两个以上的子过程，因为单个子过程不能揭示父过程的任何其他细节。

● 一个子过程一般只能有一个父过程。

表 9.7　一个中型制造厂的职能域和业务过程

职能域编号	职能域	职能域描述	业务编号	业务过程
F01	经营计划	根据董事会和总经理办公会确定经营事务	F0101	市场分析
			F0102	产品范围考察
			F0103	销售预测
F02	财务	财务计划与管理工作	F0201	财务计划
			F0202	资本获取
			F0203	资金管理
F03	产品计划	产品计划与管理工作	F0301	产品设计
			F0302	产品定价
			F0303	产品规格说明
F04	材料	材料管理相关事宜	F0401	材料需求
			F0402	供应商管理
			F0403	采购
			F0404	进货
			F0405	库存管理
			F406	质量管理
F05	生产计划	生产计划管理工作	F0501	生产能力计划
			F0502	工厂调度
			F0503	工序安排
F06	生产	生产控制与加工管理工作	F0601	材料控制
			F0602	铸造成型
			F0603	下料
			F0604	上机加工
F07	销售	销售管理与客户服务管理	F0701	异地销售管理
			F0702	本地销售管理
			F0703	客户服务中心
F08	配送	配送管理及相关业务	F0801	订货服务
			F0802	包装
			F0803	发运
			F0804	仓储
F09	财务	财务计划与管理	F0901	账务管理
			F0902	成本管理
			F0903	财务计划与控制
F10	人事	人力资源管理工作，保证公司的人力资源需求	F1001	招聘
			F1002	培训与晋升
			F1003	福利与保险
			F1004	工资管理

表 9.8 材料业务过程分解出的业务活动（局部）

职能域编号	职能域	业务过程编号	业务过程	业务活动编码	业务活动
F04	材料	F0402	供应商管理	F040201	记录供应商完成数量
				F040202	分析供应商的特点
				F040203	选择供应商
		F0403	采购	F040301	抽出采购申请单
				F040302	生成采购订单
				F040303	生成付账信息
				F040404	记录供应商完成数量
				F040405	分析供应商完成特点

9.2.4.3 构造过程模型

数据流图是构造过程模型的重要输出结果，在信息工程中应用 DFD 经过了一定的简化，即一种标准化的一级数据流图（1-DFD）和二级数据流图（2-DFD）。数据流图的绘制有助于用户表达功能需求和数据需求及其联系，使业务系统和信息系统人员能够在统一的、便于理解的框图中沟通现行与未来的系统框架，清晰地表达数据流的情况，同时也有利于系统建模。

1. 一级数据流图

一级数据流图（1-DFD）是建立业务模型、调查记录某一职能域的内外信息流情况的手段。一级数据流图（1-DFD）记录每个职能域的输出、存储和输入数据流，保证全企业的数据流的一致性，是重要的数据分析工作。一级数据流图（1-DFD）如图 9.11 所示。

在需求分析开始阶段，一旦定义了职能域，就要开始一级数据流图的绘制工作：每个职能域绘制一张一级数据流图，该职能域即为中心处理框，居中；左方和上下方为数据输入来源单位，右方为数据输出去向单位；在进出数据流的箭杆上下（或中间）标出有关的用户视图标识或名称。可以在调研中边研讨边绘制，直到草图相对完善后用电脑绘制（通常使用 Microsoft VISIO 软件绘制）。

一级数据流图是从全企业的高度，综合、整体地观察每一个职能域，通过数据流将一些职能域联结起来，使分析人员形成对全企业的整体认识。

2. 二级数据流图

二级数据流图（2-DFD）是对某一职能域中业务过程和数据需求的进一步调查的记录，关键是业务过程的识别与定义，以及存储类用户视图的定义与规范。类似地，它是业务模型调研和用户视图调研的"草图"。

当一张图布置不下的时，一、二级数据流图可以分别画在几张图上，其逻辑关系关联起来还是一个整体。

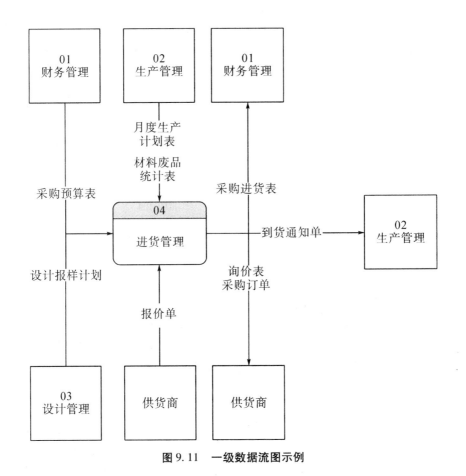

图 9.11　一级数据流图示例

★更进一步：特别复杂的二级数据流图怎么画

特别复杂的二级数据流图可能无法全部放在一张纸上。这时就需要对其复杂性进行分解，分解时应该以外部项（外部实体）和过程（中心处理）为框架来控制复杂度。

比如，某二级数据流图过于复杂，存在47个过程（中心处理）和15个外部项（外部实体），以至于在一张图上画不下。那么，我们可以根据自己的需要，将其分为多张图（假设分成4张图，分成多少根据实际情况而定），平均每张图只有最多12个过程（中心处理）和4个外部项（外部实体），然后补充上它们之间的数据存储即可。

二级数据流图是一级数据流图的求精、细化。通过这种细化的工作，可以让一级数据流图中的大致、粗略的表格群细化为一张张明确的表格，各流程、实体之间的关系也更加明确无误（如图9.12所示）。

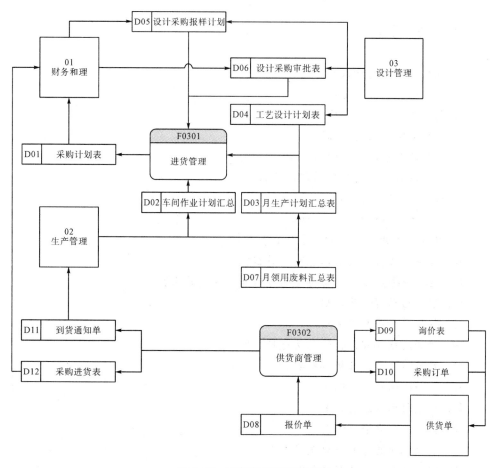

图 9.12　二级数据流图示例

★注意：

外部项与过程间的关系

在二级数据流图绘制过程中，我们一般认为外部项（外部实体）与过程（中心处理）之间的交互是通过数据存储进行的，即某外部项（外部实体）提供源数据存储给过程（中心处理），并生成目标数据存储；或者某过程（中心处理）通过对某源数据存储的处理生成目标数据存储并传输给外部项（外部实体）。

不过，也有观点认为：外部项（外部实体）与过程（中心处理）之间不应该有数据存储传输，而是外部数据项提出响应事件（如查询指令），通过数据流发送给过程（中心处理），并由过程（中心处理）获取结果（如查询结果）再反馈给外部项（外部实体）。

我们认为：外部项（外部实体）与过程（中心处理）之间应该存在数据存储，无论是改动、增删或者查询，因为任何过程（中心处理）与外部项（外部实体）之间是一种服务与被服务的关系（要么外部项提供数据存储给过程，要么过程提供数据存储给外部项），而服务的内容就是保存于数据存储中的数据项。

本章思考题

1. 流程的定义是什么?
2. 流程的基本要素是什么?
3. 高端流程图（SIPOC）的特点?
4. 如何界定流程的范围?
5. 流程的基本属性是什么?
6. 业务流程再造的生命周期是什么?
7. 如何进行流程识别?
8. 业务流程再造的定义是什么?
9. BPR 产生的背景和动力是什么?
10. 业务流程再造的基本原则是什么?
11. 企业业务流程优化与再造的过程与方法是什么?
12. 项目启动有哪些输出?
13. 如何进行流程规划?
14. 研究流程绩效标杆的意义是什么?
15. 新流程设计要分析哪些要素?
16. 如何编制流程说明书?
17. 模型驱动方法有哪些?
18. 需求建模方法有哪些?
19. 需求调研的基本策略是什么?
20. 需求建模过程是怎样的?
21. 数据模型的基本要素是什么?
22. 数据模型设计步骤分为哪几个阶段，其各自特点如何?
23. 如何绘制实体关系图?
24. 数据字典的基本结构是什么?
25. 数据流图的特点是什么?
26. 数据流图的符号要素是什么?
27. 数据流图常见错误有哪些?
28. 数据流类型有哪些?
29. 如何进行过程分解?
30. 如何构造过程模型?

10 ERP 规划与实施

作为大型的企业管理信息系统，ERP 注定不像普通稳定成熟的商品化软件那么容易得到应用。事实上，ERP 系统存在着诸多失败的案例，分析其原因能够增加成功应用 ERP 的胜算。

通常，ERP 的应用分为规划与选型、流程优化与企业建模、项目实施与评价几个大的阶段，每个阶段又有自己明确的任务。这些工作往往决定着整个 ERP 系统应用的成败，却又特别容易被人忽视。

10.1 正确地看待 ERP 的成败

10.1.1 ERP 成败案例分析

1. ERP 失败案例

（1）福克斯·梅亚曾经是美国最大的药品分销商之一，年营业收入超过 50 亿美元。在一家享有盛誉的系统集成商的帮助下，该公司投入了两年半的时间和一亿美元建立的 ERP 系统，不但没有使订单业务取得丝毫改进，还带来信息处理上无尽的问题，以至于公司最后不得不宣告破产，留下的只是合作双方未结的官司。

（2）长春市某汽配厂，曾经是中国一汽集团最大的零配件供应商之一，年产值超过 12 亿元。耗费了 18 个月的时间和近千万元的资金引进的一套福特公司使用的 ERP 系统，不但没有改善经营，反而使产值、利润下降了 39%。在破产清算时，该厂企业领导人唯有一声叹息："是 ERP 拖垮了我们！"

2. ERP 失败统计资料

工业研究表明：国际上，70% 以上的 ERP 项目都不成功，而且成本平均超预算 240%，安装时间超预计 178%。

70% 以上的 ERP 系统，无论是自行开发还是专业系统集成商代为设计，都没有达到公司原来预定的目标，平均只能得到预计功能的 50% 左右。

★ **失败案例分析：**

甲乙制造

分析对象：国内某中小型制造企业——甲乙制造。

ERP 项目上线时间：实施 2 个月，并行 1 个月，正式运行 6 个月。

所用系统：国际较知名品牌。

目前情况：公司高层由于各类报表频频出现数据问题，已经确认 2005 年年底甩掉新系统，全部数据恢复到旧有系统上，总体损失预估接近百万元级。

1. 业务流程拿来主义

该公司使用的是一个以财务为主、其他部门管理为辅的系统，所以整体业务流以财务结算为中心。在新系统上线前及上线后均无精细化的流程梳理，以新系统套老班子，老手段管新问题。

ERP 系统是流程的固化载体，实质上在系统设计时就融合了比较多的流程思路在内，所以如果不彻底清理原有业务流程，充分了解系统自有流程设计，在实际操作中，就很容易知其然，却不知其所以然。

目前对于这家企业来说，最要命的问题是成品库存成本出现较大差异。制造业生产模块比较复杂，与采购、库存模块之间关系密切，采购价格、先后次序都将直接影响销售成本；且库存状态又根据原料、半成品、产成品等分为很多种类。因各企业采购流、采购方式不同，产出品不同，流程设计必然要根据实际情况一一对应和分解确认。将粗放式结果管理用于精细式过程控制的 ERP 系统，成本计算自然难有正确结果。

再以出入库为例，根据企业实际需求，原有系统对序列号的管理并不需要非常精细，以每箱记。花得大把钱，上得好系统，自然要充分利用。所以老板雄心壮志，本着别荒废了咱这"好把式"的想法，誓将序列号一管到底，每箱每件都要记录在案。结果物资部门苦不堪言，几周下来，个个腰肌劳损，先是加班，然后恳请加人，不获批准后继续以大无畏的精神坚持，结果搞得鸡飞狗跳，员工们甚至感叹"商纣无道"。最后，物资部经理心生一计，以汇报工作为名邀请老板下库房，以生命在于运动为诱饵骗老板拿起扫描枪，大手一挥，员工们立刻抬来 N 箱货物，老板大腹便便，结果还没扫完半箱就说："看来每个都扫也没有必要嘛?!"于是乎"商纣之乱"始获平息……

2. 未设系统核心管理部门，没妈的孩子像根草

新系统上线之前，企业高层对系统功能的了解和坚持下去的决心，从一开始就没有培养起来。上线之后，公司没有立刻组建以高层带队的系统核心管理部门，各模块是"铁路警察各管一道"，本应是荣辱与共、流水作业的兄弟分割成几个山头，没有了业务流的概念和总体协调管理，势必造成你往东、我朝西的局面，最后产出垃圾数据是一点都不奇怪的。

缺少核心管理部门，即便是发现了这个问题，解决起来也是非常困难的，都是中层经理，封疆大吏，偏要拴在一根绳子上，谁指挥谁呀?! 没有亲妈疼，孩子吃不饱、穿不暖的现象就很平常了。

到这里，应该不难理解为什么报表数据会出现问题了，更不难理解为什么刚有苦难，高层就立刻"英明果敢"地提出要废除新系统了。

3. 关键用户凤毛麟角，培训手册形同虚设

该公司选择的关键用户基本上是每个部门的经理，而不是实际业务骨干，实施的时候也采取革命干部先上火线的大无畏精神。殊不知，ERP 项目是必须要革命小将充当排头兵，以点带面，全面燃起燎原烈火的活儿。实际上，几个经理对

一线操作并不是非常了解，跟顾问公司配合起来，自然听得多，说得少，没有真刀真枪的碰撞，对流程蓝图、操作方法自然都是顾问说啥就是啥。上线是最练兵的时候，全把领导给练了，等到士兵操练的时候已经是领导给他们的二茬饭，培训手册又是顾问公司直接提供的标准实施培训手册，与公司实际业务的差距不小，且由于不是自己撰写的培训手册，在操作方法更改后，很难有意识地主动修改。ERP 系统上线的最初一到两年，就如同新购买的汽车一样需要不断地磨合，更改在所难免。如果不能及时修改，待到病入膏肓时，已是无力回天了。

都说"屋漏偏逢连夜雨"，该公司的财务经理在 ERP 上线后的第三个月便开始休产假了，造成关键用户阶段性流失，且没有培训手册和人员备份。一个每家公司都会有的女员工生育休假问题却成了项目失败的催化剂。

4. 没有建立自己的系统技术支持队伍，完全依靠外来军团

作为中小企业，财力有限，没有通过项目实施和系统上线锻炼出自己的技术支持队伍是非常可怕的。

据了解，系统运行短短几个月，报表出现的问题全部交顾问公司解决，附加费用又投入了几万块，不过好在费用还都处于应付账款状态，没有实际付出，理由是测试一直存在问题。这类现象非常类似多米诺骨牌效应，企业自己没有梳理业务流程，依靠顾问公司短短一个月的培训硬上马。出现问题不是由最了解自己的人来进行修改，反而是靠外来军团支持。修改完毕也不可能一点问题没有，是问题就要谈钱，可前一个问题还没解决利索，公司高层也不能付钱呀。那么后一个问题解决起来卖方心里也打鼓，是不是客户要存心赖账？一来二去，受损的一定是系统的质量。

说到最后，卖方公司是要赚钱的，客户自身有意无意地不负责任，很可能导致卖方公司对客户采取放弃的态度，非常无奈，却别无选择。笔者认为，这也是最终导致项目下马的一个重要原因。

5. 结语

从以上这个失败案例不难分析，ERP 项目的管理如同选型，实施过程一样重要，且需要持之以恒的关注和投入实际资源进行保障，否则兵败如山倒。幸而此企业积累还算殷实，造成的影响目前看来可以内部消化。但实际上其购买、实施 ERP 系统的直接费用，人力投入的间接成本浪费，年度数据的混乱等带来的后果也是非常惨重的，内伤不轻。企业现在规模尚小，可以把队伍重新拉回到羊肠小道上来，如果不能善加总结和吸取经验教训，在未来的信息化建设大道上还会再次面临失败，并最终导致企业失去最佳的发展机会。

3. ERP 成功案例

那么，到底是什么原因导致 ERP 的失败呢？你能想到哪些原因呢？

（1）工业化进程导致国外软件不适用国内情况。

（2）国内企业过分强调自己的"特殊性"，不做业务流程再造；或者基础条件太差，不具备实施 ERP 的条件。

（3）领导重视不够，或者挂名不务实，或者搞"大跃进"式的操作；其他员

工认识不够（积极派和消极派）。

（4）期望过高。

（5）部门割据。

（6）软件不成熟。

（7）需求分析工作不到位。

（8）缺乏有效的项目管理。

其实，导致 ERP 失败的原因可能还有很多方面，这里无法一一列举。不过，总体来说，ERP 的成功不是偶然的，必然是遵循了相关的科学与管理规律。

我们如果找些成功的案例，必然能够从中窥见一些规则。

★成功案例分析：

丙丁重机 ERP 实施成功案例

明德集团丙丁重型机器有限公司，始建于 1958 年，是明德集团的全资子公司，现有员工 1 400 人。公司集研发、制造、销售为一体，拥有四个生产分厂和一个省级企业技术中心，其主导产品"AB 牌系列振动压路机"国内市场占有率达 12%。

1. ERP 应用缘起

丙丁重机的生产经营方式以面向库存生产为主，配有庞大的分销网络；生产方式采用按部件线加工生产和流水作业，主要生产工艺有金属结构、机械加工、热处理、部件装配和整机装配等；生产资料包含外购物资、外协物资、自制生产零部件；生产工序有公司内工序流转，也有委外加工工序，是典型的离散型制造企业。根据这些生产特点，丙丁重机从 1997 年开始应用二维 CAD，1998 年应用财务电算化软件，2001 年开始着手规划 ERP 和 PDM 应用。2002 年年初，为了满足企业发展的需要，丙丁重机确立了全面建设 ERP 为管理平台的企业信息管理系统。结合企业的自身特点，丙丁重机选择了 ERP 系统作为信息化建设平台，制订了详细的建设规划，成立了 ERP 实施领导小组和 ERP 实施核心小组。

在物流系统和财务集成应用一年多的时间里，丙丁重机的实施核心小组利用 PDCA 的管理思想，不断探索和完善集成应用存在的问题。2003 年开始，丙丁重机着手进行生产数据的规范，进行 BOM 数据整理，通过优化相应的业务流程，结合生产计划和车间管理的应用目标，深入 ERP 的核心领域。2003 年 12 月丙丁重机开始正式运行生产计划和车间管理系统，全面应用 ERP 计算指导计划管理和生产作业。

2. 信息化方针

在计划和车间管理系统中，丙丁重机主要应用了产品数据管理、主生产计划管理、物料需求计划、粗能力计划、生产任务管理、委外加工管理、车间作业管理；全面应用 MPS、MRP 计算来指导生产任务的下达和采购计划的产生。因为这一系统的实施涉及 ERP 的核心领域，难度很大，该企业借鉴了中外企业实施 ERP 的成功经验，推出由易到难、由浅到深、由窄到宽的一系列解决方案，作为其信息化实施方针：

（1）以 MRP 计算为核心初级应用解决方案（标准制造解决方案）。

通过 MRP 计算产生计划订单，由此产生外购物料的采购申请单、自制物料的生产任务单、委外产品的委外生产任务单。以采购订单、生产任务单为核心进行物流和财务管理。

（2）以车间作业管理为核心的生产现场精细化管理解决方案。

ERP 系统在实现标准制造解决方案的基础上，将自制品管理精细到车间的工序，对工序进行管理，并根据工序报告自动计算生产工人的计件、计时工资。

（3）以 ERP 计划和能力计划为核心的全面解决方案。

ERP 系统在实现以车间作业管理为核心的生产现场精细化管理解决方案的基础上，通过生产能力的计算对主生产计划进行调整，用最合理的投入获得最佳的产出。

3. ERP 建设取得的功效

丙丁重机 ERP 建设方案的实施得到了惊人的功效，具体为：

（1）通过构建共享信息平台，降低了经营风险。

ERP 系统为企业建立了一个共享的信息平台。企业在这个平台上进行产品设计、生产和管理，对各个环节的控制更加有保障。信息化真正实现了信息共享以及其他的信息处理服务功能，建立了更广泛的沟通平台，大大降低了企业内部各部门之间、企业与企业之间以及企业与其他利益相关者之间的交易成本，使企业能够准确掌握市场信息，平衡协调与利益相关者之间的关系，降低经营风险。

（2）企业的管理效率和综合效益得到了提高。

MRP 管理思想的核心业务是三大订单。丙丁重机是面向库存生产的，因此对其中的生产任务订单和采购订单的控制是其核心业务。有了 ERP 系统，他们对这项业务的处理更加得心应手。如对在制品控制从原来的台套级部件管理细化到零件的管理，并且能够做到与实时库存数据的有机结合，全面改变了传统的生产管理模式，效果明显。

（3）实现了有效的物料管理。

储备物资对企业成本的影响较大，现在丙丁重机对库存物资的控制可以做到有的放矢。长期以来该企业的采购计划是根据生产计划用手工分解做物资配套，对库存数据的利用只能靠人工控制，这导致了库存物资的利用效果差强人意。有了 ERP 系统，企业通过 MRP 计算，彻底解决了物资的配套率问题，充分应用ABC 分析法，对单项储备超过一定数量的库存物资进行逐项解决，重点控制，对呆滞物资进行盘活，提高了资产的利用效率。

（4）高效准确的信息为企业的决策提供了强大支持。

企业的各种决策都需要依靠数据。该企业通过对在制品、库存物资的配套情况进行分析，结合市场销售情况进行生产计划的调整使价格策略的制定更加及时和准确。ERP 对生产经营的指导作用正在逐步显现。传统的企业管理是讲经验、靠手工，没有真正理会 ERP 思想的益处。通过信息化的推广应用，该企业引入了恰及时生产管理以及 ERP 管理思想；大量的培训，为企业管理层培养了一支懂得用信息技术管理企业的管理层队伍。

4. 结语

丙丁重工 ERP 项目能够成功实施，是因为企业具有正确的目标和实施方式，并在出现困难时采取了相应的措施。丙丁重工 ERP 建设项目的成员由丙丁重工项目领导小组和 ERP 系统开发公司项目领导小组共同组成，并采用项目经理负责制来确保项目实施成功。项目经理是该项目执行负责人，由公司指定全面负责此项目的实施。其职责是全面负责信息化建设项目的规划及实施工作，向实施小组提供指导方法、资源和方向，协调各部门之间的工作，并与实施顾问保持密切联系。

项目实施的各个阶段目标非常明确，而且必须要在取得效果、应用稳定后才进入下一阶段，即整体规划、分步实施、小步稳走、稳扎稳打，保证各部分应用平稳地实施到下一步。该企业先上 ERP 的物流部分，再做财务与物流的集成，然后进行 ERP 的应用，最后进行生产能力管理和成本管理。

10.1.2　ERP 能产生的效益

对于 ERP 的正确认知不仅仅是看实施的表面成败，而是要探寻更深层的原因。ERP 能够解决企业信息化过程中的一系列问题，但 ERP 并非无所不能。那么我们知晓 ERP 的原理，就能对 ERP 能够解决的现实问题有一定的了解；通过大量的统计结果，能知晓 ERP 能够实现的定量和定性的效益。

1. ERP 能解决的现实问题

（1）通过有效计划管理、有效物料管理、有效车间管理，ERP 能解决多变的市场与均衡生产之间的矛盾；

（2）ERP 能解决库存管理的难题；

（3）通过提前期管理、有效计划与物料管理，ERP 可以保证对客户的供货承诺；

（4）ERP 改变了企业中的部门本位观，整个企业和供应链均在统一的数据环境下进行协作，实现了高效与集成。

2. 定量的效益

（1）降低库存投资。

统计表明，使用 ERP 系统后库存量一般可以降低 20%～35% 的消耗，同时降低库存管理费用，减少库存损耗。

（2）降低采购成本。

ERP 通过采购计划与供应商建立长期稳定、双方受益的合作关系，既保证了物料供应，又为采购人员节省了大量时间和精力。

（3）提高生产率。

统计表明，采用 ERP 后，生产线生产率平均提高 5%～10%，装配线生产率平均提高 25%～40%，间接劳动生产率可以提高 25%，加班时间可以减少 50%～90%。

（4）提高客户服务。

ERP 能够缩短生产提前期，迅速响应客户需求，保证按时交货。

（5）增加利润和现金总收益。

由于前述原因 ERP 系统将增加企业利润和现金总收益。

3．定性的效益

（1）提高工程开发效率、促进新产品开发；

（2）提高产品质量；

（3）提高管理水平；

（4）为科学决策提供依据；

（5）充分发挥人的作用；

（6）提高企业生产质量；

（7）减少报废和失约赔付；

（8）提供更多的就业机会。

10.1.3　ERP 实施成功的注意事项

10.1.3.1　企业实施 ERP 不成功的原因

根据前例的分析，以及历年来多位 ERP 专家的总结，我们可以将 ERP 不成功的原因总结为以下七点：

①基础数据不准确；

②企业的广大员工对 ERP 系统缺乏主人翁的精神和感情；

③缺乏切实可行的实施计划；

④关键岗位人员不稳定；

⑤员工不愿放弃传统的工作方式；

⑥教育和培训不足；

⑦领导不重视。

10.1.3.2　实施 ERP 的十大忠告

（1）人的因素怎样强调都不过分。

● 领导全面支持，始终如一；

● 树立全员参与意识。

（2）高度重视数据的准确性。

"进去的是垃圾，出来的必然也是垃圾！"只有高度重视数据的准确性，才能保证 ERP 成功地实施。

（3）教育与培训是贯彻始终的一项工作。

● 培训不能图热闹、走过场，培训内容必须充实、重点突出，每次培训详略得当；

● 统一认识，培训费用要比忽视培训付出的代价小得多；

● 必须始终如一，不能"三天打鱼，两天晒网"。

（4）确定系统的目标，并对照衡量系统的性能。

（5）不要将没有经验的人放到关键岗位上。

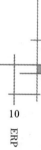

10

ERP 规划与实施

（6）有效的项目管理。

（7）寻求专家的帮助，减少犯错的概率。

（8）不要把手工系统的工作方式照搬到计算机系统中。

（9）既要从容，又要紧迫。

（10）正确认识 ERP 的管理幅度，ERP 不能包治百病。

10.1.3.3 成功实施 ERP 的一句话总结

三分技术、七分管理、十二分数据、二十分应用、一百分领导重视。

10.1.4 ERP 项目实施条件与障碍

10.1.4.1 ERP 项目实施条件

实现信息集成有一定的条件，要点是管理基础规范，这是实施 ERP 系统的一个必要条件。企业实施 ERP 要想取得成功，还需要具备一些条件，要在系统实施之前做出估计和判断：

1. 企业有实现现代企业制度的机制，有长远的经营战略

只有具备现代企业管理制度与理念，企业才有必要采用先进的 ERP 管理系统；如果只是故步自封，囿于传统意识，则 ERP 没有生存的土壤。

2. 产品有生命力，有稳定的经营环境

如果一个企业由于机制问题内外矛盾严重，又没有适应市场需求的适销对路的产品，没有比较稳定的市场，没有效益甚至亏损，或说企业没有一个比较稳定的经营环境，没有信息化建设的资金，显然是没有条件实施 ERP 的。

国内有不少企业在实施 ERP 系统的时候，只是感觉当时的效益不错，没有注意到市场发展趋势的变化以及潜伏的危机，没有及时调整产品结构和经营战略，结果在 ERP 实施过程中，产品滞销，企业出现亏损。这时，企业就忙于开辟市场，或投入大量人力搞产品换代，根本无暇顾及 ERP 的实施。

3. 领导班子有开拓进取的精神，有决心对项目实施的成败承担责任

如果领导班子没有实施的决心，必然上行下效，整个实施工程浮于表面而无法深入。

实施 ERP 实质上是管理模式的变革，必然涉及"更新观念和变革管理"，没有企业高层领导的坚定决心和具体指导是不行的。不少企业实施 ERP 之前，就在企业内部宣传 ERP，以引起全体员工的重视；在选择软件之后，召开全公司或全厂大会，由企业领导分析实施 ERP 的预期效益，让企业全体员工真正认识并理解 ERP。

4. 管理工作基础扎实

所谓管理工作基础扎实，不仅指档案齐全、数据可靠，还指各种规章制度完善并切实严格执行；此外，也包含管理流程规范、员工素质高以及有相应的企业文化等各种因素。

5. 全体人员理解 ERP，有一致的、明确的目标

企业在做出实施 ERP 的决策之前，必须制订一个切实可行的、明确的目标。在制订目标的同时，确定实施目标的考核办法。例如资金周转率、市场占有率、营业收入、利润、股东权益等提高多少百分点。目标不量化，考核就没有标准，这是多数实施 ERP 系统的企业极容易忽略的一个重要问题。

制订目标不是与自己的过去对比，而是与同行业的标杆企业对比，与国内外的强手对比。国外企业在考核业绩时经常提到的基准点实质上是指"高标准定位"，实施 ERP 是为了在全球市场上与强手竞争，只有这样，才能取得竞争优势。当然，目标必须切实可行，如果估计一次达不到，可以分几步走，就是通常所说的，"总体规划，分步实施"。

企业必须使全体员工都了解目标，并为实现这个目标而努力。作为企业的一名普通员工，往往只看到自己眼前的操作工作，而且往往感觉日常工作完成得很不错，不思改变；或者担心 ERP 系统实施后，自己的工作可能会有变动或增加，因而对变动产生抵触情绪。所以，企业需要使广大职工看到企业所处的竞争形势和危机，明白实施 ERP 系统的原因。

总之，企业在实施 ERP 之前应当自我衡量，如果先决条件不是很充分，不要急于实施 ERP，而是努力为实现管理信息化创造条件。随着全球经济一体化进程的加速，要跟上全球化竞争的趋势，企业不搞信息化管理迟早是要被淘汰出局的。

10.1.4.2 ERP 项目实施障碍

ERP 实施过程复杂，周期长，实施中存在很多风险和障碍，制约 ERP 成功实施的因素主要有：人、数据、管理和技术。其中，人的因素是最重要的。

1. 人的因素

（1）高层领导重视不够。

企业领导始终如一的全面支持，是 ERP 实施成功的关键因素。实施 ERP 是企业信息化的重要内容，是一项长期的、涉及面广的系统工程。高层领导如果信息化意识淡薄，则 ERP 的实施常常因投入高、时间长、短期内效果不明显且风险大等原因半途而废。只有企业领导的信息化意识增强了，ERP 的实施才能有资金、权力、组织、变革等方面的有力保证，才能落到实处。通常信息部门发起的 ERP 项目失败率极高，而高层领导发起的 ERP 项目则成功率大增。

因此，要成功实施 ERP，必须由高层领导牵头，并由具有战略眼光的决策者做总指挥，提前做好战略规划，对实施过程紧密控制。

（2）员工信息化素质低、参与度不高，抵制变革。

ERP 的实施需要企业全体员工的积极参与，需要追求效率、责任心强、团队协作强、不断学习、勇于创新的文化氛围。员工由于不具备必要的信息素质，看不到信息技术对自身工作和企业发展的重要性，造成虽然有些企业投入巨资建成了技术先进的信息系统，而员工采用的仍然是最原始的工作方式。员工对 ERP 的认识不清，对 ERP 的实施及其相应的企业变革参与性不高，也不会主动学习，更

不会利用 ERP 系统来指导自己的工作并改进工作方式，甚至还会采取各种方式抵触 ERP 系统的实施。只有全员参与，并树立起员工的主人翁精神，才能充分发挥 ERP 的效益。

（3）对 ERP 的内涵认识不足。

ERP 是一种全新的管理方法，借助于信息技术，整合企业内外部的所有资源以实现资源的优化配置，是一个面向供应链的各种管理信息的集成。它首先是管理思想，其次才是管理手段与管理系统。然而，许多企业在认识上存在较大的偏差。许多企业经营管理者认识不到 ERP 从集成化的角度面向供应链管理的思想，错误地认为 ERP 是在原有管理模式下用计算机代替手工操作，或认为 ERP 只是一个先进的软件。另外，企业常常对 ERP 实施的难度认识不足，对自身是否具备实施条件认识不清。ERP 系统是人、管理、技术三者的集成，若企业人员素质偏低、管理水平低下，技术落后则达不到信息化的要求。

2. 数据的因素

ERP 可以实现数据的全局共享，前提是必须在规范化的数据基础上运行，所以，在实施 ERP 时，需要花费大量的时间准备基础数据。大部分企业缺乏科学的数据标准化体系，基础数据缺乏、不准确、不合要求等，使企业失去了实施 ERP 的前提条件。ERP 系统只有在对合乎要求的数据进行处理的基础上，才能提供企业所需的管理数据。"三分技术，七分管理，十二分数据"强调的就是数据的重要性。

3. 管理的因素

我国企业面临的最大问题就是管理薄弱，缺乏战略观念和系统观念。而 ERP 系统以规范化、标准化业务流程为前提。业务流程优化思想的引入，是 ERP 区别于以往传统管理信息系统的重要特征。流程优化是实施 ERP 的基础和前提。企业只有从管理上理顺业务过程，才能从技术上通过 ERP 提高流程的效率，在合理的业务流程基础上实现对企业整体资源的优化配置。企业如果缺乏先进的管理理念和始终如一的贯彻决心，势必无法实施 ERP 系统。

4. 技术的因素

实施 ERP 系统不仅仅是购买软件那样简单，有了软件还要进行业务流程优化及企业资源的整合，还要考虑今后的服务和软件升级等，同时，ERP 必须借助最新的计算机技术、网络技术和通信技术，是一项技术复杂的工程。企业缺乏实施 ERP 的技术支持力量，会严重影响了 ERP 的实施效果。

10.2　ERP 项目规划

为了能够正确地导入 ERP，企业应该在进行 ERP 实施工作以前进行合理的系统规划，正视企业的现状与问题，并对未来的期望进行合理的假设估计。只有这样，企业才能有效地进行 ERP 项目规划，增大未来 ERP 系统实施的胜算。

ERP 规划是依据企业的战略，对 ERP 近、中、长期的使命和目标，实现策略和方法，实施方案等内容所做的统筹安排。ERP 规划是在企业战略层次，把企业作为一个有机的整体，全面考虑企业所处的环境、本身的潜力、具备的条件以及企业进一步发展的需要，勾画企业在一定时期内，所需开发的应用项目。ERP规划采用"自顶向下"方式，一步一步地达到建立企业管理信息系统的目标。

ERP 是一项投资大、周期长、复杂程度高的系统工程，科学的规划可以减少其盲目性，保证系统的整体性，节约开发费用。

10.2.1　ERP 实施规划的内容

ERP 的实施规划总体上应该有四个方面的内容：实施前期任务，实施目标规划，实施过程管理，以及实施后期管理。

1. 实施前期任务

这一部分是对企业的需求和现有条件进行细致分析，确定项目实施的总体期望值，而且这个期望值是合理并且能够实现的。用户企业与 ERP 软件供应商对需求分析、实施内容和范围达成一致，对实施中必要的人力和财力投入达成共识，以确保双方对今后项目实施过程中可能遇到的困难和阻力有充分的估计和对策。

2. 实施目标规划

这一部分帮助企业建立项目实施小组，写清楚项目实施各阶段的时间进度和阶段定义，描述评价达到这些目标的标准和方法，与用户企业中高层领导讨论并获得最终的实施方案。

3. 实施过程管理

实施 ERP 是一项长期而细致的工作，应依据需求分析将整个大项目拆分成阶段性的小任务，体现整体规划、分步实施的原则。每个小阶段的需求和决策方案都应该用文字描述清楚。实施过程中要经常召开阶段性的会议，保持必要的信息沟通，注重实施文档的建立和保存。

4. 实施后期管理

实施方案要详尽描述规划目标与实施工作安排的吻合程度，证明实施后所达到的效果。一般是将需求分解成三部分：首先是软件能够直接实现的，这部分应该占 60%左右；其次是需要用户适当修改流程来变通解决的，这部分一般占 30%左右；最后是需要结合企业特殊情况和实际问题进行二次开发的，这部分最好不超过 10%，否则会导致实施周期过长而且不易控制。

10.2.2　实施 ERP 规划应注意的问题

1. 认清自身，树立 ERP 战略意识

实施 ERP 的企业应该在人力、物力、财力、技术、制度和文化等方面做好自身资源的详细调查与能力评价工作，认清哪些是企业的优势，哪些是约束条件，尽量利用与增强自身的优势资源，通过合作等途径消除自身资源的瓶颈。

战略决定胜负。企业在考虑企业自身能力的基础上，要制定好 ERP 战略，明确 ERP 的战略指导地位。ERP 的实施是一个非常复杂的系统工程，企业内外的微观和宏观环境也在不断地变化，为此必须充分分析企业内外部环境，制定一个动态的 ERP 实施战略。

据报道，国外实施 ERP 成功的企业花在 ERP 战略思考、战略研究上的时间占全部 ERP 实施工作时间的 60%，而国内实施 ERP 的企业对实施战略却很少有深入的思考和研究。许多企业从一开始直至 ERP 系统完全失败，也没有制定出一个 ERP 的实施战略，只是走一步看一步；有些企业虽然制定了 ERP 发展战略，但不能根据内外环境的发展变化对战略进行及时修订调整，适时实行战略转移。

然而，战略上的失误往往是致命的，受到的损失与打击也是无法估量的。因此，企业实施 ERP 应该增强战略意识，强化战略思维，花大力气做好 ERP 战略研究与战略设计工作，并根据形势的变化适时调整 ERP 的战略重点，从而实现通过实施 ERP 提高企业效率、效益与竞争力的最终目标。

2. 建立有执行力的 ERP 战略

企业有了良好的战略意识与战略思维，同时还应考虑战略的执行力。如果 ERP 实施战略仅在理论上、逻辑上可行，不一定是一个好的战略，还要看它在时间、空间、人力、物力、财力、技术、制度等方面是否有保障。因此企业在制定 ERP 战略的同时更要制定一个相当详细的 ERP 系统实施计划，在组织安排、人员培训、阶段划分、制度建设、管理沟通和文档管理等方面做好计划，统筹安排。

3. 分析环境，抓住实施 ERP 的时机

当今企业的竞争已经进入白热化的程度，企业必须时刻关注和识别内外环境变化，并对变化做出快速反应。企业实施 ERP 也是同样的道理。现在企业的竞争不再是单纯的技术的竞争，而是机会、供应链与供应链之间的竞争。企业只有在第一时间适应供应链竞争的变化，才能保持自身在供应链中的核心竞争力。因此，企业在多变的环境下，一定要根据自身的能力和所在供应链的位置，抓住实施 ERP 的时机。

4. 认清实施 ERP 的最终目的

ERP 系统建立在"以客户为中心"的管理理念的基础上，是把企业的物流、资金流和信息流高度统一的系统。它的实施满足了企业事前预测、事中控制与事后监督的目的，可以把问题消除在萌芽状态。企业应该把 ERP 看作预防问题的工具和管理思维的变革，而不是解决问题的工具。企业实施 ERP 的最终目的是通过信息一体化帮助企业做出正确的、及时的预测与决策，对内外环境的变化做出反应。

10.3 ERP 系统实施步骤

10.3.1 项目组织

ERP 项目的实施必须落实责任与权利，因此按照在 ERP 项目实施中的职责，项目组织可以分为三个级别，即三级项目组织。三级项目组织包括项目领导小组、项目实施小组与项目应用组，通常这三级项目组织都是在 ERP 咨询机构的指导下成立的。

10.3.2　教育培训

ERP 的实施和应用对大多数企业来说都是新生事物。使用一套全新的工具来管理和运作一个企业，必然伴随着从企业高层领导到一般员工的思维方式和行为方式的改变。

引入 ERP 系统是对传统管理方式的一种变革，不可避免地会改变原有的想法和做法。因而，培训是贯穿项目始终的一项工作，也是改变人们传统观念的重要手段之一。实际工作中，教育和培训往往是一项遭到轻视、预算不足、不被理解的工作，因此培训不足也成为 ERP 系统实施过程中大多数问题的起因。许多实施中出现的问题表明企业员工对 ERP 缺乏真正的理解。

因此，一个计划实施 ERP 系统的企业，最好能够保证企业内 90% 以上的人得到教育和培训。

ERP 的教育和培训，有两个重要的目的：一是增加人们的知识，二是改变人们的思维方式和行为方式。

10.3.3　ERP 软件选型

ERP 软件系统的实现有两种方式，自建和外购。由于业务的复杂性、软件开发的专业性及耗费时间较长的原因，大多数企业实施 ERP 时采用的是外购 ERP 软件系统的方式。那么，对于 ERP 系统的选型则显得尤为重要。

选择适用的 ERP 软件系统，是企业成功实施 ERP 的前提。通常，在资金允许的前提下，企业要尽量选择技术先进、用户成熟度高的软件产品。为了增加 ERP 实施成功率，软件选型通常关注多个方面。

10.3.3.1　ERP 软件产品选型的基本思路

选择软件的标准应当是针对本企业的实际情况选择最为适用的软件产品，而不是经过若干年的全面考察，选择一个"高、大、全"的软件产品。从唯美的角度出发，人们总是倾向于选择一个"最好"的软件产品，但每个人的偏好不同、认识的水平不同，意见也会相左。无谓纷争的后果是浪费了时间和精力，错失机会。最后，无论哪一派意见获胜，从全局来看，企业都是输家。

不同的软件产品有不同的功能、性能、可选特征，必须综合考虑。性能价格比是最好的指标。企业应着重了解 ERP 产品的功能是否体现了 ERP 的主要思想，是否涵盖了企业的主要业务范围。功能的强弱是相对的，有的 ERP 产品功能模块很多，涵盖的企业类型也很广，但其中相当多的功能是本企业用不上的，这样就会造成资金、人力、时间的浪费。

10.3.3.2　ERP 软件产品选型的基本原则

一是技术先进，能够支持当前和未来一段时间的发展；
二是符合 ERP 标准模式和相关规范；
三是系统集成度高，同时还能够支持供应链上的企业合作；

四是满足企业的实际管理需求；

五是能较大程度地支持用户化自定义功能；

六是有较高的性价比；

七是最好选择同行中有实施成功先例的产品；

八是良好的服务和支持；

九是友好的操作界面。

10.3.3.3　兼顾软件的功能和技术

为了能够更好地进行产品选型，这里介绍"四区域技术功能矩阵"选择法（如图 10.1 所示）。

在选择软件产品时，既要考虑软件的功能，又要考虑软件的技术；既要考虑当前的需求，又要考虑未来的发展。

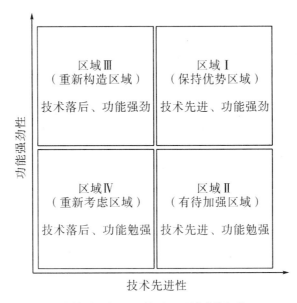

图 10.1　Gartner 公司四区域功能矩阵

对于区域Ⅰ（保持优势区域）：虽然技术先进，功能也不错，但价格必定很高，中小企业难以接受。

对于区域Ⅱ（有待加强区域）：虽然技术先进，但功能尚待加强和完善，是可供用户选择和考虑的重点对象。

对于区域Ⅲ（重新构造区域）：虽然产品功能比较强，但从长远来看这些软件是没有生命力的，尽量不要选择。

对于区域Ⅳ（重新考虑区域）：这类软件各方面都比较差，明智的用户不会选择这类软件。

4. 项目进程管理

为了保证 ERP 实施成功，企业通常会设定在一定的时间范围内达到一定的实施标准，并支付企业所能承受的成本（包括时间成本、经济成本、机会成本等）。

于是，项目进程管理成为重中之重，其他的管理工作都被切实地纳入项目进程管理之中了。

5. 数据准备

ERP 原理培训之后，企业可以开始准备相关数据。这个过程可以和 ERP 软件选型同步进行。数据准备的工作包括数据收集、分析、整理和录入等。通常，我们把数据分为静态数据和动态数据。静态数据是指数据本身与企业日常生产活动关联松散的数据，如物料清单、工艺路线、仓库和货位、会计科目等；动态数据是指与生产活动紧密相关的数据，如库存记录、客户合同等，一旦建立，需要随时维护。动态数据需要准备业务输入数据和业务输出数据，以便核对输入系统后的计算结果与事先准备的输出结果是否存在差异。

数据的准确性，决定着今后运行结果的正确性。数据准备的要求包括及时、准确、完整。库存准确度必须高于 95%，物料清单准确度必须高于 98%，工艺路线的准确度要高于 95%，产品提前期数据应准确无误。

6. 用户化与二次开发

由于每个企业有自身的特点，ERP 软件系统可能会有一定程度的用户化和二次开发。所谓用户化，是指不用进行程序代码改动，只进行系统内部的设置，比如自定义报表；所谓二次开发，是指需要进行程序代码改动，涉及软件额外开发工作和系统整体安全性等问题。

二次开发会增加企业的实施成本和实施周期，并影响实施人员（服务方和应用方）的积极性。另外，二次开发的工作应该考虑与现有的业务流程实施并行操作和管理，缩短实施周期。二次开发需要慎重，临时性、输出效益不大、企业流程思想与 ERP 不符的需求通常不进行二次开发。

7. 建立工作点

工作点也就是 ERP 的业务处理点、电脑用户端及网络用户端。ERP 的业务、管理思想就是通过这些工作点来实现的，但它不等价于实际的电脑终端。

例如，采购订单处理工作点与请购单处理工作点属于两个工作点，但可以在一个电脑终端处理。事实上，所有业务处理都可以在相同的电脑终端进行，只是系统使用权限不同，进行的业务操作不同。

建立工作点一般要考虑以下几点：

（1）根据 ERP 的各个模块的业务处理功能，如采购系统基础数据、采购请购单录入与维护及采购订单处理等来划分工作点。

（2）结合企业的硬件分布，如电脑终端分布、工作地点等来建立工作点。

（3）考虑企业的管理状况，如人员配置、人员水平和管理方式等来建立工作点。

建立工作点后，要对各个工作点的作业规范做出规定，即确定 ERP 的工作准则，形成企业的标准管理文档，表格形式如表 10.1 所示。

表 10.1　ERP 工作点作业准则

工作点编号：	生效日期：	版本号：
工作点名称：	制定人：	审核人：
目的：		
职责： （1） （2）		
相关资料： （1） （2）		
作业程序： （1） （2） （3）		

8. 新旧系统并行及系统切换

（1）系统并行。

新旧系统并行是指新的 ERP 系统与原有的手工系统或旧的计算机系统同步运行，保留两个系统的账目资料与输出信息。新旧系统并行的主要目的是检验新旧系统的运行结果是否一致。同时，ERP 系统实施后，有很多流程和工作方法与以前不尽相同，并行可以让最终用户有一段时间去熟悉各项功能模块的操作，达到平缓过度的目的。

并行期间，项目小组与最终用户必须投入大量时间，有时必须利用周末或晚上没有正常生产业务时进行集中加班录入，以保证业务处理的连续和不受外界干扰，并强化熟练程度。同期，还要制定详细的业务规则、熟悉用户手册、制定必要的制度确保人员按规定操作。

不过，并行阶段用户的工作量太大，时间不宜过长（一般为三个月）。企业在此阶段要全力支持，做好资源调配工作，重点突击。

（2）系统切换。

系统切换首先要确定一个切换时间点（某个工作日，一般为某个月末或月初，或两个会计期间的转换点）。然后，在这个切换时间点进行动态数据准备，包括下述几种数据：

①库存余额、总账余额、车间在制品余额、应收账余额、应付账余额等各类余额。

②库存变动单据、会计凭证、未结销售订单等各类实时数据单据。

一般来说，要在一天之内完成系统切换是不现实的。通常的做法是确定某个切换时间点后，将这个时间点的余额作为期初余额录入到系统中，若干天后余额录入完毕，再将切换时间点之后的所有发生额数据补充录入到系统中。经过短期加班后，发生额将很快在几天内录入完毕，系统也可以在大约一个星期之内进行平滑切换。

切换完成之后，企业要停止原来的手工作业，完全转入 ERP 系统中处理业务。切换期间，IT 公司要提供在线服务或驻厂服务，采取应急响应措施。

10.4 ERP 实施成功的标准

企业实施 ERP 的时候，往往存在一种误区。很多企业可能关注了 ERP 的选型、ERP 的实施，但是，却往往会忽视实施后的效果评价。实际上，在 ERP 实施之后，企业仍然需要对 ERP 的实施效果进行进一步的评价。这是由于在实施之后，企业的管理流程和管理平台都发生了很大的变化，员工和管理者都有一个适应的过程，企业必须注意在使用中发现存在的问题，及时解决问题。并且，企业应时时注意产品和行业环境、社会环境的变化，在企业环境发生很大变化时，企业应及时采取措施对 ERP 进行升级或者换代，以适应环境的变化。

应该用怎样的标准来衡量项目的成功实施，对实施 ERP 项目的企业是非常重要的。ERP 系统实施成功对于企业来说是来之不易的，需要项目组成员及全体员工在各阶段付出艰苦的努力。怎样评价一个 ERP 系统是否实施成功，标准是多方面的。

1. 系统运行集成化

系统只有集成一体化运行起来才有可能达到：降低库存，提高资金利用率和控制经营风险；控制产品生产成本，缩短产品生产周期；提高产品质量和合格率；减少坏账、呆账金额等目标。

企业选购的系统已全部运转起来，成为各部门管理人员日常工作中离不开的有效工具，这是 ERP 应用成功在技术解决方案方面最基本的表现。ERP 系统是对企业物流、资金流、信息流进行一体化管理的软件系统，其核心管理思想就是实现对"供应链"的管理。软件的应用将跨越多个部门甚至多个企业，为了达到预先设定的应用目标，最基本的要求是系统能够运行起来，实现集成化应用，建立企业决策完善的数据体系和信息共享机制，使各个部门之间能够共享数据，让 ERP 在整个企业的统一数据环境中运行。

2. 流程合理化

ERP 应用成功在改善管理效率方面的表现。ERP 应用成功的前提是必须对企业业务流程优化。因此，ERP 应用成功也意味着企业业务处理流程趋于合理化，并实现了 ERP 应用的几个最终目标：企业竞争力得到了大幅度提升，企业面对市场的响应速度大大加快，客户满意度显著改善。而 ERP 流程合理化的前提是前期的业务流程再造（BPR）取得了显著成功。

3. 监控动态化

在 ERP 系统完全投入实际运行后，企业应根据管理需要，利用 ERP 系统提供的信息即时反馈和纠正管理中存在的问题。这项工作以动态报表或动态图形等形式展示，能够监控企业的问题或预测未来可能的风险，具有一定的决策功能。

4. 管理改善持续化

随着 ERP 系统的应用和企业业务流程的合理化，企业管理水平将会明显提高。实施 ERP 的一项重要目标应当是提高企业员工的素质，为企业培养出一支既熟悉现代管理，又能熟练应用计算机技术的员工队伍。

为了衡量企业管理水平的改善程度，可以依据管理咨询公司提供的企业管理评价指标体系对企业管理水平进行综合评价，为企业建立起不断进行自我评价和不断改善管理的机制。

10.5 ERP 系统评价

在 ERP 实施到一定程度之后，ERP 项目就进入尾声。这时企业就需要对 ERP 的实施效果进行评测，并根据评测结果持续不断地改进工作，使 ERP 系统越用越好。系统评测通常采用的工具是 ABCD 检测表。

10.5.1 ABCD 检测表概述

ABCD 检测表最早是由 MRP Ⅱ 的先驱者 Oliver Wight 于 1977 年给出的，最初是一份包括 20 个关于企业经营的问题的检测表，后来不断发展完善。检测者根据企业的实际情况，客观地回答检测表中的问题后，根据检测表的评分规则，为企业打分，评估企业现状，以清醒地认识企业所处的发展阶段和 ERP 应用水平，确定未来的改善目标和实施步骤，促进 ERP 应用过程不断完善，促进企业经营效益的持续改善。

ABCD 检测表最早共有 20 个问题。这 20 个问题按技术、数据准确性和系统使用情况分成三组。每个问题均以"是"或"否"的形式来回答。

第二版的检测表扩充为 25 个问题，且增加了一个分组内容：教育和培训。第二版的 ABCD 检测表流传甚广，使用也很方便。

在 20 世纪 80 年代，ABCD 检测表得到了进一步的改进和扩充，推出了第三版。其覆盖范围已不限于 MRP Ⅱ，还包括了企业的战略规划及其不断改进过程。但第三版的 ABCD 检测表流传不广。

第四版的 ABCD 检测表于 1993 年由 Oliver Wight 公司推出。这已经不是一个人甚至几个人的工作成果了，而是集中了十几年来数百家公司的研究和实施应用人员的经验成果。这个检测表也已不再是包括几十个问题的表，而是按基本的企业功能划分成以下五章：战略规划、人的因素和协作精神、全面质量管理和持续不断的改进、新产品开发、计划和控制过程。其中，只有第五章是关于 MRP/ERP 实施和应用的。ABCD 检测表的这种变化，反映了各种管理思想相互融合的趋势（如表 10.2 所示）。

表 10.2 ABCD 检测表（第四版）内容简介

章	定性特征描述或综合问题
第一章 战略规划	A 级：战略规划的制定和维护是一个持续不断的过程，而且体现了客户至上的观点。战略规划驱动人们的决策和行为。各级员工都能清楚地表述企业的宗旨、远景规划和战略方向 B 级：战略规划的制订和维护是一个正规的过程，由高层和各级管理人员每年至少进行一次。企业的主要决定均根据战略规划做出，企业员工对于企业的宗旨和远景规划有基本的了解 C 级：战略规划的制订和维护工作不是经常进行的，但仍能指示企业运营的方向 D 级：没有战略规划，或者在企业运营的过程中根本没有这项活动

章	定性特征描述或综合问题
第二章 人的因素和协作精神	A级：相互信任、相互尊重、相互协作、敞开心扉相互交流以及高度的工作安全感是员工和企业之间关系的显著特点。员工对企业感到满意并为作为其一员而感到骄傲 B级：员工们信任企业的高层管理人员，并认为该企业是一个工作的好地方。工作小组发挥着有效的作用 C级：主要采用传统的雇佣关系。企业的管理人员认为人是一项重要的企业资源，但不认为是至关重要的资源 D级：员工和企业的关系至多是中性的，有时是消极的
第三章 全面质量管理和持续不断的改进	A级：持续不断的改进已成为企业员工、供应商和客户的一种共同的生活方式。质量的改进、成本的降低以及办事效率的提高加强了竞争的优势。企业有明确的革新战略 B级：企业的大多数部门参加了全面质量管理和持续不断改进的过程；他们积极地与供应商和客户配合工作。企业在许多领域取得了本质的改善 C级：全面质量管理和持续不断改进的过程只在有限的领域中开展；某些部门的工作得到了改善
第四章 新产品开发	A级：企业的所有职能部门都积极参与和支持产品开发过程。产品需求来自客户需求。产品开发的周期非常短，满足需求，只要求极少的支持或不要求支持 内部和外部的供应商积极参与产品开发的过程。所取得的收入和毛利润满足最初的经营计划目标 B级：工程设计（或研发）以及企业其他职能部门参加了产品开发的过程。产品需求来自客户需求。产品开发时间得到了减少。要求低层到中层的支持。为了满足需求，需要进行一些设计改变 C级：产品开发主要是工程设计或研发部门的事情。产品开发按计划进行，但是，在制造和市场方面存在某些传统的问题。产品需要很大的支持才能满足性能、质量或运营目标。生产过程中，内部或外部供应商的配合均不够完善。但是，在缩短产品开发时间方面已经取得了某些成绩 D级：产品开发总是不能满足计划日期、性能、成本、质量或可靠性的目标。产品的开发需要高层的支持。几乎没有内部或外部的供应商参与这个过程
第五章 计划和控制过程	A级：整个企业，自顶向下，有效地应用着计划和控制系统，在客户服务、生产率、库存以及成本方面取得了重大的改善 B级：计划和控制过程在高层领导的支持下由中层管理人员使用，在企业内取得了显著的改善 C级：计划和控制系统主要作为一种更好的订货方法来使用，对于库存管理产生了比较好的效果 D级：计划和控制系统所提供的信息不准确，用户也不理解，对于企业的运营几乎没有帮助
	5-1 力争达到优秀 在整个企业组织中，从高层领导到一般员工，对于使用有效的计划和控制技术达成了共识并付诸实践。这些有效的计划和控制技术提供一组统一的数据供企业组织的所有成员使用。这些数据代表了有效的计划和日程，人们相信它们，而且用来运行自己的企业

表10.2(续)

章	定性特征描述或综合问题
第五章 计划和控制过程	**5-2 销售和生产规划** 有一个制订销售和生产规划的过程,用来维护有效的和当前的生产规划,以便支持客户需求和经营规划。这个过程包括每月由总经理主持召开的正式会议,并覆盖足够长的计划展望期,以便有效地做出资源计划 **5-3 财务计划、报告和度量检查** 企业的所有职能部门可以使用统一的数据作为财务计划、报告和度量检查的依据 **5-4 "如果……将会……"** 模拟用来评价运营计划的备选方案,并可用来建立例外情况下的应急方案 **5-5 负责的预测过程** 有一个关于预期需求的预测过程,以足够长的展望期提供足够详细的信息,用来支持经营规划、销售和生产规划以及主生产计划。对于预测的准确性要进行度量,以便使预测的过程得到不断的改进 **5-6 销售规划** 销售部门负责制订、维护和执行销售规划,并协调销售规划和预测的不一致 **5-7 客户订单录入和承诺的集成** 把客户订单录入和承诺过程与主生产计划及库存数据集成起来 **5-8 主生产计划** 主生产计划的制订和维护是一个不间断的过程,通过这个过程确保在生产稳定性和及时响应客户需求之间取得平衡。主生产计划要与从销售和生产规划导出的生产规划保持一致 **5-9 物料计划和控制** 物料计划和控制由一个物料计划过程和一个物料控制过程构成,前者维护有效的计划日程,后者通过生产计划、派工单、供应商计划、和/或"看板"方法传递优先级信息 **5-10 供应商计划和控制** 供应商计划和调度过程对于关键的物料在足够长的计划展望期内提供明确的信息 **5-11 能力计划和控制** 能力计划过程使用粗能力计划,在适当的生产环境中也使用能力需求计划,根据实际的产出,使得计划能力与需求的能力相平衡。通过能力控制过程度量和管理工厂中的生产量和加工队列 **5-12 客户服务** 建立了按时交货的目标,取得了客户的同意,并按照所建立的目标度量交货业绩 **5-13 销售规划绩效** 建立了关于销售规划绩效的责任,确定了度量方法和目标 **5-14 生产规划绩效** 建立了关于生产规划绩效的责任,确定了度量方法和目标。除了经高层领导批准的情况之外,生产规划与每月计划的差异不超过 2% **5-15 主生产计划绩效** 建立了关于主生产计划绩效的责任,确定了度量方法和目标。主生产计划的实现率为 95%~100%

表10.2(续)

章	定性特征描述或综合问题
第五章 计划和控制过程	5-16 生产计划绩效 建立了关于生产计划绩效的责任，确定了度量方法和目标。生产计划的实现率为95%~100% 5-17 供应商交货绩效 建立了关于供应商交货绩效的责任，确定了度量方法和目标。供应商交货计划的实现率为95%~100% 5-18 物料清单结构和准确性 有一组结构良好、数据准确和集成的物料清单（公式、配方）及相关数据，用来支持计划和控制过程。物料清单的准确度为98%~100% 5-19 库存记录准确性 有库存控制的过程，可以提供关于仓库、库房以及在制品的准确的库存数据 在所有物料项目的库存记录中，至少有95%与实际盘点的结果在计数容限内相匹配 5-20 工艺路线准确性 在工艺路线适用的生产环境中，有一个建立和维护工艺路线的过程，该过程提供准确的工艺路线信息。工艺路线的准确度为95%~100% 5-21 教育和培训 经常和定期地面向全体员工进行教育和培训，这些教育和培训关注企业和客户两方面的问题及其改善。其目标包括：持续不断的改进，提高员工的工作和决策水平，工作的灵活性，雇佣关系的稳定性，以及如何满足未来的需求 5-22 分销资源计划（DRP） 在适用的运营环境中，分销资源计划用来管理分销活动的后勤事务。DRP 信息用于销售和生产规划、主生产计划、供应商计划、运输计划以及发货计划

10.5.2 ABCD 检测表的使用

使用 ABCD 检测表的最好方法是把它作为企业追求的目标，并且积极地、系统地、毫不松懈地去实现它。因此，正确地使用 ABCD 检测表的过程构成企业业绩不断改善的过程。具体做法可以采取以下步骤。

10.5.2.1 现状评估

使用 ABCD 检测表改善企业业绩的过程从评估企业现状开始。许多企业选择他们最关心的问题来开始这个评估过程。如果企业的计划和控制系统存在问题众多，则可先只关注这一个领域，而不必去回答全部五章的所有问题。当然，也可以选择五章的所有问题，对企业进行一个全面的评估。应当注意的是，如果选择了某一章，就应回答该章的所有问题，除非某些问题不适用于该企业。

许多企业把参加评估的人分成 5 到 10 人一个小组来讨论检测表中的问题，通过讨论、争论和分析，对所关注的问题取得一致的意见。有一点很重要，就是应有不同层次的企业领导参加不同小组的讨论。参加评估的人，应当具有丰富的知识，要了解检测表中所涉及的术语和技术，而且要充分理解企业为什么应当按高标准来运行。另外，一定要注意避免先入为主的倾向或有意的曲解而使答案失真。

如前所述，检测表的每一章均以简明的定性描述开始，说明对于该章所考虑的问题，ABCD四个等级的不同的定性特征。然后列出一些综合问题，每个综合问题又被分解成若干明细问题。对综合问题和明细问题的回答均和第二版的ABCD检测表不同，不再只是回答"是"或"否"，而是按五个等级从4分到0分计分。分值计算如下：

优秀（4分）：从完成该项活动得到了所希望的最好结果。

良好（3分）：全部地完成了该项活动并达到了预期目标。

一般（2分）：大部分的过程和工具已经准备就绪，但尚未得到充分的利用，或者尚未得到所期望的结果。

差（1分）：人员、过程、数据和系统尚未达到规定的最低水平，如果有效益，也是极低的。

无（0分）：该项活动是必须做的，但目前没有做。

采取这种计分方法的原因在于，在许多情况下，虽然企业尚未达到"优秀"，但毕竟做了某些工作，因此，应当指出所达到的水平以及还应做多少工作才能达到A级水平。从而，提供了不断提高的机会和手段。事实上，一个企业即使达到了A级水平，也仍然有可改进之处。

对每一章的评估，首先应从回答明细问题开始，然后，根据明细问题的答案来回答综合问题。但是，应当强调，综合问题的计分并非相应的明细问题计分的平均值。回答这些明细问题的目的在于帮助确定综合问题的计分，而这些明细问题并不具有相同的重要性。

一旦完成了综合问题的计分，则可根据所有综合问题的平均值来确定该章所讨论的问题的ABCD等级，标准如下：

平均值大于3.5分为A级，平均值在2.5分和3.49分之间为B级，平均值在1.5分和2.49分之间为C级，平均值低于1.5分为D级。

企业的评估必须以至少三个月的业绩数据为基础。这是因为有时短时间看来，可能每件事情都不错，但是，这并不意味着企业已经有了有效的工具，而且已经学会有效地使用它们进行管理。因此，短时间的观察不足以得出可靠的结论。

10.5.2.2　确立目标

下一个重要的步骤是根据评估的结果建立企业的目标，确定企业要在哪些领域得到改善，应当达到什么样的标准，要完成哪些任务，谁来负责以及计划何时完成，等等。

一般来说，企业总是选择问题最多的领域进行改善。因此，为了防止企业的业绩在取得好的评估结果的领域中下滑，还应当有人负责维护这些领域中的每项工作，至少保持当前水平，不要下滑。

10.5.2.3　根据公司最紧迫的需要剪裁检测表

有些企业同时进行多个领域中的改进工作，有些企业则采取一步一步进行的方式。通常的做法是从某一项企业功能开始，例如，提高质量。一旦在这方面取得显著成绩，再开始另一项企业功能的改进，例如，计划和控制过程。在竞争压力如此之大的今天，不少企业不能够按部就班地使用这些工具。所以，可以采取裁剪的做法，例如，计划和控制，全面质量管理，以及不断改进的过程。当然，这样做对于企业管理变化的能力以及企业的资源均是一个挑战。

新的 ABCD 检测表对于同时实现一项或多项企业功能改进的做法都予以支持。ABCD 检测表的分章结构使企业可以选择其中的一章或几章纳入自己当前的实施计划中。当前工作完成之后，再开始新领域的工作。

10.5.2.4　制订行动计划

在建立了目标、确定了所要完成的工作和有关人员的职责之后，企业则应制订实施计划，指明如何达到目标，如何提高解决这些问题的能力，完成任务或实现改善的日期，等等。

10.5.2.5　度量所取得的成绩

企业应根据所制订的实施计划记录所取得的成绩。某些成绩可以进行定量的描述，例如，物料清单的准确性，另外一些成果的衡量可能会有更多的主观因素，但是仍然可以度量。

10.5.2.6　高层领导每月进行检查

企业高层领导每月应进行一次检查。经验表明，这是非常重要的。目的在于检查项目的进展情况、所取得的成绩以及存在的问题。高层领导进行检查时，应当考虑以下问题：

- 是否已达到了预定的目标？
- 如果尚未达到预定目标，那么原因是什么？
- 应当做哪些工作才能使实施过程回到计划的轨道？
- 必须排除哪些障碍或解决哪些问题才能继续取得进步？

本章思考题

1. 如何正确看待 ERP 的成败？
2. ERP 失败到底是由什么原因导致的？
3. ERP 能解决现实中的什么问题？
4. ERP 定量和定性的效益有哪些？
5. 成功实施 ERP 有哪十大忠告？

6. ERP 项目实施条件与障碍是什么？

7. ERP 实施规划的内容有哪些？

8. 实施 ERP 规划应注意的问题是什么？

9. ERP 系统实施步骤有哪些？

10. ERP 教育和培训的目的是什么？

11. ERP 软件产品选型的基本思路和原则是什么？

12. 如何正确应用"四区域技术功能矩阵"进行 ERP 软件选型？

13. ERP 正式实施前数据准备的要求是什么？

14. 为什么不能轻易进行二次开发？

15. 为什么要建立工作点？

16. 新旧系统并行及系统切换的目的是什么？

17. ERP 实施成功的标准是什么？

18. ABCD 检测表是如何使用的？

参考文献

陈庄，等，2003. ERP 原理与应用教程 [M]. 北京：电子工业出版社.

程控，革杨，2002. MRP Ⅱ/ERP 原理与应用 [M]. 北京：清华大学出版社.

段庆民，贺铭，2005. 物料管理简单讲 [M]. 广州：广东经济出版社.

傅和彦，2005. 现代物料管理 [M]. 厦门：厦门大学出版社.

傅和彦，2006. 物料管理 [M]. 3 版. 广州：广东经济出版社.

高复先，2002. 信息资源规划：信息化建设基础工程 [M]. 北京：清华大学出版社.

苟娟琼，常丹，2005. ERP 原理与实践 [M]. 北京：清华大学出版社.

冀振燕，2003. UML 系统分析设计与应用案例 [M]. 北京：人民邮电出版社.

李国良，2005. 流程制胜：业务流程优化与再造 [M]. 北京：中国发展出版社.

李健，2009. 企业资源计划（ERP）及其应用 [M]. 北京：电子工业出版社.

刘树华，鲁建厦，王家尧，2010. 精益生产 [M]. 北京：机械工业出版社.

刘四青，王江涛，2010. 电子商务项目管理 [M]. 重庆：重庆大学出版社.

罗鸿，王忠民，2003. ERP 原理·设计·实施 [M]. 北京：电子工业出版社.

闪四清，2008. ERP 系统原理和实施 [M]. 2 版. 北京：清华大学出版社.

苏选良，祝枫，时遇辉，2007. 企业资源计划高级教程：应用导向的理论与实践 [M]. 北京：电子工业出版社.

田军，2007. 企业资源计划（ERP）[M]. 北京：机械工业出版社.

托尼·阿诺德，斯蒂芬·查普曼，2005. 物料管理入门 [M]. 杨阳，译. 北京：清华大学出版社.

王江涛，2005. 基于 UML 的 ERP 库存管理单元可视化建模 [J]. 重庆工商大学学报（自然科学版），22（4）：382-385.

王江涛，2006. ERP 中通用成本管理的实现机制 [J]. 商场现代化（1）上旬刊：148.

王江涛，2006. 采用 ERP 理念改进传统成本管理模式 [J]. 会计之友（4）上：33-35.

王江涛，2018. 物料管理及 ERP 应用实训教程 [M]. 2 版. 成都：西南财经大学出版社.

王珊，陈红，1998. 数据库系统原理教程 [M]. 北京：清华大学出版社.

王小云，杨玉顺，李朝晖，2007. ERP 企业管理案例教程 ［M］. 北京：清华大学出版社.

魏格斯，贝蒂. 软件需求 ［M］. 李忠利，李淳，孔晨辉，译. 北京：机械工业出版社.

肖孟强，曲秀清，2005. 软件工程：原理、方法与应用 ［M］. 北京：中国水利水电出版社.

杨建华，张群，杨新泉，2007. 企业资源规划与流程再造 ［M］. 北京：清华大学出版社.

杨尊琦，林海，2006. 企业资源计划（ERP）原理与应用. ［M］. 北京：机械工业出版社.

尤克滨，2003. UML 应用建模实践过程 ［M］. 北京：机械工业出版社.

张涛，等，2015. 企业资源计划（ERP）原理与实践 ［M］. 2 版. 北京：机械工业出版社.

周玉清，等，2002. ERP 原理与应用 ［M］. 北京：机械工业出版社.